普通高等教育物流类专业系列教材

冷 链 物 流

主　编　李军涛　梁贺君
副主编　钱韵芳　余克志　郭文文
参　编　杨胜平　吕　超　陶宁蓉
　　　　姜　媛　郁佳怡

机械工业出版社

本书广泛吸收和借鉴国内外冷链物流理论与实践的精华，立足于当代冷链物流的发展理念与信息技术背景，以现代物流与供应链理论为指导，以冷链物流活动为研究对象，系统阐述了冷链物流的基本理论、管理方法、技术手段、运营模式等内容。

本书共分为九章。第一章是冷链物流概述，介绍了冷链物流的概念、分类以及国内外冷链物流业的发展现状。第二章涉及制冷原理与方法。第三章主要讨论了冷链运输货物的物化性质与控制。第四章介绍了冷链物流设施与运输装备。第五章聚焦冷链运输与配送组织管理。第六章探讨了冷链运输货物标准与条件。第七章介绍了食品冷链物流安全与风险管理。第八章介绍了冷链运输信息技术与应用。第九章介绍了冷链运输实例，选择实际的典型案例，旨在培养读者的应用能力和创新能力。

本书可以作为物流工程、物流管理及经管类相关专业本科生和研究生的教学用书或参考书，也可供相关从业人员阅读。

图书在版编目（CIP）数据

冷链物流 / 李军涛，梁贺君主编. -- 北京：机械工业出版社，2024. 11. -- （普通高等教育物流类专业系列教材）. -- ISBN 978-7-111-76929-3

Ⅰ. F252.8

中国国家版本馆 CIP 数据核字第 2024R60N64 号

机械工业出版社（北京市百万庄大街 22 号　邮政编码 100037）
策划编辑：常爱艳　　　　　　责任编辑：常爱艳　王华庆
责任校对：曹若菲　薄萌钰　　封面设计：鞠　杨
责任印制：常天培
固安县铭成印刷有限公司印刷
2025 年 1 月第 1 版第 1 次印刷
184mm×260mm・14.5 印张・356 千字
标准书号：ISBN 978-7-111-76929-3
定价：49.80 元

电话服务　　　　　　　　　　网络服务
客服电话：010-88361066　　　机　工　官　网：www.cmpbook.com
　　　　　010-88379833　　　机　工　官　博：weibo.com/cmp1952
　　　　　010-68326294　　　金　书　网：www.golden-book.com
封底无防伪标均为盗版　　　　机工教育服务网：www.cmpedu.com

前　言

冷链物流是国民经济中的一项重要经济活动，是涉及食品学科、供应链管理、物流管理与工程学科的系统工程。农产品、畜禽肉类、水产品、花卉、加工食品、冷冻或速冻食品、冰激凌和蛋奶制品、快餐原料、药品（疫苗、血液）等需要低温环境生产和流通的商品，在生产、仓储或运输、销售一直到终端消费者的各个环节中需要始终处于规定的低温环境下，只有这样才能保证质量，减少损耗。

冷链物流发展关系消费者生命安全和生活水平改善，广大消费者、商家以及各级政府对冷链物流发展日益重视。现阶段，冷链物流快速发展市场机会巨大，但我国冷链物流发展与世界先进水平之间还存在较大差距，全面、系统地开展冷链物流研究，探索冷链物流新技术和新方法，研究冷链物流新业态和新模式，将有助于完善冷链物流理论，推动我国冷链物流健康、持续发展。

本书广泛吸收和借鉴国内外冷链物流理论与实践的精华，立足于当代冷链物流的发展理念与信息技术背景，以现代物流与供应链理论为指导，以冷链物流活动为研究对象，系统阐述了冷链物流的基本理论、管理方法、技术手段、运营模式等内容。

本书共分为九章。第一章是冷链物流概述，介绍了冷链物流的概念、分类以及国内外冷链物流业的发展现状。第二章涉及制冷原理与方法。第三章主要讨论了冷链运输货物的物化性质与控制。第四章介绍了冷链物流设施与运输装备。第五章聚焦冷链运输与配送组织管理。第六章探讨了冷链运输货物标准与条件。第七章介绍了食品冷链物流安全与风险管理。第八章介绍了冷链运输信息技术与应用。第九章介绍了冷链运输实例，选择实际的典型案例，旨在培养读者的应用能力和创新能力。

本书是作者在多年的研究和教学积累的基础上编写而成的，编写工作历时一年多，并进行了多次研讨，凝聚了多人劳动和研究的成果。本书的具体分工是：李军涛、梁贺君担任主编，负责总体策划、大纲制定和全书的统稿、修改和定稿工作；第一章、第八章由梁贺君编写，第二章由余克志编写，第三章、第九章由钱韵芳编写，第四章、第六章由李军涛编写，第五章、第七章由郭文文编写。感谢上海海洋大学工程学院、经济管理学院对本书编写提供的支持。感谢杨胜平、吕超、陶宁蓉、姜媛、郁佳怡等在编写过程中收集资料并提供的大力支持。

在本书编写过程中，我们参考了大量文献资料，借鉴和吸取了国内外众多学者的研究成果，可能在参考文献中列出，如有疏漏，深表歉意。本书的出版得到上海海洋大学、福建雪人集团股份有限公司的大力支持。限于编者的学识水平，书中难免存在疏漏，敬请广大读者批评指正。

编　者
2024 年 7 月

目 录

前 言
第一章 冷链物流概述 ·· 1
 第一节 冷链物流的概念及分类 ·· 1
 第二节 国内外冷链物流业的发展现状 ··· 6
 复习思考题 ·· 11
 扩展阅读 ··· 11

第二章 制冷原理与方法 ·· 13
 第一节 制冷技术基础 ··· 13
 第二节 制冷原理 ··· 18
 第三节 制冷系统 ··· 27
 复习思考题 ·· 42
 扩展阅读 ··· 43

第三章 冷链运输货物的物化性质与控制 ··· 47
 第一节 冷链运输易腐食品的化学成分 ··· 47
 第二节 易腐食品的物理性质 ··· 58
 第三节 冷链运输易腐食品的腐败与变质原因 ··· 62
 第四节 冷链运输易腐食品的冷却与冷藏原理 ··· 70
 第五节 冷链运输货物食品的冷冻与解冻原理 ··· 73
 第六节 影响易腐货物冷链运输品质的因素 ·· 79
 复习思考题 ·· 82
 扩展阅读 ··· 83

第四章 冷链物流设施与运输装备 ··· 87
 第一节 冷链物流的主要设备与设施 ··· 87
 第二节 冷库的设计、分类及特点 ·· 90
 第三节 冷链运输装备技术要求及分类 ··· 96
 第四节 冷链运输装备结构与节能 ·· 98
 复习思考题 ··· 101
 扩展阅读 ·· 101

第五章 冷链运输与配送组织管理 ·· 105
 第一节 冷链运输概述 ·· 105

第二节　冷链运输组织与管理 …………………………………………………… 111
　第三节　冷链配送的基本要素及流程 …………………………………………… 115
　第四节　冷链配送的典型模式及其选择 ………………………………………… 119
　第五节　冷链配送优化 …………………………………………………………… 125
　复习思考题 ………………………………………………………………………… 127
　扩展阅读 …………………………………………………………………………… 128

第六章　冷链运输货物标准与条件 …………………………………………………… 131
　第一节　冷链物流各环节作业标准 ……………………………………………… 131
　第二节　冷链设施设备性能标准 ………………………………………………… 134
　第三节　运输包装与装载条件 …………………………………………………… 135
　第四节　运输温湿度及气体成分条件 …………………………………………… 136
　复习思考题 ………………………………………………………………………… 137
　扩展阅读 …………………………………………………………………………… 137

第七章　食品冷链物流安全与风险管理 ……………………………………………… 139
　第一节　食品冷链物流安全和风险管理的内涵 ………………………………… 139
　第二节　食品冷链物流的安全管控体系 ………………………………………… 141
　第三节　易腐食品冷链风险管理原理与方法 …………………………………… 146
　复习思考题 ………………………………………………………………………… 154
　扩展阅读 …………………………………………………………………………… 154

第八章　冷链运输信息技术与应用 …………………………………………………… 158
　第一节　冷链运输信息化技术 …………………………………………………… 158
　第二节　冷链物流信息管理系统 ………………………………………………… 164
　第三节　冷链温度监控 …………………………………………………………… 169
　第四节　物联网与区块链追溯技术 ……………………………………………… 172
　复习思考题 ………………………………………………………………………… 176
　扩展阅读 …………………………………………………………………………… 177

第九章　冷链运输实例 ………………………………………………………………… 180
　第一节　肉类易腐食品的冷链运输实例 ………………………………………… 180
　第二节　水产品易腐食品的冷链运输实例 ……………………………………… 186
　第三节　果蔬易腐食品的冷链运输实例 ………………………………………… 206
　第四节　乳制品冷链物流实例 …………………………………………………… 213
　复习思考题 ………………………………………………………………………… 219
　扩展阅读 …………………………………………………………………………… 219

参考文献 ………………………………………………………………………………… 222

第一章

冷链物流概述

冷链物流已成为我国物流业关注的焦点,一个国家流通现代化的重要标志。随着国内消费水平的不断提升和冷链物流现代技术的深入应用,我国冷链物流行业进入了快速提升时期。推动冷链物流高质量发展,有助于减少农产品产后损失和食品流通浪费,扩大高品质市场供给,更好地满足人民日益增长的美好生活需要。同时,它也是支撑农业规模化、产业化发展,促进农业转型和农民增收,助力乡村振兴的重要基础;是满足城乡居民个性化、品质化、差异化消费需求,推动消费升级和培育新增长点,深入实施扩大内需战略和促进形成强大国内市场的重要途径;也是健全"从农田到餐桌、从枝头到舌尖"的生鲜农产品质量安全体系,提高医药产品物流全过程品质管控能力,支撑实施食品安全战略和建设健康中国的重要保障。

第一节 冷链物流的概念及分类

一、冷链物流的定义

(一) 冷链物流的概念与内涵变化

1. 冷链物流

冷链物流是利用温控、保鲜等技术工艺和冷库、冷藏车、冷藏箱等设施设备,确保冷链产品在初加工、储存、运输、流通加工、销售、配送等全过程始终处于规定温度环境下的专业物流。

一般情况下,冷链物流对象是指需要保持一定低温环境的物品,如农产品、禽肉类、水产品、花卉、加工食品、冷冻或速冻食品、冰激凌和蛋奶制品、快餐原料、酒品饮料等,以及特殊的商品。冷链物流是指在生产、仓储或运输和销售过程中,一直到消费前的各个环节始终处于产品规定的最佳低温环境下,保证食品质量、减少食品损耗的一项特殊的物流活动。

2. 冷链物流内涵变化历程

1996 年，谢如鹤对保鲜链的定义为：保鲜链是指综合运用各种适宜的保鲜方法与手段，使鲜活易腐食品在生产、加工、储存和销售的各环节，最大限度地保持其鲜活特性和品质的系统。

1997 年，孙金萍对冷链的定义为：冷链是指采用一定的技术手段，使易腐货物在从采收加工、包装、储藏、运输到销售的整个过程中都不间断地处于一定的适宜条件下，尽量降低货物质量的下降速度，最大限度地保持货物最佳质量的一整套综合设施和手段。

1998 年，谢如鹤对冷链的定义为：在低温下产、供、运、销易腐食品的系统称为冷链。它是以制冷技术和设备为基本手段，以加工、储运、供销易腐食品及其全过程为对象，以最大限度地保持易腐食品的原有品质，提供优质食品为目的的冷藏储运设施与机构。

2000 年，吕峰对冷链的定义为：冷链是使食品在整个生产和流通范围内保持均衡低温以获得最佳品质的一种系统设施。

2001 年，国家标准《物流术语》（GB/T 18354—2001）对冷链的定义为：为保持新鲜食品等的品质，使其在从生产到消费的过程中，始终处于低温状态的配有专门设备的物流网络。

2006 年，国家标准《物流术语》（GB/T 18354—2006）对冷链的定义为：根据物品特性，为保持物品的品质而采用的从生产到消费的过程中始终处于低温状态的物流网络。该标准也对物流网络做出了明确定义："物流过程中相互关联的组织、设施与信息的集合。"

2010 年，《农产品冷链物流发展规划》指出：农产品冷链物流是指使肉、禽、水产、蔬菜、水果、蛋等生鲜农产品从产地采收（或屠宰、捕捞）后，在产品加工、储藏、运输、分销、零售等环节始终处于适宜的低温控制环境下，最大限度地保证产品品质和质量安全、减少损耗、防止污染的特殊供应链系统。

2012 年，庾莉萍对冷链物流的定义为：冷链物流是指冷藏冷冻品在生产、储藏、运输、销售到消费前的各个环节中始终处于低温环境下，以保证产品质量，减少物品损耗的系统工程。冷链物流具有复杂性、协调性及高成本性特征，适用于果蔬、禽蛋、水产品、速冻食品、乳制品、花卉、药品等领域。

2014 年，史海峰等对冷链物流的定义为：冷链物流是指各种易腐、生鲜商品在生产、储存、运输、配送、销售等环节中，始终处于规定的低温环境，保证商品品质，减少商品损耗的复杂供应链系统。冷链物流是随着现代科学技术的进步与发展而建立起来的，综合考虑了生产、运输、配送、销售等环节的经济性、技术性要素，确保各要素间相互协调，从而保证易腐、生鲜商品的保值增值，它以冷冻工艺学为基础、以制冷技术为手段。

2021 年，《"十四五"冷链物流发展规划》指出："冷链物流是利用温控、保鲜等技术工艺和冷库、冷藏车、冷藏箱等设施设备，确保冷链产品在初加工、储存、运输、流通加工、销售、配送等全过程始终处于规定温度环境下的专业物流。"

欧盟对冷链的定义为：冷链是从原材料的供应，经过生产、加工或屠宰，直到最终消费为止的一系列有温度控制的过程。由于欧洲国家众多，更加注重冷链的操作，促进了冷链的运作在各国间的有效衔接，推动了欧洲冷链标准的落地和对接口的管理。

美国食品药物管理局对冷链的定义为：冷链贯穿从农田到餐桌的连续过程，维持正确的温度，以阻止细菌的生长。美国物流的发展模式对世界其他国家和地区有很大影响，其冷链定义体现了供应链的管理思想，促进了供应链全球化的发展。

日本《明镜国语辞典》对冷链的定义是："通过采用冷冻、冷藏、低温储藏等方法，使鲜活食品、原料保持新鲜状态，由生产者流通至消费者的系统。"《日本国语大辞典》对冷链的定义是"低温流通体系"。强调冷链技术的发展，普遍采用包括采后预冷、整理、储藏、冷冻、运输、物流信息等规范配套的流通体系，更加注重流通。

综上所述，冷链是指某些食品原料、经过加工的食品或半成品、特殊的生物制品和药品经过收购、加工、灭菌、灭活后，在产品加工、储藏、运输、分销和零售、使用过程中，其各个环节始终处于产品所必需的特定低温环境下，减少损耗，防止污染和变质，以保证产品食品安全、生物安全、药品安全的特殊供应链系统。

尽管对冷链的定义有所差异，但可归纳出冷链的共同特征如下：

第一，时效性。由于冷链物流承载的产品一般易腐或不易储藏，因此要求冷链物流必须迅速完成作业，保证时效性。

第二，复杂性。产品品质变化机理复杂，有的产品甚至涉及法律法规的约束，且每种产品均有其对应的温湿度和储藏时间要求，一旦断链将会造成巨大损失。

第三，高成本性。冷链物流的成本远比常温物流投入要高。首先，设备成本较高，冷链物流中心仓库和冷链车辆的成本一般是常温仓库和车辆的数倍，而且因涉及食品等需要特殊的设施设备，需要大量的资金投入；其次，冷链物流运营成本较高，冷库需要不间断地制冷才能保证温度处于恒定状态，因此冷库的电力成本居高不下；最后，冷藏车也需要不间断制冷才能保证产品的温度稳定，需要更多的油费。

（二）冷链物流的分类

目前，冷链物流的适用商品一般分为三类：一是初级农产品，包括蔬菜、水果、肉、禽、蛋、水产品、花卉等；二是加工农产品，如速冻食品、肉、水产，以及冰激凌和奶制品等；三是特殊商品，如药品和疫苗，以及部分电子器件、加工产品等。

1. 水果和蔬菜

水果和蔬菜采摘后仍为生命体，果实组织仍进行着活跃的新陈代谢过程，但当这种生命体发展到后期即过熟阶段时，新陈代谢会变慢甚至停止，果实成分与组织均会发生不可逆转的变化，失去营养价值和特有风味。

水果和蔬菜的呼吸实质上是果实内有机物缓慢地氧化。在有氧条件下，果实内作为基质的糖、有机酸以及复杂的碳水化合物被完全氧化并分解为二氧化碳、水和热量以维持正常的生命活动。水果和蔬菜高质量的运输始于采摘。首先应在理想的时间和成熟状态下采摘；其次应细心地拣选、整理和清洗；再次应降温减缓果蔬成熟过程；最后是正确地使用包装材料对果实迅速进行包装，使水果和蔬菜处于低温状态，在正确的温度、湿度、气体成分环境下运输。

根茎蔬菜（如胡萝卜）、水果（如橙、香蕉）和一些活植物属于温度敏感货物，在运输期间温度必须保证高于其冰点或在损害点1℃之内。装运这些货物应对冷箱进行预冷，并且用"冷风通道"迅速装妥货物。

2. 畜禽肉类

畜禽肉类主要包括牛、羊、猪、鸡、鸭、鹅肉等，畜禽经屠宰后即成为无生命体，对外界的微生物侵害失去抗御能力，同时进行一系列的降解等生化反应，出现僵直、软化成熟、自溶和酸败四个阶段。其中自溶阶段始于成熟后期,是质量开始下降的阶段,特点是蛋白质和氨基酸分解、腐败微生物大量繁殖,使质量变差。肉类储藏的作用是尽量推迟其进入自溶阶段的时间。

冷冻储藏是一种古老的、传统的保存易腐食物的方法。食物由于酶的分解、氧化和微生物生长繁殖而失去使用价值。冷冻可以钝化酶的分解、减缓氧化、抑制微生物生长繁殖,使食物处于休眠状态,在产品生产数周甚至数月后仍保持原始质量。

通常肉类在-18℃以下即达到休眠状态,在-23℃以下可成倍延长冻藏期。在-30℃下的冻藏期比在-18℃下的冻藏期长一倍以上,其中猪肉最明显。许多国家明确规定,冷冻食品、制成品和水产品必须在-18℃或更低的温度下运输。

3. 水产品

水产品主要包括鱼、虾、贝类。水产品死后不仅会出现僵直、软化成熟、自溶和酸败四个阶段,而且鱼类在僵直前还有一个表面黏液分泌过程,这种黏液是腐败菌的良好培养基。上述四个阶段持续时间较短,尤其是软化成熟阶段极短,这是因为多种酶和微生物在较低的温度下仍有很强的活性。在自溶阶段,蛋白质和氨基酸分解,腐败微生物大量繁殖,质量变差。

水产品的储藏时间与温度密切相关。在正常情况下,温度每降低10℃,冻藏期增加3倍,多脂鱼类较低脂鱼类冻藏期短,红色肌肉鱼类冻藏期更短。一般冻藏温度是:少脂鱼和其他大多数水产品在-23~-18℃之间;多脂鱼在-29℃以下,部分红色肌肉鱼可能要求达到-60℃的低温。在冻藏和运输期间应使用尽可能低的温度,并应避免温度大幅波动。

包装和操作方法对冻藏期也有影响,应避免货物暴露在空气中从而造成脂肪氧化和脱水干耗,装拆箱作业应快速进行,避免因温度波动影响质量。

4. 冰激凌和其他奶制品

冰激凌是人们用于清凉解暑、充饥解渴的营养价值很高的食品,要求低温灭菌操作、运输清洁、温度适当和包装完整。

冰激凌包装材料有涂蜡纸、纸箱和塑料桶等。外包装对避免冰激凌损坏和热袭起重要作用。冰激凌通常使用20ft(1ft=0.3048m)的冷箱运输,温度应设置为-25℃以下,并应避免温度波动。

冷冻奶油通常是大宗货物,习惯运输做法是将奶油装在纸箱内,将纸箱先装在货盘上,然后再装入冷箱内运输。虽然有些奶制品可在较暖的温度下运输,但实际温度一般设置为-14℃或更低,因为大部分奶油在低于-8℃的温度下没有微生物损坏,并且能保持良好的质量。可长期储存的硬奶酪通常在1~7℃下运输。其他奶酪通常用冷箱在0~13℃运输。这取决于奶酪的种类、包装、运输距离和加工或零售的用途。

5. 药品

冷藏温度敏感性的药品,从生产企业成品库到使用前的整个储存、流通过程都必须处于规定的温度环境(控温系统)下,以保证质量。医药药品安全直接关系着民生和社会稳定,同时对我国的物流供应链特别是冷链物流提出更高的要求。一般冷藏药品的温度要求是2~8℃;加工药品温度要求是8~15℃;冷冻药品温度要求是-20℃,比如常见的疫苗;深度冷冻药品的温度要求是-70℃,这些药品基本上是药品的原液,比如赫赛汀是2~8℃的储存状态,但它的原液储存在-70℃的环境中。

二、冷链物流业的发展历程

（一）我国冷链物流业的发展过程

早在几千年前，我国古人就开始使用"冷库"储存食物，"冰窖"是"冷库"的雏形。虽然农产品冷链的起源较早，但当时的普及率较低。人类进入工业化社会后，随着科学技术的不断发展，食品冷藏存储物流业得到快速发展，进而冷藏技术和运输设备日趋先进，冷链物流逐渐走向成熟，运输品类也越来越多样化。我国的冷链物流起步较晚，新中国成立后，受限于当时的经济水平，改装的冷藏库和冷藏车是仅有的冷藏设备，在我国开展的冷链运输主要是肉类的出口。

在随后长达30年的时间里，我国的冷链物流都处于零散、无序的发展状态。直到20世纪80年代，改革开放对我国冷链物流业的发展起到了一定的推动作用，但制造业的落后限制了我国冷链物流业的发展，冷链物流业一直处于低水平的发展阶段。进入21世纪后，随着我国制造业的快速发展，我国冷链物流设备和冷藏技术取得长足进步并逐渐开始大规模应用。2009年开始实施的《中华人民共和国食品安全法》，更进一步强调了冷链物流对食品安全的保障作用，推动了我国冷链物流业的快速发展。同时，人们对于食品新鲜度的要求越来越高，加之政府和社会对物流业发展的广泛关注，使得冷链物流业的发展也有了更科学的规划。尤其是近年来，各级政府高度重视冷链产业的发展。此外，随着新零售的兴起，社会资本也开始大举进入冷链物流业，进一步促进了我国冷链物流业的发展。

我国冷链物流业发展概况见表1-1。

表1-1 我国冷链物流业发展概况

发展阶段	经历时段	发展情况
萌芽阶段	19世纪50年代—20世纪末	新中国成立后，冷藏运输出现。改革开放促进其发展，但经济水平落后，冷链物流发展速度缓慢
发展阶段	21世纪初至今	成功加入WTO，物流采购联合会成立，促进中国冷链物流业发展，相关政策逐步出台，冷链物流业蓬勃发展

（二）国外冷链物流业的发展过程

第一阶段：由于制冷机、冷冻剂和电冰箱的发明，制冷技术开始广泛应用于食品工业，食品工业得到了迅猛发展。随后制冷技术向着规模化、工业化发展。1908年，工程师Albert Barrier在说明控制低温条件能确保易腐食品品质时，第一次使用了冷链（Chaîne du Froid）[一]这一术语，冷藏链初步形成。

第二阶段：冷链物流技术已逐渐走向成熟，运输品类更加多样化，制冷技术和运输设备更加先进。但是，由于这一时期仍然处于传统工业化时代，冷藏食品零售业刚刚兴起，零售商对冷链物流效率要求不高，交通设施相对落后，因此冷链物流在运行效率和配送衔接上还不够完善。

第三阶段：冷链物流已演化成为多品种、小批量、标准化和法规化模式，"冷链"的概念已由之前的"原产地→初预冷→冷库→冷藏运输→批发站点冷库"发展成为"原产地→

[一] 法语。

初预冷→冷库→冷藏运输→批发站点冷库→零售商场冷柜→消费者冰箱"。这一阶段的冷链物流已基本发展成熟。

国外冷链物流业发展概况见表 1-2。

表 1-2 国外冷链物流业发展概况

发展阶段	经历时段	发展情况	
		冷藏库方面	冷藏运输方面
第一阶段	19 世 70 年代—20 世纪 40 年代	自有传统式冷库,天然冰加盐作为降温手段	水上和铁路运输为主,运输样品少、距离短
第二阶段	20 世纪 40 年代—20 世纪末	机械式单层冷库,直接膨胀和强制空气制冷	公路运输成为主角,冷藏集装箱出现
第三阶段	20 世纪末至今	微生物控制技术和电子信息技术得到运用,工作效率提高	冷藏集装箱多式联运占主导地位,冷链发展逐步成熟

第二节 国内外冷链物流业的发展现状

一、国内冷链物流业的发展现状

(一)政策导向

1982 年,《中华人民共和国食品卫生法(试行)》颁布,食品卫生管理开始走向法制化,并在一定程度上推动了我国冷链物流业的发展。2007 年 8 月 17 日,中铁快运举行"冷链快递"新闻发布会,这让关于"冷链"的话题升温。2008 年举办北京奥运会,促进了食品冷链物流业的发展。2009 年开始实施《中华人民共和国食品安全法》,更进一步强调了冷链物流对食品安全的保障作用,推动了我国冷链物流业的快速发展。2010 年国家发展和改革委员会(以下简称发改委)发布《农产品冷链物流发展规划》,中国物流与采购联合会冷链物流专业委员会成立并推出《中国冷链物流发展报告(2010)》。"十二五"期间,国家将物流产业作为十大振兴产业之一,相继推出冷链物流相关法律法规,规范冷链物流行业,不仅关注食品冷链物流,还重视药品冷链物流的运作。2012 年,国家质量监督检验检疫总局、国家标准化管理委员会正式发布实施《药品冷链物流运作规范》《食品冷链物流追溯管理要求》两项冷链物流国家标准。这一年,央视财经报道推出节目《断裂的冷链》,让消费者更加了解冷链物流对食品安全的影响。2013 年,《中共中央 国务院关于加快发展现代农业进一步增强农村发展活力的若干意见》多项政策涉及冷链物流,说明国家在政策层面更重视冷链物流的建设。2014 年,国务院发布《物流业发展中长期规划(2014—2020 年)》,发改委发布《关于进一步促进冷链运输物流企业健康发展的指导意见》。2015 年冷链行业凸显"新"字。"一带一路"让冷链行业遇到新机遇,跨境冷链业务发展更迅猛。在"互联网+农业"时代,生鲜电商发展壮大。随着冷链物流企业的进一步壮大,政府相继出台多项冷链扶持政策和行业标准来推动冷链物流业朝良好的方向发展。2016 年,我国首个企业级全国冷链联盟在北京正式宣布成立,多个冷链物流企业在新三板挂牌上市。2017 年,国务院办公厅发布《关于加快发展冷链物流保障食品安全促进消费升级的意见》。2018 年,生鲜电商的火热发展扩大了消费者对冷链物流配送的需求，促进了企业大力布局冷链物流网络。2019年，《中共中央 国务院关于坚持农业农村优先发展做好"三农"工作的若干意见》指出，加强农产品物流、骨干网络和冷链物流体系建设。2021年，国务院办公厅正式印发了《"十四五"冷链物流发展规划》，将冷链物流提升到国家战略层面，为产业未来的发展指明了方向，并提出到2025年，初步形成衔接产地销地、覆盖城市乡村、联通国内国际的冷链物流网络，基本建成符合我国国情和产业结构特点、适应经济社会发展需要的冷链物流体系。展望2035年，全面建成现代冷链物流体系，设施网络、技术装备、服务质量达到世界先进水平，行业监管和治理能力基本实现现代化。

回顾我国冷链物流业发展的这几十年，从各项政策法规可以看出，政府部门越来越重视冷链物流行业的发展。随着市场需求的扩大，物流企业不断更新冷链设施设备，逐步升级冷链技术水平，布局冷链物流网络体系，这是我国冷链物流业的一大飞跃。

（二）现状及形势 ⊖

近年来，我国肉类、水果、蔬菜、水产品、乳品、速冻食品，以及疫苗、生物制剂、药品等冷链产品市场需求快速增长，营商环境持续改善，推动了冷链物流的发展，但冷链物流仍面临不少突出瓶颈和痛点、难点、卡点问题，难以有效满足市场需求。我国进入新发展阶段，人民群众对高品质消费品和市场主体对高质量物流服务的需求快速增长，冷链物流业发展面临新的机遇和挑战。

1. 发展现状

1）行业规模显著扩大。近年来，我国冷链物流市场规模快速增长，国家骨干冷链物流基地、产地销地冷链设施建设稳步推进，冷链装备水平显著提升。2020年，冷链物流市场规模超过3800亿元，冷库库容近1.8亿m^3，冷藏车保有量约28.7万辆，分别是"十二五"期末的2.4倍、2倍和2.6倍左右。

发展质量不断提升。初步形成产地与销地衔接、运输与仓配一体、物流与产业融合的冷链物流服务体系。冷链物流设施服务功能不断拓展，全链条温控、全流程追溯能力持续提升。冷链甩挂运输、多式联运加快发展。冷链物流口岸通关效率大幅提高，国际冷链物流组织能力显著增强。

2）创新步伐明显加快。数字化、标准化、绿色化冷链物流设施装备研发应用加快推进，新型保鲜制冷、节能环保等技术加速应用。冷链物流追溯监管平台功能持续完善。冷链快递、冷链共同配送、"生鲜电商+冷链宅配""中央厨房+食材冷链配送"等新业态新模式日益普及，冷链物流跨界融合、集成创新能力显著提升。

3）市场主体不断壮大。冷链物流企业加速成长，网络化发展趋势明显，行业发展生态不断完善。市场集中度日益提高，冷链仓储、运输、配送、装备制造等领域形成一批龙头企业，不断延伸采购、分销、信息等供应链服务功能，资源整合能力和市场竞争力显著提升。

4）基础作用日益凸显。冷链物流衔接生产消费、服务社会民生、保障消费安全能力不断增强，在调节农产品跨季节供需、稳定市场供应、平抑价格波动、减少流通损耗中发挥了重要作用。特别是在抗击新冠疫情中，冷链物流对保障疫苗等医药产品运输、储存、配送全

⊖ 摘自《"十四五"冷链物流发展规划》。

过程安全做出了重要贡献。

5）我国冷链物流发展不平衡不充分问题突出，跨季节、跨区域调节农产品供需的能力不足，农产品产后损失和食品流通浪费较多，与发达国家相比还有较大差距。①从政策环境看，缺少统筹规划，东中西部、南北方和城乡间冷链物流基础设施分布不均，存在结构性失衡矛盾；冷链物流企业用地难、融资难、车辆通行难问题较为突出；冷链物流监管制度不全、有效监管不足，全链条监管体系有待完善。②从行业链条看，产地预冷、冷藏和配套分拣加工等设施建设滞后；冷链运输设施设备和作业专业化水平有待提升，新能源冷藏车发展相对滞后；大中城市冷链物流体系不健全，传统农产品批发市场冷链设施短板突出。③从运行体系看，缺少集约化、规模化运作的冷链物流枢纽设施，存量资源整合和综合利用率不高，行业运行网络化、组织化程度不够，覆盖全国的骨干冷链物流网络尚未形成，与"通道+枢纽+网络"的现代物流运行体系融合不足。④从发展基础看，冷链物流企业专业化、规模化、网络化发展程度不高，国际竞争力不强；信息化、自动化技术应用不够广泛；冷链物流标准体系有待完善，强制性标准少，推荐性标准多，标准间衔接不够紧密，部分领域标准缺失，标准统筹协调和实施力度有待加强；冷链专业人才培养不足，制约行业发展。

2. 面临形势

1）产业升级和扩大内需开拓冷链物流发展新空间。我国已转向高质量发展阶段，产业加快迈向全球价值链中高端，现代农业、食品工业、医药产业、服务业全面升级，对高品质、精细化、个性化的冷链物流服务需求日益增长。"十四五"时期，随着城乡居民消费结构不断升级，超大规模市场潜力将加速释放，为冷链物流提高供给水平、适配新型消费、加快规模扩张奠定坚实基础，创造广阔空间。

2）冷链产品安全和疫情防控强化冷链物流新要求。冷链产品安全关系人民群众身体健康和生命安全。当前，我国冷链物流"断链""伪冷链"等问题突出，与此相关的产品质量安全隐患较多，冷链物流承担着保障疫苗安全配送和食品稳定供应的艰巨任务，要求提高冷链物流专业服务和应急处置能力，规范市场运行秩序，完善全程追溯体系，更好满足城乡居民消费安全需要。

3）科技创新和数字转型激发冷链物流发展新动力。伴随新一轮科技革命和产业变革，大数据、物联网、第五代移动通信（5G）、云计算等新技术快速推广，有效赋能冷链物流各领域、各环节，加快设施装备数字化转型和智慧化升级步伐，提高信息实时采集、动态监测效率，为实现冷链物流全链条温度可控、过程可视、源头可溯，提升仓储、运输、配送等环节一体化运作和精准管控能力提供了有力支撑，有效促进冷链物流业态模式创新和行业治理能力现代化。

4）实行高水平对外开放创造冷链物流发展新机遇。坚持实施更大范围、更宽领域、更深层次对外开放，特别是深入推进共建"一带一路"和推动构建面向全球的高标准自由贸易区网络，将进一步优化区域供应链环境，有效发挥我国超大规模市场优势，深化与相关国家贸易往来，扩大食品进出口规模，推动国内国际冷链物流标准接轨，借鉴推广先进冷链物流技术和管理经验，促进冷链物流高质量发展。

5）碳达峰、碳中和对冷链物流低碳化发展提出新任务。冷链物流仓储、运输等环节能耗水平较高，在实现碳达峰、碳中和目标背景下，面临规模扩张和碳排放控制的突出矛盾，迫切需要优化用能结构，加强绿色节能设施设备、技术工艺研发和推广应用，推动包装减量化和循环使用，提高运行组织效率和集约化发展水平，加快减排降耗和低碳转型步伐，推进冷链物流运输结构调整，实现健康可持续发展。

二、国外冷链物流业的发展现状

发达国家对冷链相关产业重视早、建设早，建立了包括生产、加工、储藏、运输、销售等在内的易腐货物的冷链流通体系，应用先进的信息技术，采用铁路、公路、水路和航空等多式联运，在运输过程中全部使用冷藏车或者冷藏箱，易腐货物的冷冻、冷藏运输率及运输质量完好率较高。

（一）美国农产品冷链物流发展现状与对策

1. 美国农产品冷链物流发展现状

冷链物流的发展离不开便捷的交通，而美国就是很好的例子。美国国土面积广阔，为了使国内沟通方便，修建了很多高通行量、高速度的公路，美国的高速公路网覆盖率高达90%，纵横交错的公路网给农产品冷链物流的发展提供了极大的便利，因此美国的公路冷藏车数量也很多。中国物流与采购网的数据显示，2014年，美国公路冷藏车为25万辆左右，占货运汽车的比重为0.9%，冷库容量为1.15亿 m^3。美国的内河、湖、铁路主要承担大宗散装货物的运输任务，同时美国还建造了横贯大陆的铁路网络，这些都为快速运输货物提供了便利。当然我们也不能就此认为美国冷链物流的高度发展只是单纯便捷的交通影响的结果，它是多方面共同作用的结果。

2. 美国农产品冷链物流发展对策

美国目前的冷链物流水平处在发展的前列，为了应对冷链物流在发展过程中出现的问题，其采用了以下几个方面的对策。

1）健全交通网络。充分利用纵横交错、便捷的交通发展各种运输方式，有公路运输、海上运输、铁路运输等多种运输方式，这也从侧面体现了美国交通网络的健全。多种运输方式相结合，可以应对多变的天气变化，更加合理、优化地运输货物。

2）提高运输效率。在美国，为了提高效率，冷链物流运输分工十分明确，运输方、仓储方都只负责自己工作范围以内的事情，各司其职，这使得整个冷链运行分工明确，有据可依。

3）缩减流通环节。美国在进行农产品运输时，会尽可能地缩减流通环节、节省时间、减少成本。

4）运用高新技术。美国很早就引用了射频和GPS（全球定位系统）等技术，射频技术的运用很大程度上降低了人工成本，美国的劳动力十分昂贵，而射频技术不需要请工人进行监督、追查，同时这也在一定程度上降低了失误率。GPS技术则让货物的运输位置能够实时查询。

5）加大监管力度。为了规范市场，美国有很多相关的法律法规和相关的监管部门进行市场监管，这些监管部门和法律法规都很好地监管了生产厂家和经销商的生产和销售行为。

（二）日本农产品冷链物流发展现状与对策

1. 日本农产品冷链物流发展现状

日本的高科技化和高机械化是全世界公认的。冷链物流在日本属于低成本的物流，现已进入了成熟期,未来还将有一定的发展空间,但是随着科技的进步,日本的冷链物流发展到一定程度时,必将会被另一种新兴的物流形式替代。日本农产品冷链物流的发展离不开完善的基础设施,2014年,日本冷藏保鲜车的保有量在12万辆左右,到2016年则有15万辆左右,冷藏保鲜车占货运汽车的比重大致为2.65%,冷藏运输率则高达90%以上,运输过程中的产品腐损率低至5%。

2. 日本农产品冷链物流发展对策

日本的农产品冷链物流发展到现在的阶段,主要采取如下手段。

1) 运用专业的机械。日本的农产品冷链物流在进行作业时都采用专业的机械。日本冷链物流业在国际领域内是公认的高专业化和高自动化,不仅是因为它对高技术利用最大化,还是因为企业对农产品冷链物流信息的处理手段也十分合理。

2) 采用数码分拣系统。日本的劳动力十分昂贵,这就导致了分拣系统的普及。同时,人工分拣和机器相比速度明显较慢,而数码分拣系统大大地提高了冷链物流企业的工作效率,同时人工分拣容易出现一些不可抗因素,影响分拣的准确性,而机器能够提高其准确性,降低错误率,这也在无形之中降低了成本。

3) 运用物流信息技术管理。日本的冷链物流企业广泛地使用电子数据交换系统,这在很大程度上减少了劳动力成本和人工错误所造成的误差成本还有库存成本,这些技术的运用不仅改善了企业和顾客的关系,提高了企业在同行业乃至国际上的竞争力,也使得信息能够被更快速地传达到客户手中,并且误差较小。同时,企业会在配送的车辆上安装GPS以掌握送货员的实际配送路线,客户可以更快地了解自己的货物被运送到哪个具体位置。冷链物流企业GPS技术的运用不仅可以让企业优化配送线路,提高配送效率,而且还有利于企业和客户对送货员的管理和监督。

4) 加大政府的支持力度。冷链物流业要想发展起来,离不开政府的支持,日本的冷链物流业就是在这个背景下发展起来的,同时,日本政府很看重冷链物流基础设施的建设和完善。

5) 完善需求预测机制。由于"无缝对接",日本农产品冷链物流在运输中从未出现过断货的现象,这就使得日本的冷链物流信息化始终保持快速运行,快速的冷链物流使得日本在国际冷链物流运输上有着很大的竞争优势。

(三) 荷兰农产品冷链物流发展现状和对策

1. 荷兰农产品冷链物流发展现状

提起农产品冷链物流就不得不说荷兰。荷兰是全球经济型花卉销量最多的国家和最大的花卉出口国,每天有数万束鲜花从荷兰最大的鲜花拍卖市场——爱士曼运往世界各地。作为一种极易被损坏的产品,鲜花的保存有很高的要求,稍有不慎就会造成巨大的损失,可是"全球最大花卉出口国"这个称号却一直为荷兰所拥有,这说明荷兰在运送鲜花这一产品上有着很高的技术,并且目前来看是处于领先地位的。

2. 荷兰农产品冷链物流发展对策

1) 提高运输效率。鲜花的保鲜期只有短短几天,让鲜花被送达目的地时还是鲜翠欲滴的状态是很考验整个物流链的能力的,而荷兰能够做到。它要求每天清晨售出的鲜花一定要在当天晚上或者第二天出现在世界各地的花店之中,这对整个物流链都是一个巨大的考验。荷兰利用位于"欧洲门户"的有利位置,充分运用高度发达的海、陆、空运输网络,以及分拨能力和通信系统进行运输。

2）加大科技支持力度。在储运方面，荷兰以高新技术为依托来延长鲜花的保质期。有些物品必须在低温的环境下才能长时间保存，比如鲜奶、鲜花等这些易腐的货物，而要长时间保存就必须通过调节外部环境来进行全程的温度控制，包括产品从产地采摘之后的冷藏保鲜，在运输途中的低温保温和冷藏，还有在抵达目的地之后的冷藏，这些无一不考验着运输的能力，要想做到最大程度的保鲜，减少损耗，就得运用冷链物流。

3）缩短流通环节。荷兰的鲜花从采摘之后到运送到目的地只需一天的时间，而在这一天里如果需要5个乃至更多的流通环节，就根本无法保证鲜花准时送达，所以荷兰的鲜花流通一般流通环节很少，这大大节省了时间。

复习思考题

1. 什么是冷链物流？
2. 你接触的冷链物流都有哪些？请举例说明。
3. 我国冷链物流的现状如何？

扩展阅读

新质生产力推动冷链物流高质量发展

近年来，国家对于冷链物流的扶持政策和扶持力度不断加大。从《"十四五"冷链物流发展规划》到《国家骨干冷链物流基地建设实施方案》的出台，都为冷链物流发展提供了有力保障。自2008年《中共中央国务院关于切实加强农业基础建设进一步促进农业发展农民增收的若干意见》首次提出"开展鲜活农产品冷链物流试点"以来，冷链物流相关内容已经10多次出现在每年的中央一号文件中，冷链物流成为每年连续出现的高频词。在国家政策的引导和市场需求的推动下，我国冷链行业发展迅猛，势头强劲。冷链物流规模持续增长，规模化、标准化、智能化水平不断提高，冷链物流体系不断完善，冷链设施建设质量不断提升。

在国家政策的引导和市场需求的推动下，我国冷链行业发展迅猛，势头强劲。但我国冷链物流产业在快速发展的同时也面临许多问题。一是冷链设施区域发展不平衡，冷链基础设施还极为薄弱，冷库配套分布不合理，城市人均冷库容量偏小，农村前端预冷和港站枢纽冷链设施资源不足，结构性失衡问题突出，现有的冷链物流体系难以支撑农产品大规模跨区域、反季节、长距离流通需求的增长；二是我国目前冷链物流行业市场集中度仍相对较低，部分冷链物流企业存在规模小、技术落后、设备能耗高、安全隐患大等问题；三是冷链产品安全在新冠疫情后逐步发展成为冷链物流的新需求，对提高冷链物流企业应急处理能力、完善食品安全体系提出了新的要求；四是加快冷链物流企业的数字化转型、智慧化升级、加快推进制冷剂替代、节能降碳，全面提升冷链物流的管理服务能力，是冷链物流行业面临的新挑战。我们必须抢抓机遇，加大创新力度，培育壮大新兴产业，超前布局未来产业，完善现代冷链物流产业体系，不断提升，快速发展。

冷链物流进入了规模、效益"双提升"的高质量发展的新时代，新质生产力为冷链物流高质量发展提供了科学遵循。加快形成冷链物流新质生产力，其目的就是构建适应现代产业链供应链发展的新生态，以产业转型升级为导向，以新基建、新能源、新技术为核心，以体系建设、标准引领、融合创新、协同共享、绿色低碳、数字赋能、链接国际和人才培养为关键提升点，向"新"而行，在创新驱动发展中塑造发展新动能。

一是体系建设。要夯实冷链物流"三级"基础设施网络，高质量推动城乡冷链物流体系建设，促进形成全国统一大市场，推动冷链与现代农业、食品工业等融合发展，支撑构建国内、国际双循环的新格局。

二是标准引领。建设标准化的农产品冷链物流设施，提高物流效率和安全性；建立健全服务标准体系，规范物流服务行为，提高服务质量；优化物流流程，提高物流效率和降低运营成本，完善质量追溯体系，实现冷链产品在生产、加工、储存、运输等各环节的质量控制，规范冷链物流市场秩序，提高整体水平。

三是融合创新。随着国家乡村振兴、产业升级、区域联动等战略深入实施，冷链物流已融合到产业转型升级的全过程。冷链物流与农业、加工业、交通运输业、零售业等多业态深度融合，催生新业态新模式。在产地直配、社区团购、直播带货、预制菜、私人订制等新消费驱动下，对冷链新业态、新模式、新场景提出更高的要求。

四是协同共享。随着下沉市场冷链需求不断扩大，全社会物流降本增效，协同共享已大势所趋。在产地预冷和末端配送环节，通过资源协同，可有效缓解市场紧缺的冷链资源。共享冷库、冷藏车、冷链园区等冷链资源，不仅可以提高利用率，还能有效促进冷链零担和同配业务的增长，从"竞争"到"协同"到"共享"，实现降本增效。

五是绿色低碳。绿色发展是冷链物流高质量发展的底色，要从冷库建设、冷链运输、园区建设、装备制造、运营管理等冷链物流产业全生命周期，做到节能减排、低碳零碳，为实现"双碳目标"贡献冷链物流行业力量。

六是数字赋能。数智化创新和转型是冷链物流发展的新动力。物联网、大数据、人工智能等均可为冷链物流各领域、各环节赋能。通过建立冷链信息共享机制，加强产业链上下游信息交流，实现科学布局和供需信息实时对接，完善物流信息网络，以及全过程智能化监测产品、调控设备、优化流程，提高冷链体系透明度和精准度，有效促进冷链物流业态模式创新和行业治理能力现代化。

七是链接国际。随着"一带一路"倡议深入实施，国内自贸区试点扩大及RCEP协定等不断深化，进出口生鲜品类和数量大幅提升，与之配套的海外冷链物流需求激增，大量冷链物流企业开始布局海外市场，寻求新的增长极和动力源。冷链物流企业要提升相关口岸国内外冷链通道衔接和组织能力，加快构建以国内大循环为主体、国内国际冷链物流双循环相互促进的新发展格局。

八是人才培养。加快形成新质生产力，关键靠"人"，靠规模庞大、素质优良、结构合理的新型劳动者队伍。随着冷链物流进入高质量发展新阶段，冷链上下游更趋协同，市场化、体系化特征更加明显，对专业化、复合型及创新型人才提出了更高的要求。迫切需要产地认证、质量追溯、田头集货、产地预冷、冷藏保鲜、分级包装、设施运维、冷链采购与供应链管理等环节高素质人才，因此，打造一支与冷链物流高质量发展相匹配的知识型、技能型、创新型的劳动者大军迫在眉睫。

资料来源：唐俊杰. 推动冷链物流高质量发展［J］. 北京观察，2024（5）：54-55.

第二章

制冷原理与方法

第一节 制冷技术基础

一、热力学基本概念

（一）温度

1. 温度的定义

温度在宏观上是描述物体冷热程度的物理量。

2. 温标

测量温度的标尺称为温标。工程上常用的温标可以分为3种：热力学温标、摄氏温标和华氏温标。

1）热力学温标。热力学温标又称开尔文温标或绝对温标，符号为 T，单位为K。热力学温标是在一个标准大气压下定义纯水的冰点温度为273.16K，沸点温度为373.16K，其间分为100等份，每等份称为绝对温度1度（1K）。

2）摄氏温标。摄氏温标又叫国际温标，符号为 t，单位为℃。在一个标准大气压下，把纯水的冰点温度定为0℃，沸点温度定为100℃，其间分成100等份，每一等份就是1℃。温度低于0℃时，应在温度数字前面加"-"号。

3）华氏温标。其符号用 θ 表示，单位为℉。华氏温标是在一个标准大气压下把纯水的冰点温度定为32℉，沸点温度定为212℉，其间分成180等份，每一等份就是1℉。

4）3种温标之间的关系如图2-1所示。

3. 干球温度、湿球温度

（1）干球温度

干球温度是普通温度计测量出来的温度。例如，天气预报白天最高温度为28℃，28℃就是干球温度。

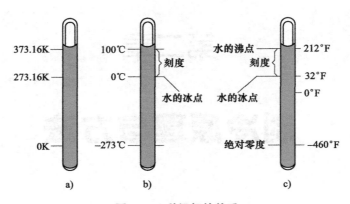

图 2-1　3 种温标的关系
a）热力学温标　b）摄氏温标　c）华氏温标

（2）湿球温度

用湿纱布包住普通温度计的温包，就组成一个湿球温度计，所测出的温度就是湿球温度。

4. 饱和状态、饱和温度

（1）饱和状态

气体和液体两种聚集态的质量不再发生变化，达到动态平衡，这种状态称为饱和状态。饱和状态下的蒸汽称为饱和蒸汽，饱和状态下的液体称为饱和液体。

（2）饱和温度

液体沸腾时维持不变的温度称为沸点或称为在某一压力下的饱和温度，饱和蒸汽和饱和液体的温度称为饱和温度。饱和蒸汽和饱和液体的温度是一样的。与饱和温度相对应的某一压力称为该温度下的饱和压力。

饱和温度和饱和压力都随着相应的压力和温度的增大而升高，一定的饱和温度对应着一定的饱和压力。饱和温度和饱和压力一一对应。如在一个标准大气压（1atm）下水的饱和温度为 100℃；水在 100℃ 时的饱和压力为一个标准大气压。而在 0.048MPa 的绝对压力下，水的饱和温度为 80℃，即 80℃ 时水的饱和压力为 0.048MPa。

饱和温度和饱和压力对制冷系统有重要的意义。在蒸发器中，制冷剂液体在蒸发器内进行吸热、沸腾，由于饱和压力不变，所以饱和温度也不变。

5. 临界温度

当气体物质的温度升高到某一特定数值后，即使施加再大的压力也不会由气态变成液态，这一特定温度称为临界温度。

（二）压力

压力是指单位面积上承受的垂直作用力。对于气体，实质上是气体分子运动撞击容器壁面，在单位面积的容器壁面上所呈现的平均作用力。压力的单位是帕（斯卡）(Pa)，有时也用千帕（kPa）和兆帕（MPa），还有工业大气压（bar）、标准大气压（atm）。

它们之间的换算关系为：

$$1Pa = 1N/m^2$$

$$1\text{MPa} = 10\text{bar} = 10^6\text{Pa}$$
$$1\text{atm} = 1.013 \times 10^5\text{Pa}$$

流体的压力常用压力表或真空表来测量。压力表测量的压力为表压力 p_g,真空表测量的压力为真空度 p_v,工质的真实压力称为绝对压力 p,p_g、p_v 及大气压力 p_b 之间的关系为

$$p = p_g + p_b \quad (\text{当 } p > p_b \text{ 时}) \tag{2-1}$$
$$p = p_b - p_v \quad (\text{当 } p < p_b \text{ 时}) \tag{2-2}$$

在后面的分析与计算中,用的压力均为绝对压力。

（三）湿度

1. 空气

（1）湿空气

含有水蒸气的空气称为湿空气。

（2）干空气

完全不含水蒸气的空气称为干空气。

（3）饱和空气

在一定温度下,空气内所含水蒸气的量达到最大值,开始结露,这种空气就叫作饱和空气。空气中所含水蒸气的多少用湿度来表示。湿度常用绝对湿度、相对湿度、含湿量、露点来表示。

2. 绝对湿度与相对湿度

（1）绝对湿度

单位体积空气中所含水蒸气的质量,叫作空气的绝对湿度,单位为 g/m^3。

（2）相对湿度

相对湿度是指在某一温度下,空气中所含水蒸气的实际质量与同一温度下饱和空气中的水蒸气质量的百分比。

（3）二者差别

绝对湿度只说明单位体积空气中含有多少克水蒸气,不能说明有没有达到饱和。而相对湿度则说明了空气达到饱和的程度。

在实际中直接测量空气所含水蒸气质量较困难。由于空气中水分产生的压力在100℃下时与空气中含水量成正比,所以可以用空气中水蒸气产生的压力表示空气中的绝对湿度。

相对湿度可用两支完全相同的温度计组成干、湿球温度计来测量。其中一支温度计是干球温度计,用来测量空气温度;另一支是湿球温度计,其下端包着棉纱且浸在水中。由于水分的蒸发,测量时湿球温度总是低于干球温度。

空气相对湿度越小,水越容易蒸发,干、湿球温度计温差就越大。

3. 含湿量与露点

（1）含湿量

在实际应用中,一般不使用绝对湿度,而使用"含湿量"这一概念。在含有1kg干空气的湿空气中所含水蒸气的质量,叫作空气的含湿量,其单位是g/kg干空气。

（2）露点

在含湿量不变的条件下,空气中水蒸气刚好达到饱和时的温度或湿空气开始结露时的温度叫作露点。在制冷技术中,常利用冷却方式使空气温度降到露点温度以下,以便水蒸气从

空气中析出凝结成水,从而达到干燥空气的目的。空气的含湿量大,它的露点温度就高,物体表面也就容易结露。

（四）热量

热量是能量变化的一种量度,表示物体在吸热或放热过程中所转移的热能。热量的法定单位是 J（焦）,非法定单位是 cal（卡）。它们之间的关系是:

$$1\ cal = 4.1868J$$

热量有显热和潜热两种形式。

（1）显热

显热是指物质温度变化,状态不变所吸收或放出的热量,如水的温度从 20℃升至 80℃,这时水吸收的热量为显热。

（2）潜热

潜热是指物质的状态变化（如熔解、液化等）,而温度不变所吸收或放出的热量。如将 100℃的水变为 100℃的水蒸气时,需要吸收的热量就是潜热。依据物态变化,潜热可分为汽化潜热、液化潜热、熔化潜热和凝固潜热等。

（五）熵

熵是描述物质状态的参数,它是从外界加进 1kg 物质（系统内）的热量 Q 与加热时该物质的绝对温度 T 之比,用 S 表示,其关系式为:

$$S = Q/T$$

熵值是复合状态参数,它只与状态有关,而与过程无关。在一定的状态下,制冷剂的熵值是确定的。熵不需要计算绝对值。由于绝对温度 T 永远是正值,故热量的变化 ΔQ 与熵的变化 ΔS 符号相同。工质吸热,ΔQ 为正值,工质的熵值必然增加,ΔS 也为正值。反之工质放热（被冷却）,ΔQ 为负值,工质的熵减少,ΔS 也为负值。因此,根据制冷过程中熵的变化,就可判断出工质与外界之间热流的方向。

（六）焓

热能是物质分子所具有的动能与位能的总和,而物质分子在各种状态下都在不停地运动,所以物质总是含有一定的热量,只是所处状态不同时所含热量不同而已。物质在某一状态时,所含的热量称为该物质的焓,符号为 H,单位为 J。制冷工质在系统内流动时,其内能和外能是同时出现的,因此焓可以制冷工质流动的热力计算。

焓的物理意义是指以特定温度作为起点的物质所含的热量。例如,通常把水在压力为 101325Pa,温度为 0℃时的焓定义为零。把 1kg 0℃的 R12 和 R134a①液态制冷剂的焓值规定为 200kJ。

焓随制冷剂的状态、温度和压力等参数的变化而变化。当对制冷剂加热或做功时,焓就增大。反之,制冷剂被冷却或蒸气膨胀向外做功时,焓就减小。

二、热力学基本定律

1. 热力学第一定律

无论何种热力过程,在机械能与热能的转换或热能的转移中,系统和外界的总能量守

---

① R12 为一种非共沸溶液制冷剂。R134a 是一种新开发的制冷剂。

恒,即能量不能凭空产生,也不能凭空消失,只能从一种形式的能转换成另一种形式的能,但总能量保持不变。

2. 热力学第二定律

热力学第二定律是科学家通过长期的科学实验和生产实践得出的结论。开尔文和普朗克将热力学第二定律表述为:不可能制造只从一个热源取得热量,使之完全变成机械能而不引起其他变化的循环发动机。

热量可以自发地、不费代价地从高温热源传到低温热源,但要想把热量从低温热源传到高温热源,必须消耗压缩机的机械能。电冰箱总是从箱内吸收食品、空气(低温热源)的热量传到箱外大气环境(高温热源),这一过程必须消耗压缩机的机械能。克劳修斯将热力学第二定律表述为:热量不可能自发地、不费代价地从低温热源传到高温热源。热力学第二定律说明热量的传递具有方向性。

三、传热方式

1. 导热

它是不同温度的物体之间通过直接接触,或同一物体不同温度的各部分之间,在没有宏观相对位移时,由分子、原子或自由电子等微粒的热运动来传递热量的过程。

2. 热对流

它是流体中不同温度的各部分之间,由流体微团宏观相对位移来传递热量的过程。

3. 热辐射

当物体温度高于绝对零度时,物体具有一定温度而向外放射辐射能,辐射能通过电磁波向外传播。物体将热能转化为向外放射的辐射能的现象称为"热辐射",其电磁波的波长范围为 $0.1\sim100\mu m$。不同温度的物体之间,由电磁波来传送热量的过程,称为"辐射换热"。

四、流体的主要物理性质

流体的密度、压缩性和表面张力是流体的重要物理属性。

流体的密度表征流体在流场空间某点质量的密集程度,它与流体的压缩性有密切的关系。

流体的压缩性是用单位压强所引起的体积变化率来表示的。流体的体积随压强增大而缩小,随温度的升高而膨胀。任何流体都是可以压缩的,只是可压缩的程度不同。

除流体的密度、压缩性外,液体与气体、液体与固体交界面的表面性质,特别是液体自由表面的表面张力及其引起的毛细现象,在一些科技和工程应用领域也受到密切关注。

(一)流体的密度

如果流体是均匀的,通过测定已知体积 V 中的流体质量 m,或者测定已知流体质量 m 占据的体积 V,就可以确定流体的平均密度。平均密度可表示为

$$\rho = m/V \tag{2-3}$$

式中 ρ ——流体单位体积内所具有的质量,其单位为 kg/m^3。

(二)流体的压缩性

流体质点的体积或密度可以随压力或温度改变的性质称为流体的压缩性。在通常的压力或温度下,液体比气体的压缩性小得多,而且在相当大的压力范围内,液体的密度几乎是

常数。

例如,水在温度20℃下,压力每增加1标准大气压,它的体积仅比原体积约缩小0.005%。液体和气体力学性质最重要的差别在于它们的体积弹性,即可压缩性不同。气体远比液体容易压缩,在有显著压力变化的流体运动中,气体产生的比容变化要比液体大得多。

（三）流体的黏性

处于静止状态的流体不能抵抗剪切力,在任何微小剪切力作用下都将发生任意大的变形,因此流体不能保持一定的形状。但是,当变形速度增大时,流体会表现抵抗变形的一定能力。运动一旦停止,流体的抵抗力便立即消失。流体受到剪切力作用时抵抗变形的特性称为流体的黏性。

（四）表面张力特性

处在气液界面、互不相溶的两种液体界面或某些液固界面附近的液体,由于分子间相互作用的各向异性,液体表面发生弯曲将产生表面张力。表面张力同其他作用力相比很小,通常可以忽略。但是研究毛细现象的影响时,必须考虑流体表面张力的作用。

第二节 制 冷 原 理

天然冷源主要是指夏季使用的深井水和冬天储存下来的天然冰。在夏季,深井水低于环境温度,可以用来防暑降温或作为空调冷源使用；天然冰可以用来食品冷藏和防暑降温。天然冷源虽具有价格低廉和不需要复杂技术设备等优点,但是,它受时间和地区等条件的限制,最主要的是受到制冷温度的限制,它只能制取0℃以上的温度。因此,天然冷源只能用于防暑降温、温度要求不是很低的空调和少量食品的短期储存,要想获得0℃以下的制冷温度,必须采用人工制冷的方法来实现。

一、人工制冷方法

在制冷技术中,人工制冷方法很多,目前广泛应用的制冷方法有以下几种。

1. 液体气化制冷

它是利用液体气化时要吸收热量的特性来实现制冷的。

物质由液态变为气态时要吸收汽化热,这个热量随着物质的种类、压力、温度不同而有所不同。例如1kg的水,在101.325kPa压力下,气化时要吸收热量2255.68kJ,这时沸点温度为100℃；在1.0721kPa压力下,气化时要吸收热量2481.35kJ,这时水的沸点温度为8℃。又如1kg的氨液,在101.325kPa压力下气化时,要吸收1370kJ的热量,这时的沸点温度可达-33.41℃；压力在190.11kPa下气化时,要吸收1327.52kJ的热量,这时沸点温度可达-20℃。从上述例子可以看出,对于同一种物质,压力越低,沸点温度越低,吸热就越大。因此,只要创造一定的低压就可以利用液体的气化吸热特性获得所要求的低温。

2. 气体膨胀制冷

它是利用气体绝热膨胀来实现制冷的。

气体被压缩时,压力升高,温度也随之升高。反之,高压高温的气体进行绝热膨胀时,压力降低,温度也随之降低,从而产生冷效应,达到制冷的目的。空气压缩制冷就是采用这个原理。图 2-2 为空气压缩制冷原理图，空气经压缩机绝热压缩后，压力和温度升高，然后在冷却器中定压冷却到常温，再进入膨胀机进行绝热膨胀，压力降低，体积膨胀，并对外做功，使空气本身的内能减少，温度降低，然后低温低压的空气进入冷藏室，吸收被冷却物体的热量，被冷却物体放出热量，温度降低，空气吸热后温度升高又被压缩机吸入，如此循环便可达到制冷目的。空气压缩制冷常用于飞机的机舱空调。

3. 半导体制冷

半导体制冷是一种利用半导体材料的热电效应来产生制冷效果的技术。当两种不同材料相接触时，由于它们的电子亲和力不同，会形成一个电势差。如果将这个电势差加热一侧，就能够产生热流，并且从另一侧吸收热量，实现制冷效果。这种技术具有体积小、噪声低、无污染等优点，因此被广泛应用于一些需要高效、精确控温的领域，如电子设备、光学仪器、医疗器械等。

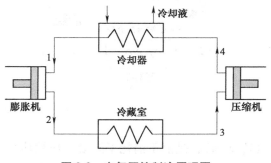

图 2-2 空气压缩制冷原理图

在上述三种制冷方法中，目前应用最广泛的是液体气化制冷，这种制冷称为蒸气制冷。蒸气制冷方式有三种，即蒸气压缩式制冷、吸收式制冷、蒸气喷射式制冷。

二、制冷循环

（一）理想制冷循环——逆卡诺循环

卡诺循环分为正卡诺循环和逆卡诺循环。正卡诺循环是正向循环，它是使高温热源的工质通过动力装置对外做功，然后再流向低温热源，使热能转化为机械能，也称动力循环；逆卡诺循环是逆向循环，它使制冷剂在吸收低温热源的热量后通过制冷装置，并以消耗机械功作为补偿，然后流向高温热源。制冷循环就是按逆向循环进行的。

逆卡诺循环是可逆的理想制冷循环，实现逆卡诺循环的重要条件是：高、低温热源温度恒定；工质在冷凝器和蒸发器中与外界热源之间的换热无传热温差；制冷工质流经各个设备时无摩擦损失及其他内部不可逆损失。

逆卡诺循环由两个定温和两个绝热过程组成；在湿蒸气区内进行的逆卡诺循环的必要设备是压缩机、冷凝器、膨胀机和蒸发器，其制冷循环以及循环过程在 T-S 图上的表示如图 2-3 所示。

由图 2-3 可知，制冷剂在逆卡诺循环中包括四个热力过程。1'-2' 为绝热压缩过程，制冷剂由状态 1' 经过绝热压缩（等熵压缩）到状态 2'，消耗机械功 w_c，制冷剂的温度由 T_0' 升至 T_k'。2'-3' 为等温冷凝过程，制冷剂在 T_k 下向冷却剂放出冷凝热量 q_k，然后被冷却到状态 3'。3'-4' 为绝热膨胀过程，制冷剂由状态 3' 热膨胀（等熵膨胀）到状态 4'，膨胀机输出功 w_e，制冷剂的温度由 T_k' 降到 T_0'。4'-1' 为等温吸热过程，制冷剂由状态 4' 等温 T_0' 下从被冷却物体吸取热量 q_0（即制取单位制冷量 q_0），这时制冷剂又恢复到初始状态 1'，这样便完成一个制冷循环。如果循环继续重复进行，则要不断地消耗机械功才能不断地进行制冷。由此可见，在制冷循环中，制冷剂之所以能从低温物体（被冷却物体）中吸取热量 q_0 送至高温物

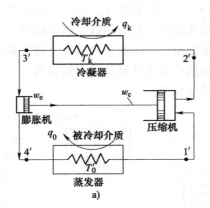 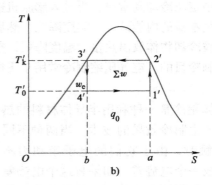

图 2-3 逆卡诺循环过程

体(冷却剂),是由于消耗了能量(压缩功)。

在逆卡诺循环中,1kg 制冷剂从被冷却物体(低温热源)吸取的热量 q_0,连同循环所消耗的功 $\sum w$(即压缩机的耗功量 w_c 减膨胀机膨胀时所作的功 w_e)一起转移至温度较高的冷却剂(高温热源),根据能量守恒,则

$$q_k = q_0 + \sum w \tag{2-4}$$

$$\sum w = w_c - w_e \tag{2-5}$$

制冷循环常用制冷系数 ε 表示它的循环经济性能。制冷剂从被冷却物体中吸取的热量 q_0 与循环中所消耗功 $\sum w$ 的比值称为制冷系数,即

$$\varepsilon = \frac{q_0}{\sum w} \tag{2-6}$$

对于逆卡诺循环,1kg 制冷剂从被冷却物体(低温热源)吸取的热量为

$$q_0 = T'_0(S_a - S_b) \tag{2-7}$$

向冷却剂(高温热源)放出的热量为

$$q_k = T'_k(S_a - S_b) \tag{2-8}$$

制冷循环中所消耗的净功为

$$\sum w = q_k - q_0 = (T'_k - T'_0)(S_a - S_b) \tag{2-9}$$

则逆卡诺循环制冷系数为

$$\varepsilon_c = \frac{q_0}{\sum w} = \frac{T'_0(S_a - S_b)}{(T'_k - T'_0)(S_a - S_b)} = \frac{T'_0}{T'_k - T'_0} \tag{2-10}$$

从式(2-10)可知,逆卡诺循环的制冷系数只与被冷却物体的温度 T'_0 和冷却剂的温度 T'_k 有关,与制冷剂性质无关。当 T'_0 升高,T'_k 降低时,ε_c 增大,制冷循环的经济性越好。T'_0 对 ε_c 的影响要比 T'_k 的影响大。

(二)有传热温差的制冷循环

前面讲过实现逆卡诺循环的一个重要条件是制冷剂与被冷却物和冷却物之间必须在无温

差情况下相互传热，而实际的热交换器总是在有温差的情况下进行传热，因为蒸发器和冷凝器不可能具有无限大的传热面积。所以，实际有传热温差的制冷循环，制冷系数 ε_c' 不仅与被冷却物体温度 T_0 和待却剂温度 T_k 有关，还与热交换过程的传热温差有关。例如，被冷却物体（如冷冻水）在蒸发器中的平均温度为 T_0'，而冷却水在冷凝器中的平均温度为 T_k' 时，逆卡诺循环可用图 2-4 中的 1′—2′—3′—4′—1′ 表示。由于有传热温差存在，在蒸发器内制冷剂的蒸发温度应低于 T_0'，即 $T_0 = T_0' - \Delta T_0$，而冷凝器内制冷剂的冷凝温度 T_k 应高于 T_k'，即 $T_k = T_k' + \Delta T_k$。此时有传热温差的制冷循环可用图 2-4 中的 1—2—3—4—1 表示，所消耗的功量为 12341 所围区域的面积，比逆卡诺循环多消耗的功用 2′233′2′ 和 11′4′41 所围区域的面积表示，减少的制冷量为 11′4′41 所围区域的面积。同理可得具有传热温差的制冷循环的制冷系数为

$$\varepsilon_c' = \frac{T_0}{T_k - T_0} = \frac{T_0' - \Delta T_0}{(T_k' + \Delta T_k) - (T_0' - \Delta T_0)} = \frac{T_0' - \Delta T_0}{(T_k' - T_0') + (\Delta T_k + \Delta T_0)} \quad (2-11)$$

显然 $\varepsilon_c' < \varepsilon_c$，这表明具有传热温差的制冷循环的制冷系数总要小于逆卡诺循环的制冷系数。一切实际制冷循环均为不可逆循环。因此，实际循环的制冷系数总是小于工作在相同热源温度时的逆卡诺循环的制冷系数。实际制冷循环的制冷系数 ε_c' 与逆卡诺循环的制冷系数 ε_c 之比称为热力完善度，即

$$\eta = \frac{\varepsilon_c'}{\varepsilon_c} \quad (2-12)$$

热力完善度越接近 1，实际循环的不可逆程度越小，循环的经济性越好，它的大小反映了实际制冷循环接近逆卡诺循环的程度。

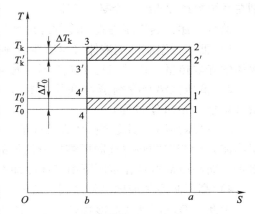

图 2-4 有传热温差的制冷循环

实际上，蒸汽压缩式制冷采用逆卡诺循环有许多困难，主要有以下几点：

1）压缩过程在湿蒸汽区进行，危害性很大。因为压缩机吸入的是湿蒸汽，在压缩过程中必然产生湿压缩，而湿压缩会引起液击现象，使压缩机遭受破坏。因此，在实际蒸汽压缩式的制冷循环时采用干压缩，即进入压缩机的制冷剂为干饱和蒸汽（或过热蒸汽）。

2）膨胀机等熵膨胀不经济。这是因为进入膨胀机的是液态制冷剂，一则它的体积变化不大，再则机件特别小，摩擦阻力大，以致所能获得的膨胀功常常不足以克服机器本身的摩擦阻力。因此，在实际蒸汽压缩式制冷循环中采用膨胀阀（也称节流阀）代替膨胀机。

3）无温差的传热实际上是不可能的。因为冷凝器和蒸发器不可能有无限大的传热面积，所以实际循环只能使蒸发温度低于被冷却物体的温度，冷凝温度高于冷却剂的温度。

综上可知，虽然逆卡诺循环制冷系数最大，但只是一个理想制冷循环，在实际工程中无法实现，但是通过该循环的分析所得出的结论对实际制冷循环具有重要的指导意义，对提高制冷装置经济性指出了重要的方向。因此，要使实际制冷装置节能运行，必须严格遵循上述原则，这就是详细分析讨论蒸汽压缩式制冷基本原理的主要目的。

（三）单级蒸汽压缩式制冷的理论循环

蒸汽压缩式制冷的理论循环由两个定压过程，即一个绝热压缩过程和一个绝热节流过程

组成。它与逆卡诺循环（理想制冷循环）所不同的是：

1) 蒸汽的压缩采用干压缩代替湿压缩。压缩机吸入的是饱和蒸汽而不是湿蒸汽。
2) 用膨胀阀代替膨胀机。制冷剂用膨胀阀绝热节流。
3) 制冷剂在冷凝器和蒸发器中的传热过程均为定压过程，并且具有传热温差。

图2-5为蒸汽压缩制冷理论循环图。它由压缩机、冷凝器、膨胀阀、蒸发器等组成，这些设备之间用管道依次连起形成一个封闭的系统。它的工作过程是：压缩机将蒸发器内产生的低压低温制冷剂蒸汽吸入气缸内，经过压缩机压缩后使制冷剂蒸汽的压力温度升高，然后将高压高温的制冷剂蒸汽排入冷凝器。在冷凝器内，高压高温的制冷剂蒸汽与温度比较低的冷却水（或空气）进行热量变换，把热量传给冷却水（或空气），而制冷剂本身放出热量后由气体冷凝为液体，这种高压的制冷剂液体经过膨胀阀节流降压、降温后进入蒸发器。在蒸发器内，低压低温的制冷剂液体吸收被冷却物体（食品或空调冷冻水）的热量而气化，而被冷却物体（如食品或冷冻水）便得到冷却，蒸发器中产生的制冷剂蒸汽又被压缩机吸走。这样制冷剂在系统中经过压缩、冷凝、节流、气化（蒸发）四个过程，就完成了一个制冷循环。

综合上述，蒸汽压缩式制冷的理论循环可归纳为以下四点：

1) 低压低温制冷剂液体（含有少量蒸气）在蒸发器内的定压气化吸热过程，即从低温物体中夺取热量。该过程是在压力不变的条件下，制冷剂由液体汽化为气体。
2) 低压低温制冷剂蒸汽在压缩机中的绝热压缩过程。这个压缩过程是消耗外界能量（电能）的补偿过程。
3) 高压高温的制冷剂汽体在冷凝器中的定压冷却冷凝过程。就是将从被冷却物体（低温物体）中夺取的热量连同压缩机所消耗的功转化成的热量一起全部由冷却水（高温物体）带走，而制冷剂本身在定压下由气体冷却冷凝为液体。
4) 高压制冷剂液体经膨胀阀节流降压降温后，为液体在蒸发器内的气化创造了条件。

因此，蒸汽压缩式制冷循环就是制冷剂在蒸发器内夺取低温物体（空调冷冻水或食品）的热量并通过冷凝器把这些热量传给高温物体（冷却水或空气）的过程。

（四）单级蒸汽压缩式制冷理论循环在压焓图上的表示

为了进一步了解单级蒸汽压缩式制冷装置中制冷剂状态的变化过程，现将制冷理论循环过程表示在压焓图上，如图2-6所示。

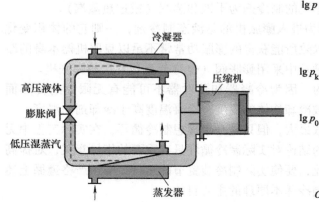

图2-5 蒸汽压缩制冷理论循环

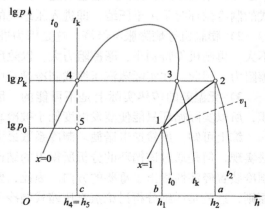

图2-6 制冷理论循环在压焓图上的表示

点 1：为制冷剂进入压缩机的状态。如果不考虑过热，进入压缩机的制冷剂为干饱和蒸汽。它是根据已知的 t_0 找到对应的 p_0，然后根据 p_0 的等压线与 $x=1$ 的饱和蒸汽线相交来确定的。

点 2：高压制冷剂气体从压缩机排出进入冷凝器的状态。绝热压缩过程熵不变，即 $S_1=S_2$，因此，由点 1 沿等熵线（$S=c$）向上与 p_k 的等压线相交便可求得点 2。

1—2 过程为制冷剂在压缩机中的绝热压缩过程。该过程要消耗机械功。

点 4：为制冷剂在冷凝器内凝结成饱和液体的状态，也就是离开冷凝器时的状态。它由点 2 的等压线与饱和液体线（$x=0$）相交求得的。

2—3—4 过程为制冷剂蒸汽在冷凝器内进行定压冷却 2—3、3—4 的过程。该过程制冷剂向冷却水（或空气）放出热量。

点 5：为制冷剂出膨胀阀进入蒸发器的状态。

4—5 为制冷剂在膨胀阀中的节流过程。节流前后焓值不变（$h_4=h_5$），压力由 p_k 降到 p_0，温度由 t_k 降到 t_0，由饱和液体进入湿蒸汽区，这说明制冷剂液体经节流后产生少量的闪发气体。由于节流过程是不可逆过程，因此在图上用虚线表示。点 5 由点 4 沿等焓线与 p_0 等压线相交求得。

5—1 过程为制冷剂在蒸发器内定压蒸发吸热过程。在这一过程中 p_0 和 t_0 保持不变，低压低温的制冷剂液体吸收被冷却物体的热量使其温度降低从而达到制冷的目的。

制冷剂经过 1—2—3—4—5—1 过程后，就完成了一个制冷理论基本循环。

三、制冷剂

制冷系统中循环流动的工作物质，简称工质，又称制冷剂，用制冷剂（Refrigerant）的第一个英文字母 R 表示。

（一）对制冷剂性质的要求

1. 热力学方面的要求

1）在大气压力下制冷剂的蒸发温度要低，便于在低温下蒸发吸热。

2）常温下制冷剂的冷凝压力不宜过高，这样可以减少制冷装置承受的压力，也可减少制冷剂向外渗漏的可能性。

3）单位容积制冷量要大，这样可以缩小压缩机尺寸。

4）制冷剂的临界温度要高，便于制冷剂在环境温度下冷凝成液体。

5）冷凝固温度要低，便于获得较低的蒸发温度。

6）绝热指数应低一些。绝热指数越小，压缩机排气温度越低，这样不但有利于提高压缩机的容积效率，而且对压缩机的润滑也是有好处的。

2. 物理化学方面的要求

1）制冷剂在润滑油中的可溶性。根据在润滑油中的可溶性，制冷剂可分为有限溶于润滑油和无限溶于润滑油。

有限溶于润滑油的制冷剂，其优点是在制冷设备中制冷剂与润滑油易于分离，蒸发温度比较稳定；其缺点是蒸发器和冷凝器的传热面上会形成油膜从而影响传热。无限溶于润滑油的制冷剂，其优点是润滑油随制冷剂一起渗透到压缩机的各个部件，为压缩机的润滑创造了良好的条件，在蒸发器和冷凝器的传热面上不会形成油膜而妨碍传热；其缺点是制冷剂中溶有较多润滑油时，会引起蒸发温度升高使制冷量减少，润滑油黏度降低，制冷剂沸腾时泡沫多，蒸发器的液面不稳定。

2）制冷剂的黏度和密度尽可能小，这样可以减少制冷剂在管道中的流动阻力，可以降低压缩机的耗功率和缩小管道直径。

3）热导率和放热系数要高，这样便于提高蒸发器和冷凝器的传热效率，减少其传热面积。

4）对金属和其他材料不产生腐蚀作用。

5）具有化学稳定性。制冷剂在高温下不分解、不燃烧、不爆炸。

6）具有一定的吸水性。当制冷系统中渗进极少的水分时，虽会导致蒸发温度升高，但不至于在低温下形成"冰塞"而影响制冷系统的正常运行。

3. 其他方面的要求

1）制冷剂对人体健康无损害，不具有毒性、窒息性和刺激性。制冷剂的毒性级别分为六级，一级毒性最大，六级毒性最小。

2）价格便宜，容易购得。

上述对制冷剂的要求仅作为选择制冷剂时的参考，完全满足上述所有要求的制冷剂是不存在的，因此在选用制冷剂时，能保证主要要求即可。

（二）制冷剂的一般分类

目前，可作为制冷剂的物质有几十种，但常用的不过十几种，用于食品冷冻的制冷剂也只有几种。常用制冷剂按其化学组成可分为四类，即无机化合物、氟利昂（卤代烃）、碳氢化合物（烃类）、混合制冷剂。

1. 无机化合物

无机化合物的制冷剂有氨（NH_3）、水（H_2O）、二氧化碳（CO_2）等，其中氨是常用的一种制冷剂。为了书写方便，国际上规定用 R××× 表示制冷剂的代号。对于无机化合物，其制冷剂的代号为 R7××，其中"7"表示无机化合物，"7"后面两个数字是该物质分子量的整数。如氨的代号为 R717，水的代号为 R718，二氧化碳的代号为 R744。

2. 氟利昂（卤代烃）

氟利昂是饱和烃类（饱和碳氢化合物）的卤族衍生物的总称，这是在 20 世纪 30 年代出现的制冷剂，其种类较多，它们的热力性质也有较大的区别，可分别适用于不同要求的制冷机。

3. 碳氢化合物（烃类）

碳氢化合物也称烃。烃类制冷剂有烷烃类制冷剂（甲烷、乙烷），烯烃类制冷剂（乙烯、丙烯）等。从经济角度出发，碳氢化合物是比较好的制冷剂，有价格低、易于获得、凝固温度低等优点，但它的安全性差，易燃烧和爆炸，在空调制冷及一般制冷中并不常被采用，只用于石油化学工业的制冷系统中。

4. 混合制冷剂

混合制冷剂又称多元混合溶液。它是由两种或两种以上制冷剂按比例相互溶解而成的混合物，可分为共沸溶液和非共沸溶液。

共沸溶液是指在固定压力下蒸发或冷凝时，其蒸发温度和冷凝温度恒定不变，而且其气相和液相具有相同组分的溶液。共沸溶液制冷剂代号的第一个数字均为 5，目前作为共沸溶液制冷剂的有 R500、R502 等。

非共沸溶液是指在固定压力下蒸发或冷凝时，其蒸发温度和冷凝温度不断变化，气、液相的组成成分也不同的溶液。目前非共沸溶液制冷剂有 R12/R13、R22/114、R22/R152a/R124 等。

（三）常用制冷剂的特性

目前，能够用作制冷剂的物质有 80 余种，常用的不过 10 多种，而电冰箱、空调器常用的制冷剂有 R12、R22、R11、R134a、R123、R502 等。

1. R12（CCl_2F_2，二氟二氯甲烷）

它是甲烷的衍生物，属于中压制冷剂，主要用于中、小型制冷设备，如电冰箱。它无色、无味、不燃烧、不爆炸，对人体危害较小。R12 在一般情况下是无毒的，对金属也无腐蚀作用，只在温度达 400℃ 以上并与明火接触时，才分解出有毒的光气 $COCl_2$。空气中 R12 的含量超过 25%～30% 时，2h 后也会使人窒息。

R12 的特点是极易溶于油而不易溶于水，同时渗透力强。溶解于油，使润滑油性能降低，不易溶解于水，就容易使系统水分结冰，堵塞毛细管末端，而且当 R12 含有水分时，R12 会发生水解，对金属有很大的腐蚀性。R12 还能溶解多种有机物质，所以不能使用一般的橡胶密封垫。R12 在一个标准大气压下，沸点为 -29.8℃，凝固点为 -115℃。

R12 中含有氯原子，在大气中分解后释放出的氯原子会破坏臭氧层，现在全球已禁止使用。

2. R22（$CHClF_2$，二氟一氯甲烷）

它也是甲烷的衍生物，在相同蒸发压力下无色、无味、不燃烧、不爆炸、毒性比 R12 略大，但仍然是安全的制冷剂。R22 溶于油并稍溶于水，但仍属于不溶于水的物质。

R22 对金属与非金属的作用与 R12 相似，其泄漏特性也与 R12 相似，同样需要系统密封性能高。R22 腐蚀塑料橡胶的能力比 R12 强。

3. R11（CCl_3F，一氟三氯甲烷）

R11 的溶水性、溶油性以及对金属的作用与 R12 相似，毒性比 R22 稍大，R11 的分子量大，单位容积制冷量小，对臭氧层有破坏作用并且存在温室效应，因此发达国家和部分发展中国家已经停止了将其应用于新空调、制冷设备的初装旧设备的再添加。我国于 2007 年停止了 R11 制冷剂的生产，以及在新制冷空调设备上的初装。

4. R134a（$C_2H_2F_4$，1，1，1，2-四氟乙烷）

R134a 是一种新开发的制冷剂，分子量为 102.03，大气压力下沸点为 -26.25℃，凝固温度为 -101℃。其热力性质与 R12 非常接近，毒性级别与 R12 相同，但 R134a 难溶于油。目前 R134a 已取代 R12 成为汽车空调中的制冷剂。

5. R123（CF_3CHCl_2，三氟二氯乙烷）

R123 是一种新开发的制冷剂，分子量为 152.93，大气压力下沸点为 27.61℃，凝固温度为 -107℃，临界温度为 183.79℃，临界压力为 3.676MPa。R123 的热力性质与 R11 很相似，但对金属的腐蚀性比 R11 大，毒性级别尚待确定。

6. 混合制冷剂

（1）R500

R500 制冷剂由质量分数为 73.8% 的 R12 和质量分数为 26.2% 的 R152a 组成。和 R12 相比，使用同一台压缩机其制冷量提高约18%。在大气压力下它的蒸发温度为-33.3℃。

(2) R502

R502制冷剂由质量分数为48.8%的R22和质量分数为51.2%的R115组成。它与R22相比，采用R22的单级压缩机，制冷量可增加5%~30%；采用双级压缩机，制冷量可增加4%~20%。在低温下，制冷量增加较大。在相同的蒸发温度和冷凝温度下，压缩比较小，排气温度比R22低15~30℃。在相同的工况下，R502比R22的吸入压力稍高，而压缩比又较小，故压缩机的容积效率提高，在低温下更为有利。

在大气压力下R502的蒸发温度为-45.6℃，R22为-40.8℃，故蒸发温度在-45℃以上时，系统内不会出现真空，避免了外界空气渗入系统的可能性。

R502与R22一样，毒性小，无燃烧和爆炸危险，对金属材料无腐蚀作用，对橡胶和塑料的腐蚀性也小。

综上所述，R502具有较好的热力、化学和物理特性，是一种较理想的制冷剂，它适合在蒸发温度为-45~-40℃的单级、风冷式冷凝器的全封闭和半封闭制冷压缩机中使用。它的主要缺点是价格较贵。

(3) R22、R152a、R124三元混合制冷剂

R22、R152a、R124三元混合制冷剂属于非共沸溶液冷剂，R22的质量分数为36%，R152a的质量分数为24%，R124的质量分数为40%。由于三种组分的蒸发温度相差不是太大，也可称为近共沸溶液。它的特性与R12很相近，但其制冷效率比R12提高3%。

(四) 制冷剂的发展趋势

1. CFC（氯氟烃）的概念

目前所用的制冷剂都是按国际规定的统一编号书写的，如R11、R12等。为了区别各类氟利昂对臭氧（O_3）层的作用，美国杜邦公司建议采用新的制冷剂代号：①把不含氢的氟利昂写成CFC，读作氯氟烃，如R12改写成CFC-12；②把含氢的氟利昂写成HCFC，读作氢氯氟烃，如R22改写为HCFC-22；③把不含氯的氟利昂写成HFC，读作氢氟烃，如R134a改写为HFC-134a。在CFC限用的今天，人们常把氯氟烃物质误认为氟利昂物质，其实不然，CFC只是氟利昂物质中的一种。

2. CFC对臭氧（O_3）层的破坏与CFC的限用

一些常用氟利昂在大气中的寿命如下：HCFC-22(R22)为20年；CFC-11(R11)为65年；CFC-12(R12)为120年；CFC-13(R13)为400年；CFC-114(R114)为180年；HFC-134a(R134a)为8~11年；HCFC-123(R123)为1~4年。由此可见，含氢的氟利昂，在大气中的寿命显著缩短，而CFC在大气中具有相当长的寿命。当CFC穿过大气扩散到臭氧层受紫外线照射后，会产生对臭氧层有严重破坏作用的Cl和ClO。一个Cl连锁反应可破坏上万个O_3分子，从而使臭氧层减薄或消失，导致地球表面紫外线的增强，会造成人类皮肤癌发病率增加、生物细胞受损，引起农作物及渔业减产等。同时，CFC还会加剧温室效应。为此1987年9月在加拿大的蒙特利尔召开了专门的国际会议，签署了《关于消耗臭氧层物质的蒙特利尔协定书》，五种氟利昂（R11、R12、R113、R114、R115）被限制生产和使用。1989年5月在赫尔辛基召开的国际环保会议上，有80个国家同意在2000年前禁止生产和使用CFC，2030年停用HCFC。

3. CFC 替代物的选择

（1）选择的基本要求

1）对环境无害。替代制冷剂的消耗臭氧潜能值（ODP）必须小于 0.1（R12 的 ODP 为 1），全球增温潜能值（GWP）相对于 CFC-12 来说必须很小。

2）具有良好的热力性能。要求制冷剂的压力适中，制冷效率高，并与润滑油有良好的亲和性。

3）具有可行性。除易于大规模工业生产、价格可接受外必须符合职业卫生要求，对人体无不良影响。

（2）CFC 替代物的选择

在近年来研究工作的基础上，美国杜邦公司提出用 HFC-134a（R134a）替代 R12，用 HCFC-123（R123）替代 R11 等。许多专家正在研究有关 CFC 替代制冷剂应用方面的技术问题。专家们认为，长远的办法是采用 HFC 物质作为制冷剂，因为 HFC 不含氯，所以对臭氧层无破坏作用。如选用近期替代物的话，必须是 ODP 值小的 HCFC 制冷剂。

第三节 制 冷 系 统

一、压缩机

制冷压缩机是蒸气压缩式制冷系统的核心设备。它的作用是压缩和输送制冷剂蒸气，使之达到制冷循环的动力装置。制冷压缩机的形式很多，根据工作原理不同，可分为两大类：容积型制冷压缩机和速度型制冷压缩机，如图 2-7 所示。

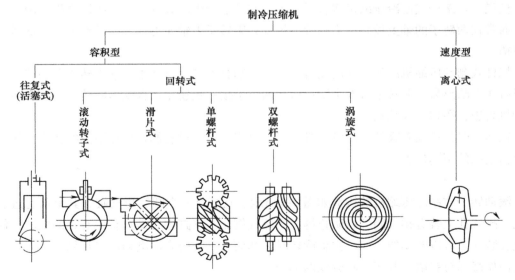

图 2-7 制冷压缩机的分类

容积型制冷压缩机靠改变气缸容积来进行气体压缩。常用的容积型制冷压缩机有活塞式制冷压缩机和回转式制冷压缩机。

速度型制冷压缩机靠离心力的作用，连续地将所吸入的气体压缩。这种压缩机的转速高、制冷能力大，广泛用于大型的制冷系统中。

其中滑片式制冷压缩机使用较少，不展开论述。

（一）往复式制冷压缩机

往复式制冷压缩机是制冷压缩机里使用最广泛的一种压缩机。这种类型的压缩机规格型号很多，能适应一般制冷要求。但由于活塞及连杆惯性力大，限制了活塞的运行速度，故排气量一般不能太大。往复式制冷压缩机一般用于中小型制冷系统。

按照结构分类，往复式制冷压缩机可分为开启式、半封闭式和全封闭式。

开启式制冷压缩机的压缩机和驱动电动机分别为两个设备，一般氨制冷压缩机和制冷量较大的氟利昂制冷压缩机为开启式。

半封闭式制冷压缩机的驱动电动机与压缩机的曲轴箱封闭在同一空间，因而驱动电动机在气态制冷剂中运行，因此，对电动机的要求较高。此外，这种压缩机不适用于有爆炸危险的制冷剂，所以半封闭式制冷压缩机均为氟利昂制冷压缩机。

全封闭式制冷压缩机的压缩机与电动机装在一个外壳内。

（二）螺杆式制冷压缩机

螺杆式制冷压缩机的主要部件有阴阳转子、机体（包括气缸体和吸、排气端座）、轴承、轴封、平衡活塞及能量调节装置。

螺杆式制冷压缩机气缸体轴线方向的一侧为进气口，另一侧为排气口，不像往复式制冷压缩机那样设进气阀和排气阀。阴阳转子之间以及转子与气缸壁之间须喷入润滑油。喷油的作用是冷却气缸壁，降低排气温度，润滑转子，并在转子及气缸壁面之间形成油膜密封，减小机械噪声。螺杆式制冷压缩机运转时，由于转子上产生较大轴向力，所以必须采用平衡措施，通常在两转子的轴上设置推力轴承。另外，阳转子上轴向力较大，还要加装平衡活塞予以平衡。

螺杆式制冷压缩机的气缸体内装有一对互相啮合的螺旋形转子——阳转子和阴转子。阳转子有4个凸形齿，阴转子有6个凹形齿，两转子按一定速比啮合反向旋转。一般阳转子由原动机直连，阴转子为从动。

在同一时刻存在着吸气、压缩、排气三个过程，只不过它们发生在不同的齿槽空间或同一齿槽空间的不同位置。

（三）滚动转子式制冷压缩机

滚动转子式制冷压缩机的构造如图2-8所示。它具有一个圆筒形气缸，其上部有进、排气孔，排气孔上装有排气阀，以防止排出的蒸气倒流。气缸中心是具有偏心轮的主轴，偏心轮上套装一个可以转动的套筒。主轴旋转时，套筒沿气缸内表面滚动。滑片靠弹簧力的作用与套筒始终保持接触，并将气缸分成两部分。

滚动转子式制冷压缩机工作时，滑片右侧的容积随着主轴转动而不断扩大，蒸气从吸气口进入气缸。

滑片左侧的容积随着主轴转动而不断缩小，蒸气被压缩。当压力超过排气管内压力和排气阀片弹簧力之和时，排气阀打开排气。当套筒与气缸的啮合线到达排气阀时，排气阀关闭,排气过程结束,而此时吸气过程仍在进行。当套筒与气缸的啮合线离开吸气口时,吸气过程才结束,进入压缩过程,而下一循环的吸气过程接着又开始。由此可见,套筒旋转一周完成了上一循环的压缩、排气和下一循环的吸气过程,相当于一个循环。而对于吸入气缸的蒸气而言,套筒要旋转两周才完成吸气、压缩和排气过程。

滚动转子式制冷压缩机结构简单,体积小,重量轻,容积效率高,运转平稳,振动小,噪声小,但对加工精度要求较高。

(四) 涡旋式制冷压缩机

涡旋式制冷压缩机主要由固定螺旋槽板和回旋螺旋槽板组成。

二者的螺旋板曲线基本相同,配合时二者中心相差一个旋转半径,相位差180°,并相互啮合。这样固定螺旋槽板和回旋螺旋槽板间形成一系列月牙形空间。蒸汽从固定螺旋槽板的外部吸入,在固定螺旋槽板与回旋螺旋槽板所形成的空间中被压缩,最后从固定螺旋槽板中心排出。

(五) 离心式制冷压缩机

离心式制冷压缩机的构造如图2-9所示。主要部件有吸气口、叶轮、扩压器、蜗壳、排气口。

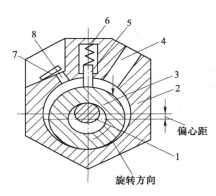

图2-8 滚动转子式制冷压缩机的构造
1—带偏心轮的主轴 2—气缸 3—套筒
4—进气口 5—阀片 6—弹簧
7—排气阀 8—排气口

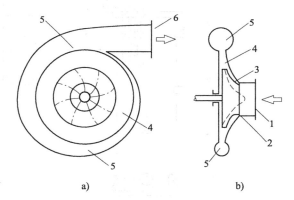

图2-9 离心式制冷压缩机的构造
1—吸气口 2—叶轮 3—叶片流道
4—扩压器 5—蜗壳 6—排气口

离心式制冷压缩机工作时,蒸汽从制冷压缩机的轴向吸气口吸入,而后进入高速旋转的叶轮中,在离心力的作用下,蒸汽经叶片流道流向叶轮的边缘,同时动能和压力能提高。蒸汽离开叶轮后首先进入扩压器,使蒸汽减速,压力提高,而后汇集到蜗壳中,再由排气口排出。

离心式制冷压缩机有单级和多级之分。单级离心式制冷压缩机在主轴上只有一个叶轮,而多级离心式制冷压缩机在主轴上串联多个叶轮,蒸汽在制冷压缩机中顺次地流过各级叶轮。这种多级离心式制冷压缩机可以获得较高的压缩比。

二、冷凝器

(一) 水冷式冷凝器

用水作为冷却介质,使高温、高压的气态制冷剂冷凝的设备称为水冷式冷凝器。由自然界中水温一般比较低,因此水冷式冷凝器的冷凝温度较低,这对压缩机的制冷能力和运行经济性都比较有利。目前水冷式冷凝器所用的冷却水可以一次流过,也可以循环使用。当使用循环水时,须建有冷却水塔或冷却水池,使离开冷凝器的水再冷却,以便重复使用。

常用的水冷式冷凝器有立式壳管式冷凝器、卧式壳管式冷凝器及套管式冷凝器等。

1. 立式壳管式冷凝器

这种冷凝器直立安装,只用于大、中型氨制冷装置,其结构如图 2-10a 所示。其外壳是由钢板卷焊而成的大圆筒,上下两端各焊一块多孔管板,板上用胀管法或焊接法固定着许多无缝钢管。冷凝器顶部装有配水箱,箱中设有均水板。冷却水自顶部进入水箱后,被均匀地分配到各个管口,每根钢管顶端装有一个带斜槽的导流管嘴,如图 2-10b 所示。冷却水通过斜槽沿切线方向流入管中,并以螺旋线状沿管内壁向下流动,在管内壁形成一层水膜,这样可使冷却水充分吸收制冷剂的热量而节省水量。沿管壁顺流而下的冷却水流入冷凝器下部的钢筋混凝土水池内。通常在冷凝器的一侧须装设扶梯,便于攀登到配水箱进行检查和清除污垢。

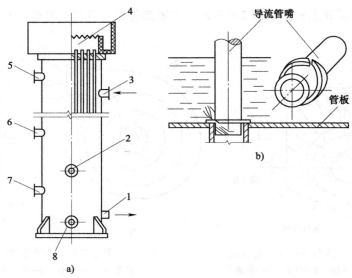

图 2-10 立式壳管式冷凝器
1—出液管接头 2—压力表接头 3—进气管接头 4—配水箱 5—安全阀接头
6—均压管接头 7—放空气管接头 8—放油管接头

高温高压的氨气从冷凝器上部管接头进入管束外部空间,凝结成的高压液体从下部管接头排至贮液器。此外,在冷凝器的外壳上还设有液面指示器、压力表、安全阀、放空气管、平衡管(即均压管)、放油管和放混合气(即不凝性气体)等管接头,以便与相应的设备和管路相连接。

立式壳管式冷凝器的优点是,可装在室外,垂直安装,占地面积小,无冻结危险,传热管容易清除水垢,而且清洗时不必停止制冷系统的运行,对冷却水水质要求不高;其主要缺点是耗水量大、体积较卧式大、笨重、搬运不方便,制冷剂在管内泄漏不易被发现。

2. 卧式壳管式冷凝器

卧式壳管式冷凝器简称为卧式冷凝器。卧式壳管式冷凝器的结构如图 2-11 所示。这种冷凝器一般应用在大、中、小型制冷装置中，特别是压缩式冷凝机组中使用最为广泛。

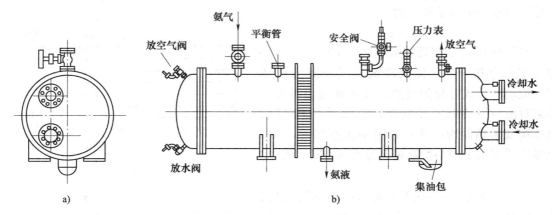

图 2-11　卧式壳管式冷凝器

卧式壳管式冷凝器筒体由无缝钢管割制而成或由钢板卷制后焊接而成，壳体内装有许多根无缝钢管，用焊接法或胀接法固定在筒体两端的管板上，两端管板的外面用带有隔板的封盖封闭，使冷却水在筒内分成几个流程。冷却水在管内流动，从一端封盖的下部进入，按顺序通过每个管组，最后从同一端盖上部流出。这样可以提高冷却水的流动速度，增强传热效果。

高压高温的氨气从上部进入冷凝器管间，与管内冷却水充分发生热量交换后，氨气冷凝为氨液从下部排至贮液器。

筒体上设有安全阀、平衡管、放空气管和压力表、冷却水进出口等管接头。此外，在封盖上还设有放空气阀和放水阀，在冷凝器开始运转时，可打开放空气阀，以排除冷却水管内的空气。冷凝器检修或停止运转时，可利用放水阀将其冷却水排出。

卧式壳管式冷凝器的主要优点是传热效果比立式壳管式冷凝器好，耗水量较少，操作管理方便，容易小型化，容易和其他设备组装；其缺点主要是冷却水水质要求高，冷却管容易被腐蚀，清洗水垢时需要冷凝器停止工作，不太方便。

氟利昂用卧式壳管式冷凝器与氨用卧式壳管式冷凝器的不同之处在于用铜管代替无缝钢管。由于氟利昂放热系数较低，所以在铜管外表面轧成肋片状。此外，由于氟利昂能和润滑油相溶解，润滑油随氟利昂一起在整个系统内循环，所以不需要设放油管接头。

冷凝器的下侧还设有一个安全塞，它用易熔合金制成，遭遇火灾或严重缺水时，熔塞自行熔化，氟利昂能自动地从冷凝器排出，避免发生爆炸。

3. 套管式冷凝器

套管式冷凝器主要用于小型氟利昂空调机组，例如柜式中调机、恒温恒湿机等，其构造如图 2-12 所示。它的外管采用 $\phi 50mm$ 的无缝钢管，内管套有一根或几根钢管或低肋铜管。内外管套在一起后，用弯管机弯成圆螺旋形。

冷却水在内管流动，流向为下进上出；制冷剂在大管内小管外的管间流动，制冷剂由上部进入，凝结后的制冷剂从下面流出。制冷剂与冷却水的流动方向相反，呈逆流换热，因此，它的热传效果好。

套管式冷凝器的优点是占地面积少，体积小，结构简单，制造方便，传热系数较高；其缺点是冷却水流动阻力大，清洗水垢不方便，单位传热面积的金属消耗最大。

（二）空气冷却式冷凝器

空气冷却式冷凝器又称风冷式冷凝器。它用空气作为冷却介质，使制冷剂蒸气冷凝为液体。空气流动的方式可分为自然对流式和强迫对流式。自然对流空气冷却式冷凝器传热效果差，只用在电冰箱或微型制冷机中；强迫对流空气冷却式冷凝器广泛应用于中小型氟利昂制冷和空调装置。

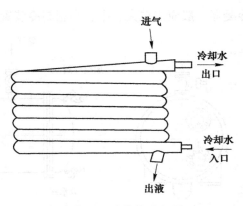

图 2-12　套管式冷凝器

1. 自然对流空气冷却式冷凝器

自然对流空气冷却式冷凝器依靠空气受热后产生的自然对流，将制冷剂冷凝放出的热量带走。图 2-13 所示为几种不同结构形式的自然对流空气冷却式冷凝器，其冷凝管多为铜管或表面镀铜的钢管，管外通常做有各种形式的肋片。管子外径一般为 5~8mm。这种冷凝器的换热系数很小，为 5~10W/(m²·K)，为此将传热管胶合在冰箱箱体壁面上，形成平板式冷凝器；有的将金属丝环绕在管外，形成百叶窗式或钢丝式冷凝器，以增强传热效果。它主要用于家用冰箱和微型制冷装置。

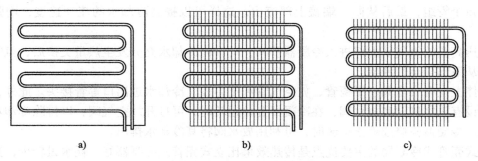

图 2-13　自然对流空气冷却式冷凝器
a) 平板式　b) 百叶窗式　c) 钢丝式

2. 强迫对流空气冷却式冷凝器

图 2-14 为强迫对流空气冷却式冷凝器的结构图。它由几组蛇形盘管组成。在盘管外加肋片，以增大空气侧换热面积，同时采用风机加速空气的流动。氟利昂蒸气从上部的分配集管进入每根蛇形盘管中，凝结成液体沿蛇形盘管流下，汇于液体集管中，然后流出冷凝器。空气在风机的作用下从管外流过。

沿空气流动方向，蛇形盘管的排数与风机型式有关，小型冷凝器一般为 3~6 排。蛇形盘管一般用直径较小的铜管制成。管外肋片多为套片式，肋片多用厚 0.2~0.3mm 的铜片或铝片制成，肋间距为 2~4mm。每根蛇形盘管不宜过长，否则蛇形盘管的后部被液体充满，影响换热效果。

这种冷凝器的换热系数不高，当迎面风速为 2~3m/s 时，按全部外表面计算的换热系数为 24~29W/(m²·K)。

空气冷却式冷凝器和水冷式冷凝器相比较，其优点是可以不用水，使冷却系统变得十分

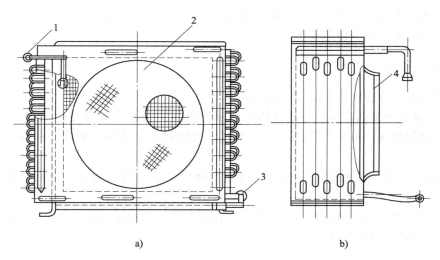

图 2-14 强迫对流空气冷却式冷凝器
1—蒸气集管 2—翅片管组 3—液体集管 4—风机扩散器

简单,因此它特别适宜于缺水地区或用水不适合的场所(如冰箱、冷藏车等)。一般情况下,它不受污染空气的影响(即一般不会产生腐蚀),而水冷式冷凝器用冷却塔的循环水时,有水被污染进而腐蚀设备的风险。

这种冷凝器的冷凝温度受环境温度影响很大。夏季的冷凝温度可高达 50℃ 左右,而冬季的冷凝温度就很低。太低的冷凝压力会导致膨胀阀的液体通过量减小,使蒸发器缺液而造成制冷量下降。因此,应注意防止空气冷却式冷凝器冬季运行时压力过低,可采用减少风量或停止风机运行等措施进行弥补。

(三)蒸发式冷凝器

蒸发式冷凝器以水和空气作为冷却介质。它利用冷却水喷淋时蒸发吸热,吸收高压制冷剂蒸气的热量,同时利用轴流风机使空气由下而上通过蛇形盘管使管内制冷剂气体冷凝为液体。

根据蒸发式冷凝器中轴流风机安装位置的不同可将其分为吸入式和压送式,风机设在蛇形盘管上部的称为吸入式,设在蛇形盘管下部的称为压送式。它由换热盘管、供水喷淋系统和风机三部分组成。

蒸发式冷凝器的优点是:
1)与水冷式冷凝器相比,循环水量和耗水量减少。
2)与风冷式冷凝器相比,其冷凝温度低,尤其是干燥地区更明显。
蒸发式冷凝器的缺点是:
1)蛇形盘管容易被腐蚀,管外易结垢,且维修困难。
2)既消耗水泵功率,又消耗风机功率,但风机和水泵的耗电量不是很大。

综合而言,蒸发式冷凝器耗水量小,可以露天安装,目前广泛应用于大中型氨制冷系统。

(四)淋激式冷凝器

淋激式冷凝器的工作原理与蒸发式冷凝器相同,只是没有风机,冷却水在管外气化,产生的水蒸气被自由运动的空气带走，换热效果较差。由于金属消耗量大，占地面积大，所以淋激式冷凝器目前已很少使用和生产。

三、节流机构

节流机构是制冷装置不可缺少的四大部件之一。它的作用是：

1) 对冷凝器出来的高压制冷剂液体进行节流降压，保证冷凝器与蒸发器之间的压力，以使蒸发器内的制冷剂液体在低压下蒸发吸热，吸收被冷却物体的热量，从而达到制冷的目的。

2) 调节进入蒸发器的制冷剂流量，以适应制冷系统制冷量变化的需要，更加有效地运行。

节流机构种类很多，结构也各不相同，常用的节流机构有手动膨胀阀、浮球膨胀阀、热力膨胀阀、电子膨胀阀和毛细管等。

（一）手动膨胀阀

手动膨胀阀又称节流阀或调节阀。手动膨胀阀的结构与普通截止阀相似，与普通截止阀的主要区别是阀芯为针形锥体或带 V 形缺口的锥形，如图 2-15 所示。阀杆采用细牙螺纹，便于微量启闭阀芯。转动阀杆上面的手轮时，就能保证阀门的开启度缓慢地增大或减小，以适应制冷量的调节变化。手动膨胀阀要求管理人员根据蒸发器负荷变化随时调节阀门的开启度，管理麻烦，而且凭经验操作，因此近年来大多采用自动膨胀阀，只将手动膨胀阀装在旁通管道上，以备应急或检修自动膨胀阀时使用。手动膨胀阀的开启度为手轮旋转的 1/8~1/4 周，不能超过 1 周。如果开启过大，就起不到节流降压的作用。

（二）浮球膨胀阀

浮球膨胀阀是一种自动膨胀阀，它的作用是根据满液式蒸发器液面的变化来控制蒸发器的供液量，同时进行节流降压，也可控制蒸发器的液面高度。

浮球膨胀阀根据节流后的液体制冷剂是否通过浮球室而分为直通式浮球膨胀阀和非直通式浮球膨胀阀两种。

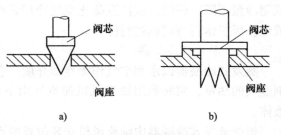

图 2-15　手动膨胀阀阀芯
a) 针形锥体的阀芯　b) 带有 V 形缺口的阀芯

（三）热力膨胀阀

热力膨胀阀在氟利昂制冷系统（即非满液式蒸发器中）得到广泛应用。与浮球膨胀阀不同的是，它靠控制蒸发器出口处制冷剂蒸气的过热度来控制蒸发器的供液量，这样可同时起节流降压作用。热力膨胀阀主要由阀体、毛细管、感温包组成。

热力膨胀阀根据膜片下部的气体压力不同可分为内平衡式热力膨胀阀和外平衡式热力膨胀阀。若膜片下部的气体压力为膨胀阀节流后的制冷剂压力，则称为内平衡式热力膨胀阀；若膜片下部的气体压力为蒸发器出口的制冷剂压力，则称为外平衡式热力膨胀阀。

1. 内平衡式热力膨胀阀

图 2-16 是内平衡式热力膨胀阀的工作原理。从图中可以看出，它由阀芯、阀座、弹性金属膜片、弹簧、调整螺栓和感温包组成。阀体装在蒸发器的供液管路上，感温包紧扎在蒸发器的回气管路上，感温包内充有与制冷系统相同的液态制冷剂。

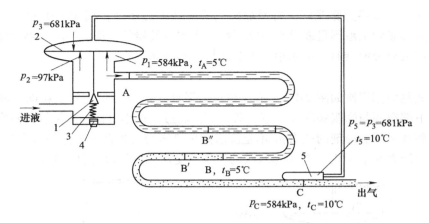

图 2-16　内平衡式热力膨胀阀工作原理
1—阀芯　2—弹性金属膜片　3—弹簧　4—调整螺栓　5—感温包

通过弹簧金属膜片受力分析可以看出，作用在弹簧金属膜片上的力主要有三个：

p_1——阀后制冷剂的蒸发压力，作用在膜片下部。其作用方向向上，使阀门向关闭方向移动。

p_2——弹簧力，它也作用在膜片下部，其作用方向向上，使阀门向关闭方向转动。弹簧力的大小可以通过调整螺栓予以调整。

p_3——感温包内制冷剂的压力，它随蒸发器出口回气过热度的变化而变化，作用在膜片的上部，其作用方向向下，其趋势是使阀门开大，它的大小决定于感温包内充注制冷剂的性质以及感受温度的高低。

当膨胀阀调整结束并保持一定的开启度稳定工作时，作用在膜片上、下部的三个力处于平衡状态，即 $p_3=p_1+p_2$。这时膜片不动，即阀门的开启度不变。而当其中一个力发生变化，就会破坏原有平衡，此时 $p_3 \neq p_1+p_2$，膜片开始位移，阀门开启度也随之变化，直到建立新的平衡为止。

当蒸发器负荷增加时，显得供液量不足。蒸发器出口的制冷剂蒸气过热度增大，感温包内制冷剂温度升高，这时感温包的压力 $p_3>p_1+p_2$，阀针向下移动，阀门开大。

当蒸发器负荷减小时，显得供液量过大，过热度减小，这时 $p_3<p_1+p_2$，弹簧力推动传动杆向上移动，阀门关小。

当外界条件改变，蒸发器的负荷减少时（即用冷量减少时），蒸发器内的液态制冷剂沸腾减弱，此时，蒸发器的供液量显得过多，于是蒸发器的液态制冷剂达到全部气化的终点不是 B 点，而是 B′点。蒸发器口 C 点的温度将低于 10℃，即过热度也小于 5℃，致使感温包内制冷剂的压力也低于 681kPa，则 $p_1+p_2>p_3$，使阀门稍微关小，供液量减小，从而达到另一平衡状态。反之，蒸发器的负荷增加，吸热量增大，则蒸发器出口 C 点气态制冷剂的过热度增加，大于 5℃，感温包内的压力也大于 681kPa，即 $p_1+p_2<p_3$，则阀门稍微开大，加大供液量，使膜片达到另一平衡状态。

内平衡式热力膨胀阀只适用于蒸发器内部阻力较小的场合，广泛应用于小型制冷机和空调机。

对于大型制冷装置及蒸发器阻力较大的场合，由于蒸发器出口处的压力比进口处下降较快，若使用内平衡式热力膨胀阀，将增加阀门的静装配过热度，相应减少阀门的工作过热度，导致热力膨胀阀供液不足或根本不能开启，影响蒸发器的工作。当蒸发器管路较长，或是多组蒸发器装有分液器时，应采用外平衡式热力膨胀阀。

2. 外平衡式热力膨胀阀

外平衡式热力膨胀阀如图 2-17 所示。它与内平衡式热力膨胀阀基本相同，其不同之处是金属膜片下部空间与膨胀阀出口互不相通，而是通过一根小口径的平衡管与蒸发器出口相连。这样，膜片下部制冷剂的压力 p_1 不是膨胀阀出口压力（即蒸发器进门压力），而是等于蒸发器的出口压力 p_C，此时，热力膨胀阀的工作不受蒸发排管流动阻力的影响。

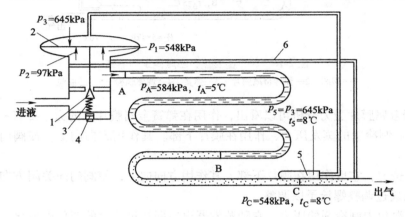

图 2-17 外平衡式热力膨胀阀
1—阀芯 2—弹性金属膜片 3—弹簧 4—调整螺栓 5—感温包 6—平衡管

外平衡式热力膨胀阀可以改善蒸发器的工作条件，但结构比较复杂，安装与调试比较麻烦。因此，只有蒸发器的压力损失较大时才采用此种膨胀阀。

（四）电子膨胀阀

电子膨胀阀是近年来出现的一种新型节流机构。多级变容量制冷系统制冷剂供液量调节范围宽，要求调节反应快，传统的节流机构（如热力膨胀阀）已不能胜任，而电子膨胀阀可以很好地满足要求。电子膨胀阀利用被调节参数产生的电信号，控制施加于膨胀阀上的电压或电流，进而达到调节供液量的目的。

电子膨胀阀由检测、控制、执行三部分构成，按照驱动方式的不同可分为电磁式电子膨胀阀和电动式电子膨胀阀两类。

（五）毛细管

在小型全封闭氟利昂制冷装置中，如家用冰箱、冰柜、空调器和小的制冷机组，常用毛细管作为制冷循环的流量控制和节流降压部件。

毛细管通常采用直径为 0.7~2.5mm，长度为 0.6~6m 的细而长的纯铜管代替膨胀阀，连接在蒸发器与冷凝器之间。它是一种便宜、有效、有摩擦损失的节流机构。由于直径小，其通路容易堵塞，所以在毛细管的前面应固定一种性能良好的过滤器，以防止杂质进入。

四、蒸发器

按照被冷却介质的种类不同，蒸发器可分为冷却液体（水或盐水）的蒸发器和冷却空气的蒸发器。

（1）冷却液体的蒸发器

属于这类蒸发器的有直立管式蒸发器、螺旋管式蒸发器、卧式壳管式蒸发器等。

（2）冷却空气的蒸发器

属于此类蒸发器的有冷却排管和冷风机。

（一）冷却液体的蒸发器

（1）直立管式蒸发器

直立管式蒸发器如图2-18所示，用于氨制冷系统的水箱内，水箱由钢板焊接而成，其中装有两排或多排蒸发管组，每排蒸发管组由上集管、下集管和许多焊在两集管之间的末端微弯的立管所组成。上集管的一端焊有气液分离器（即粗竖管），分离器下面有一根立管与下集管相通，使分离出来的液滴流回下集管。下集管的一端与集油器相连，集油器的上端接有均压管与吸气管相通。

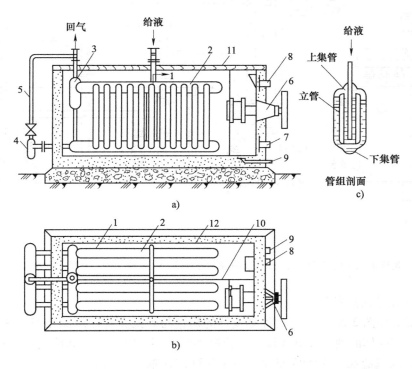

图2-18 直立管式蒸发器
1—水箱 2—管组 3—气液分离器 4—集油器 5—均压管 6—螺旋搅拌器
7—出水口 8—溢流口 9—泄水口 10—隔板 11—盖板 12—保温层

每组蒸发管组的中部有一根穿过上集管通向下集管的竖管，如图2-18中剖面所示，这样能保证液体直接进入下集管，并均匀地分配到各根立管。立管内充满液态制冷剂，其液面几乎达到上集管。制冷剂液体在管内吸收冷冻水的热量后不断气化，汽化后的制冷剂通过上集管经气液分离器分离后，液体返回下集管，蒸气从上部引出被压缩机吸走。

冷冻水从上部进入水箱，被冷却后由下部流出。水箱中装有搅拌器和纵向隔板，使水箱中的冷冻水按一定的方向和速度循环流动,通常水流速度为 0.5~0.7m/s。水箱上部装有溢流口,当冷冻水过多时可从溢流口排出。底部又装有泄水口,以备检查清洗时将水放空。

这种蒸发器属于敞开式设备,其优点是方便观察、运行和检修,载冷剂冻结危险小,有一定蓄冷能力;缺点是体积大,占地面积大,用盐水做载冷剂时,与大气接触容易吸收空气中的水分,从而降低盐水浓度,需要经常加入固体盐,同时会使腐蚀加快,易积油。

(2) 螺旋管式蒸发器

螺旋管式蒸发器结构如图 2-19 所示。这种蒸发器在氨制冷系统中得到广泛应用,其工作原理和直立管式蒸发器相同。其主要区别在于双圈螺旋管代替两集管之间的直立管。因此,当传热面积相同时,其外形尺寸比直立管小,结构紧凑,能缩小体积,减少焊接工作量,制造方便,传热效果比直立管式蒸发器要大。

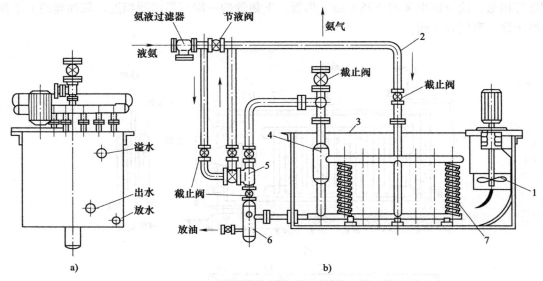

图 2-19 螺旋管式蒸发器
1—搅拌器 2—供液总管 3—水箱 4—液体分离器 5—球阀 6—集油器 7—螺旋管组

(3) 卧式壳管式蒸发器

其结构形式如图 2-20 所示。这种蒸发器的构造与卧式壳管冷凝器相似,其外壳用钢板焊成圆筒体,在筒体的两端焊有管板,钢管焊接或胀接在管板上。制冷剂在管外空间气化,载冷剂(冷冻水或盐水)在管内流动。为了保证载冷剂在管内具有一定的流速,在两端盖内铸有隔板,能使载冷剂多流程通过蒸发器。

工作时,制冷剂液体通过浮球阀节流降压后,由壳体下部进入蒸发器内吸收冷冻水或盐水的热量而汽化,汽化后的制冷剂蒸气上升至干气室(起气液分离作用)。分离出的液滴流回蒸发器内,蒸气被压缩机吸走。氨蒸发器壳体底部焊有集油器,沉积下来的润滑油可从放油管放出。

为了能观察到蒸发器内的液位,在顶部干气室和壳体之间装设一根旁通管,旁通管上的结霜处即表示蒸发器内的液位。

在氟利昂系统中,目前也使用卧式壳管式蒸发器,所不同的是采用低肋铜管代替光滑钢

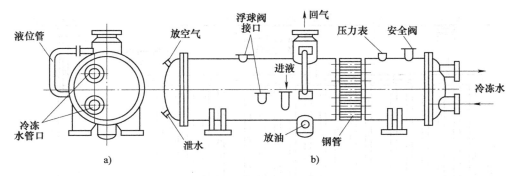

图 2-20 卧式壳管式蒸发器

管，这样可以提高制冷剂的沸腾放热系数。为了使润滑油随制冷剂蒸气返回压缩机，采用干式壳管式蒸发器（非满液式蒸发器的一种），即制冷剂在管内蒸发吸热，冷冻水在管间流动。

（二）冷却空气的蒸发器

冷却空气的蒸发器有冷却排管和冷风机，主要用于冷藏库、冷柜中。在空调中采用直接蒸发式空气冷却器（又称表冷器）来冷却进入空调房间的空气。在冷藏库中，根据库房采用的冷却方式的不同采用冷却排管或冷风机，一般在自然对流式冷却的库房中设置冷却排管，在强制循环式冷却的库房中设置冷风机，在混合冷却式库房中同时采用冷却排管和冷风机。

(1) 冷却排管

根据安装位置的不同，冷却排管可分为立管式墙排管、盘管式墙排管、顶排管、搁架式排管；按传热管表面形式的不同可分为光滑排管和肋片排管。

1）立管式墙排管。这种墙排管只适用于氨制冷系统。其结构形式如图 2-21 所示，一般立管采用 $\phi38mm\times2.2mm$ 或 $\phi57mm\times3.5mm$，高度为 2.5~3.5m 的无缝钢管组成，管间的中心距离为 110~130mm，竖管焊接在 $\phi76mm\times3.5mm$ 或 $\phi89mm\times3.5mm$ 的上、下横管上。

氨液从下横管进入，氨气由上横管排出。

它的优点是制冷剂气体容易排出，保证了传热效果；缺点是当墙排管高度较高时，由于液柱静压的作用下部制冷剂的蒸发温度提高。

2）盘管式墙排管。盘管式墙排管是单根或两根蛇形盘管制成的单排或双排的排管。

图 2-22 所示为双排光滑盘管式墙排管。这种冷却排管多采用 $\phi38mm\times2.2mm$ 的无缝钢管，管组中每根管子总长度一般不超过 12m，管子中心之间的距离为 110mm，角钢支架的距离为 3m。管子根数为双数，以便进液和回气在同一侧，有利于管道的安装连接。

在重力供液系统中，氨液从下部进入，氨气则从上部引出。在氨泵供液系统中也可采用上进下出。氨制冷系统中采用的盘管式墙排管有两种类型，一种是光滑盘管，另一种是肋片盘管。

在氟利昂制冷系统中采用盘管式墙排管，液体从上部进入，气体从下部排出，从而保证了润滑油在系统中的正常循环。

3）顶排管。图 2-23 所示为光滑顶排管，一般吊装在冷藏或结冻间的顶棚或楼板下面。

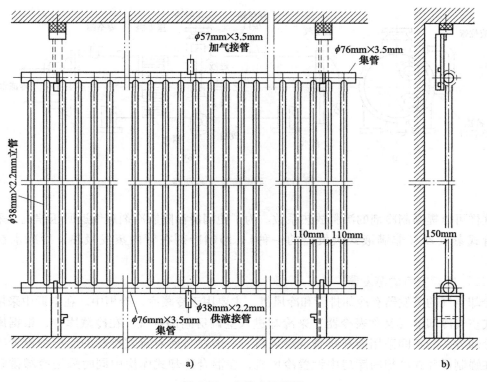

图 2-21 立管式墙排管

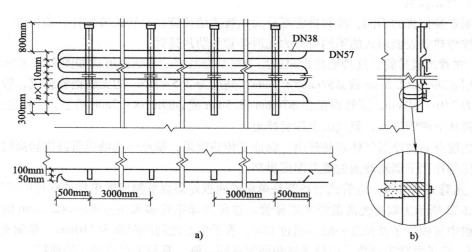

图 2-22 双排光滑盘管式墙排管

注：图中 $n×110$ 表示 $(n+1)$ 个管子、n 个间距。

光滑顶排管用 $\phi38mm×2.2mm$ 的无缝钢管制作，每组排管上下各有两根集管，下集管进液，上集管回气。

4）搁架式排管。这种排管主要用于冻结盘装食品，其构造如图 2-24 所示。排管一般采用 $\phi38mm×2.2mm$ 或 $\phi57mm×3.5mm$ 无缝钢管制作，宽度为 $800\sim1200mm$，管子水平间距

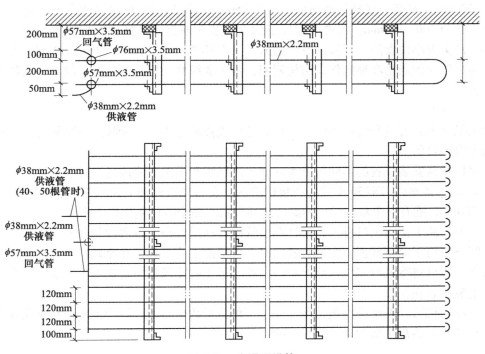

图 2-23 光滑顶排管

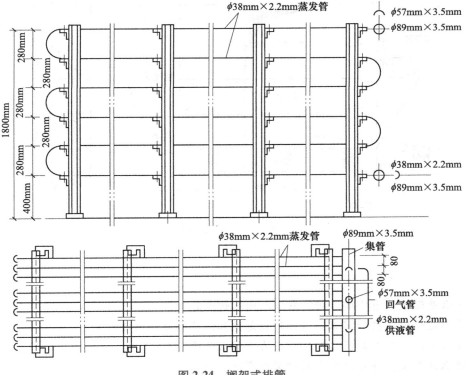

图 2-24 搁架式排管

为 100~200mm，最低一层排管离地面不小于 250mm，根据装放食品盒的高度，每层管子的垂直中心距为 200~400mm。需要冷冻加工的食品装在冻盘内直接放在搁架上，通常用来冷冻鱼类、禽类等小块食品。氨液从下部进入，从上部排出氨气，多用于中、小型冷库。

这种排管的优点是容易制作，结构紧凑，不需要维修。但是钢材耗量较大，货物进出劳动强度大。

(2) 冷风机

冷风机由蒸发管组和通风机组成，依靠通风机强制作用把冷风吹向被冷却物体，从而达到降低库温的目的。

冷风机按其安装位置的不同可分为落地式冷风机和吊顶式冷风机两种。

图 2-25 为落地式 GN250 干式冷风机构造图。在箱体下部装有两组翅片蒸发管组，冷却面积为 $250m^2$，配有一个双面进风的离心式通风机。整个冷风机坐落在水盘上。在通风机的作用下，空气从下部回风口进入，通过蒸发管组冷却后送出。这种冷风机用于 0℃ 的冷藏间和预冻间，当用于储存鲜蛋、水果等食品时，可根据工艺要求，在冷风机出口上增设送风管道，借助送风口将冷风均匀地送到冷藏间各处。吊顶式冷风机与落地式冷风机工作原理基本相同，前者吊装在屋顶。

采用冷风机时，不用载冷剂，冷损失小，传热系数也不大，结构紧凑，易于实现自动化控制。冷风机的传热系数为 29~35W/(m^2·K)。

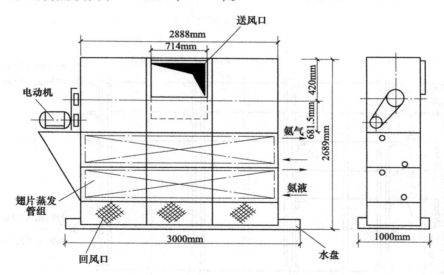

图 2-25　落地式 GN250 干式冷风机

> **复习思考题**

1. 什么是温度？有哪些温标？它们之间如何换算？
2. 什么是干球温度和湿球温度？什么是饱和温度和临界温度？
3. 什么是压力？绝对压力和相对压力有什么关系？
4. 什么是湿度？绝对湿度和相对湿度有什么关系？
5. 描述一下熵的基本含义。

6. 热力学第一定律和热力学第二定律有何区别和联系?
7. 热有哪三种传递方式?
8. 理想制冷循环有哪些特点?如何在 $T\text{-}S$ 图上表示?
9. 什么是热力完善度?它有什么物理意义?
10. 蒸气压缩式制冷的理论循环由哪些过程组成?如何在压焓图上表示?
11. 制冷剂的发展经历了哪几个阶段?
12. 绿色环保制冷剂的趋势是什么?
13. 如何展望绿色环保制冷剂的发展?
14. 常用压缩机有哪些类型?各有何特点?
15. 常用冷凝器有哪些类型?各有何特点?
16. 节流机构有哪些基本形式?
17. 内平衡式热力膨胀阀和外平衡式热力膨胀阀结构上有什么差别?
18. 冷却空气的蒸发器有哪些?各适用于哪些冷库?

扩展阅读

制冷空调行业制冷剂发展方向与展望

一、制冷剂的由来

从历史上看,制冷剂的发展经历了四个阶段。

第一阶段,19世纪30年代到20世纪初,主要是寻找理想制冷剂,从天然物、人造物中寻找,并寻求规律,以易获得性为主要准则。

第二阶段,20世纪20年代到20世纪70年代,利用发现卤素与C、N、O、S的排列中存在的可燃性与毒性变化的规律,并以氟化物开发为重点,合成人工化合物制冷剂,以杜邦的氟利昂为代表。主要是有一定的安全性,以及稳定可靠的热工性能。

第三阶段,20世纪70年代到21世纪初,为人类的无知所产生的大气破坏进行补过。主要是寻找替代品,淘汰臭氧层破坏物。

第四阶段,21世纪初至今,以解决温室效应为出发点,淘汰原用的温室效应明显的制冷剂。

二、臭氧层

臭氧层是指大气层的平流层中臭氧浓度相对较高的部分,其主要作用是吸收短波紫外线。大气层中紫外线击打双原子的氧气,把它分为两个原子,然后每个原子和没有分裂的氧合并成臭氧。臭氧分子不稳定,紫外线照射之后又分解为氧气分子和氧原子,形成臭氧和氧气的循环,产生了臭氧层。

大气臭氧层主要有三个作用。

其一为保护作用。臭氧层能够吸收太阳光中的波长在 $300\mu m$ 以下的紫外线,保护地球上的人类和动植物免遭短波紫外线的伤害。臭氧层犹如一件宇宙服保护地球上的生物得以生存繁衍。

其二为加热作用。臭氧吸收太阳光中的紫外线并将其转换为热能加热大气，大气的温度结构对于大气的循环具有重要的影响，这一现象的起因也来自臭氧的高度分布。

其三为温室气体的作用。在对流层上部和平流层底部，即在气温很低的这一高度，臭氧的作用同样非常重要。如果这一高度的臭氧减少，则会产生使地面气温下降的动力。因此，臭氧的高度分布及变化极其重要。

美国科学家莫里纳（Molina）和罗兰德（Rowland）提出：人工合成的一些含氯和含溴的物质是造成臭氧层被破坏的元凶，最典型的是氯氟烃类化合物（CFCs）和含溴化合物哈龙（Halons）。臭氧层主要是由臭氧组成的，臭氧分子在自然状态下会少量转化为氧分子，但这种转化对臭氧层的影响几乎可忽略，氟氯代烷在高空会解离出氯，而氯可以催化（加速）臭氧转变为氧的反应（这个过程中氯并不消耗），这种反应消耗掉平流层中的臭氧，打破了臭氧的平衡，于是臭氧层被破坏了。

基于CFCs对臭氧层的破坏，联合国环境规划署于1987年9月16日在加拿大蒙特利尔召开会议，签署了《蒙特利尔破坏臭氧层物质管制议定书》，并同意在2000年以前逐步停止制造CFC。蒙特利尔协议书已被157个国家和组织承认。

三、21世纪绿色环保制冷剂的趋势

为了适应环保的需要，特别是为了保护臭氧层的需要，近年来，制冷空调行业已作了积极响应，采取了许多措施和行动。从目前情况来看，替代工质有许多种，大致归纳见表2-1。潜在的替代物有合成的和天然的两种。合成的替代物有HFC，天然的有NH_3、CO_2、水、碳氢化合物等。

表2-1 21世纪绿色环保制冷剂的趋势

制冷用途	原制冷剂	制冷剂替代物
家用和楼宇空调系统	HCFC-22	HFC混合制冷剂
大型离心式冷水机组	CFC-11	HCFC-123
	CFC-12，R500	HFC-134a
	HCFC-22	HFC混合制冷剂
低温冷冻冷藏机组和冷库	CFC-12	HFC-134a
	R502，HCFC-22	HCFC-22、HFC或HCFC混合制冷剂
	NH_3	NH_3
冰箱、冷柜、汽车空调	CFC-12	HFC-134a HFC及其混合物制冷剂 HCFC混合制冷剂

由表2-1可知，CFC-12替代制冷剂的纯合成工质主要为HFC-134a，现已被认可和接受使用。但在蒸发温度低于-23℃时，由于将产生高的压缩比，冷量受到限制，其使用将受影响。此外，油、制冷空调系统的能效、工作可靠性等还待进一步解决。

CFC-12替代制冷剂中的含HFC的混合物，如R401a和THR01（清华一号）等，一般可直接充注，便于当前使用和今后的转轨。但从长远观点看，它们只是中近期过渡性替代物，2040年后将被禁用。

至于 HCFC-22 的替代制冷剂，尚没有纯的合成工质，均为 HFC 混合物，如 R407c、R410a 或 THR03（清华三号）等。

R502 的替代物也均为混合物，有的为 HCFC 混合物，如 R408a 和 THR04（清华四号），有的为 HFC 混合物，如 R404a 和 R507a 等。

CFC-11 的替代物主要为 HCFC-123，也是一种过渡性工质。

四、21 世纪绿色环保制冷剂的展望

1. HFC 类制冷剂的实用化

适用于 HFC 制冷剂的酯类油（POE），价格昂贵，润滑性较差，特别是吸水性和水解性强，凡 POE 油含水量大于 $(500\sim1000)\times10^{-6}$ 的，多半要失败。由于 POE 油是一种比制冷剂更好的溶剂，因此必须小心选择所使用的材料、加工过程用的切削液和清洗液等流体，否则由于制冷剂/油的化学反应，会形成蜡状物质，造成膨胀装置的堵塞。今后的展望是进一步开发高稳定性的 POE 油。PVE 油（全合成的、非聚烯烃基润滑剂）由于有优良的润滑性和弱水的水解性，也有待开发。

改进设备设计，提高能效是必然趋势。能效的提高，可减轻或抵消由于 HFC 排放引起的温室效应。

2. 天然制冷剂的推广与实用化

NH_3 是一种传统工质，其优点是 ODP＝0，GWP＝0，价格低廉、能效高、传热性能好，且易检漏、含水量余地大、管径小，但其毒性需认真对待，而 100 多年使用的历史表明，NH_3 的安全记录是好的。然而，其油溶性、与某些材料不相容性、高的排气温度等问题也需合理解决。看来，NH_3 会有更大的空调市场份额。

另一种传统天然工质是 CO_2，现已引起注意，其优点是 ODP＝0，GWP 值为 1。主要问题是其临界温度低（31℃），因此能效低，而且它是一种高压制冷剂，系统的压力较现有的制冷剂高很多。CO_2 制冷剂可能应用的领域有以下三个方面。

第一是 CO_2 超临界循环的汽车空调。由于其压比低，压缩机效率高，高效换热器（如冲压微槽管）的采用也对提高其能效做出了贡献。

第二是 CO_2 热泵热水加热器，由于 CO_2 在高压侧具有较大变化（80~100℃）的放热过程，适用于加热水。

第三是在复叠式制冷系统中，CO_2 用作低压级制冷剂，高压级则用 NH_3 或 HFC-134a 做制冷剂。这种系统还适用于低温冷冻干燥。

3. 新一代替代工质的开发与实用化

新的高效、绿色环保制冷剂，从热力学角度说，必须具有高的临界温度和低的液相摩尔热容。例如，为了替代 HCFC-22，新的替代物其临界温度必须高于 100℃。目前已经有人关注 R161 和 R1311，它们的临界温度分别为 102.2℃和 120℃，均溶于矿物质油，ODP 为 0，GWP 值很低，前者为 10，后者小于 1。但它们均有一定的毒性，R161 还有一定的可燃性，R1311 的稳定性也不够理想。对于这两种化合物，还需要进行长期的理化试验和研究开发工作。

HFC-245ca 被认为是 CFC-11 和 HCFC-123 的一种有前景的替代物，它具有与 CFC-11 相近的饱和压力，呈现出好的稳定性及低的毒性，并且对漆包线的侵蚀比 HCFC-123 有所减

轻，但有一定的可燃性。目前尚需进行深入研究，确认机组效率和着火的风险性。HFC-245ca/338mccp（八氟丁烷）混合物也正在研究中。

HFC-263fa 目前正被考虑用作高温热泵中 HCFC-124 的替代物，其运行压力比 HCFC-124 更接近于 CFC-114，美国海军正考虑将其作为一种很有潜力的长期替代物用于 A 冷水机组中。近年来正在对其效率、设备改造要求、稳定性、材料相容性及毒性等问题进行研究。混合物 HFC-236fa/134a/R600a 也正在研究中。日本提出了用 HFE-245（五氟甲醚）作为 HCFC-124 的替代物，尚在进一步研究。

4. 添加纳米材料的新型制冷剂

纳米科技与材料应用于制冷领域的最新进展主要有：

第一，纳米粒子能够显著地增大液体的导热系数（如果在水中添加体积分数为5%的铜纳米粒子，可以使导热系数增加1.5倍）。

第二，将纳米微粒添加到制冷系统中运行发现：

1）添加了纳米颗粒的制冷系统蒸发器出口温度降低的速度要明显快于不含纳米介质的制冷系统，且系统达到稳态时的温度要略低。

2）制冷系统吸气压力和排气压力略有降低，吸排气压力的降幅都接近5%。由于吸排气压力各自降低的比例接近，所以采用纳米介质的制冷系统压缩机的吸排气压差要小于不含纳米介质的制冷系统，从而降低了压缩机的功耗。

3）添加纳米介质后，可以改善矿物油与氢氟烃制冷剂的互容性。

第三，用纳米粒子对空调器换热器外表面做渗透处理，可催化分解空气中的苯、甲醛等有害物质，而且分解率接近100%，能起到杀菌消毒的效果。

总之，为了适应环保的要求，21世纪制冷空调行业的发展方向：绿色环保，高效节能，减少排放，加强回收，注重培训，研究开发。

第三章

冷链运输货物的物化性质与控制

第一节 冷链运输易腐食品的化学成分

本章主要介绍易腐食品的基本营养成分、理化性质、易腐食品的腐败及其控制机理,以及货架期的预测和计算,并且系统地阐述易腐食品的冷却、冷冻、解冻的原理和变化过程,介绍影响易腐食品冷藏运输品质的各种因素。

通过本章的学习,应了解易腐货物的物理性质和化学成分及其在冷链运输过程中的变化,掌握易腐货物的腐败及控制机理,掌握易腐货物冷却、冷冻原理及相关计算方法,了解运输过程中碰撞、振动及温度波动对易腐货物品质的影响。

一、植物性易腐食品的化学组成

(一) 植物性易腐食品的基本营养成分

植物性食品主要包括粮油食品和果蔬类食品两大类,其主要营养成分包括水分、碳水化合物、蛋白质、脂质、矿物质等。

1. 水分

水分是影响植物性食品嫩度、鲜度和味道的重要成分。通常来说,新鲜果蔬含水量大,会造成果蔬储存性差、容易变质和腐烂。果蔬采摘后,水分得不到补充,在储存过程中容易因蒸腾失水而引起萎蔫、失重和失鲜。

常见植物性食品的水分含量见表3-1。

2. 碳水化合物

碳水化合物是粮食和果蔬的主要成分,一般占粮食和果蔬干重的50%~80%。碳水化合物在各种食品中存在的形式和含量不同,根据分子量、溶解性等特性不同可分为单糖、糖醇、低聚糖(双糖、其他低聚糖)和多糖(如淀粉、纤维素等),如图3-1所示。

表 3-1 常见植物性食品的水分含量

食品种类	近似含水量	食品种类	近似含水量
水果和蔬菜		坚果	
西瓜	91.5%	核桃（黑，干）	4.4%
橙子（带皮）	86.8%	花生（加盐干烤）	1.6%
苹果（带皮）	83.9%	花生酱（含盐）	1.2%
葡萄（新鲜）	81.3%	粮食、谷物食品	
葡萄干	15.4%	小麦面粉	10.3%
黄瓜（带皮，新鲜）	96.0%	通心粉（干）	10.2%
马铃薯（带皮，新鲜）	79.0%	椒盐饼干	4.1%
蚕豆（绿皮，新鲜）	90.3%	玉米片	3.0%

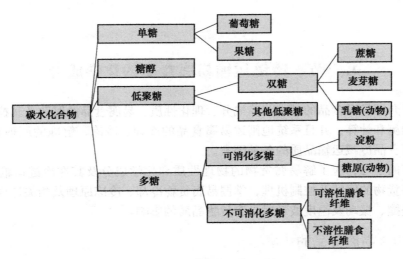

图 3-1 食品中碳水化合物的分类

下面介绍食品中最常见的几种碳水化合物。

（1）单糖

单糖是糖的基本单位，其中葡萄糖和果糖是果蔬中最重要的单糖，一般含量分别为 0.96%~5.82% 和 0.85%~6.53%。

（2）双糖

双糖由 2 个单糖缩合而成，如蔗糖、麦芽糖、乳糖等。其中蔗糖是食品工业中最重要的甜味化合物，在植物中广泛存在，但通常含量较低，在甘蔗和甜菜中能够分别达到 10%~15% 和 15%~20%；乳糖则主要存在于哺乳动物的乳汁中。

（3）淀粉

淀粉是由葡萄糖缩合而成的大分子碳水化合物。淀粉广泛存在于农作物的籽粒（如小麦、玉米、大米、大豆）和块茎中（如马铃薯、魔芋、山药、甘薯等），含量高达干物质的

80%。不同来源的淀粉颗粒微观结构有所不同,如马铃薯淀粉颗粒较大,为卵形和圆形;而大米淀粉颗粒较小,多为多角形,如图3-2所示。

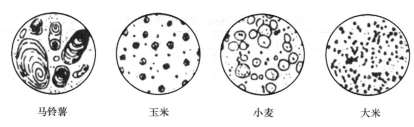

马铃薯　　玉米　　小麦　　大米

图3-2　几种粮食作物的淀粉颗粒形状特征

（4）纤维素

纤维素是由葡萄糖缩合而成的大分子碳水化合物。纤维素是植物组织细胞壁的组成成分,在果蔬中含量较高,通常不溶于水,也不能被人体自身分泌的酶分解,但能够被大肠中部分微生物分解,有助于促进肠道蠕动。

植物性易腐食品（如水果、蔬菜）在运输过程中,在呼吸作用下糖类发生分解,导致口味发生变化。低温可以抑制果蔬的呼吸作用,进而减少糖类的损失。

3. 蛋白质

蛋白质在植物性食品中的含量差别较大,其中果蔬类食品的蛋白质含量最低,通常在5%以下,禾谷类种粒中蛋白质含量高些,但一般也只在15%以下,而豆类和油料种粒中蛋白质含量可高达20%~40%。在我国的膳食结构中,粮油作物是蛋白质的重要来源之一。从蛋白质种类上看,禾谷类作物蛋白质以赖氨酸、色氨酸和亮氨酸含量较少的谷蛋白和角蛋白为主,营养价值较低,而豆类和油料植物蛋白质营养价值更高。常见植物性食品中蛋白质含量见表3-2。

表3-2　常见植物性食品中蛋白质含量

食品种类	近似含量	食品种类	近似含量
谷物		坚果	
稻米	8.0%	花生	26.2%
小麦	9.4%	芝麻	20.3%
燕麦（去壳）	13.0%	油菜籽	26.3%
玉米	5.2%	油茶仁	8.7%
荞麦	6.5%	果蔬	
粟米	9.7%	苹果	0.2%
高粱	10.2%	香蕉（带皮,新鲜）	0.8%
大豆	36.3%	胡萝卜	0.9%
蚕豆	24.5%	生菜	1.6%
扁豆	20.4%	花椰菜	4.3%

4. 脂质

脂质主要包括单纯脂质、复合脂质和衍生脂质,通常是指一类难溶于水,但易溶于乙醚、正己烷、氯仿等有机溶剂的一类物质。一般呈液态的称为"油",呈固态的称为"脂"。常见植物性食品中脂质含量见表3-3。

表3-3 常见植物性食品中脂质含量

食品种类	近似含量	食品种类	近似含量
水果和蔬菜		坚果	
西瓜	0.2%	花生	40%~50%
橙子	0.2%	芝麻	45%~55%
牛油果(鳄梨)	19.5%	油菜籽	38%~45%
柿	0.1%	谷物	
樱桃	3.9%	小麦	1.8%
蘑菇(新鲜)	0.1%	大米	2.7%
马铃薯(带皮,新鲜)	0.2%	玉米	4.6%
蚕豆(绿皮,新鲜)	1.1%	玉米胚	33%~50%
黄瓜(带皮,新鲜)	0.1%	大豆	17%~20%

植物中的脂质主要是甘油三酯,其酯键上通常链接有较多的不饱和脂肪酸,因此常温下往往呈现液态。某些植物油含有大量的某一不饱和脂肪酸,如橄榄油含有油酸,亚麻籽油含有大量亚麻酸等。

5. 矿物质

果蔬中的矿物质含量不高,一般在1.2%左右。矿物质含量可用燃烧法测得,因此,矿物质又称为灰分或无机盐。果蔬中有十多种矿物质,最主要的元素有钠、钙、钾、铁、镁、磷、硫、硅、氯等。这些元素有的以硫酸盐、磷酸盐、硅酸盐、硼酸盐和有机酸盐的状态存在,有的则和果胶质等有机物质结合在一起。

(二)植物性易腐食品的色、香、味物质

1. 植物性易腐食品中的呈色物质

植物性食品中的色素物质很多,大致包括叶绿素、类胡萝卜素、花青素、姜黄素等,其特点及在食品中的分布情况见表3-4。

表3-4 几种代表性植物色素的来源与特点

色素	来源	特点
叶绿素类	几乎所有的绿色果蔬	卟啉类化合物,易在酶、氧气等作用下氧化褪色
类胡萝卜素类	胡萝卜、玉米、南瓜、柿子、柑橘类等果蔬	异戊二烯结构,具有抗氧化等多种生理功能
花青素、原花青素类	葡萄、火龙果、苹果、荔枝皮、黑米、紫甘蓝、紫薯、黑枸杞、黑玉米、可可等	多酚类物质,是植物最主要的水溶性色素,种类多、分布广、色彩鲜艳,易受pH值、温度、光照、氧气的影响而变化,如褐变
姜黄素	姜黄,其他姜科、天南星科植物块茎	多酚类物质,具有抑菌防腐作用
黄酮类	大部分植物的茎、叶、花和果实	抗炎、抗病毒

2. 植物性食品的芳香物质

一般果蔬中都含有挥发性的芳香油，由于含量极少，因此又被称为精油。这是每种果蔬具有特殊香气和其他气味的主要原因。通常果蔬中挥发油是一种成分复杂的混合物，主要包括酯、醇、醛、酮、萜、芳烃等。

水果的香气相对比较纯粹，其香气成分以酯、醛、萜类为主，其次是一些挥发性酸、醇酮类物质（见表3-5）。水果的香气成分随果实的成熟而种类和含量都会增加，但人工催熟的果实不如自然成熟的香气成分高，且水果在低温贮藏过程中即使没有发生腐败，香气也会流失。

表3-5 水果中的香气成分

水果种类	主体成分
苹果	乙酸异戊酯
梨	甲酸异戊酯
香蕉	乙酸异戊酯、异戊酸异戊酯
香瓜	癸二酸二乙酯
桃	乙酸乙酯、沉香醇酯内酯
葡萄	邻氨基苯甲酸甲酯
柑橘类果皮	单宁、辛醛、癸醛、沉香醇
柑橘类果汁	蚁酸、乙醛、乙醇、丙酮、苯乙醇

蔬菜的香气不如水果浓郁，但有些蔬菜具有特殊辛辣气味，如蒜、葱等，通常与含硫化合物有关，见表3-6。

表3-6 部分蔬菜的香气成分

种类	化学成分	气味
萝卜	甲硫醇、异硫氰酸丙烯酸、二丙烯基二硫化物	刺激辣味
叶菜类	叶醇、壬二烯-2,6-醛	青草味
花椒	天竺葵醇、香茅醇、硫氰酸酯	蔷薇香气
姜	姜酚、水芹烯、姜萜	辛辣气味
葱	甲硫醇、二丙烯基二硫化物	香辛气味
蒜	甲基丙烯基二硫化物、丙烯硫醚、丙基丙烯基二硫化物	辛辣气味

二、动物性易腐食品的化学组成

（一）动物性易腐食品的基本营养成分

不同种类动物的肌肉营养成分和种类有较大差别，几种常见的动物性易腐食品的基本营养成分见表3-7。

表 3-7 常见动物性易腐食品的基本营养成分表（可食部分）

食品	水分	蛋白质	脂质	碳水化合物	灰分
畜禽肉					
牛肉	72.9%	20.1%	6.5%	0.3%	0.9%
羊肉	75.2%	16.4%	8.0%	0.3%	1.9%
肥猪肉	47.4%	14.5%	37.3%	—	0.7%
瘦猪肉	72.6%	20.1%	6.6%	—	1.1%
鸡肉	71.8%	19.5%	7.8%	0.42%	0.96%
鸭肉	71.2%	23.7%	2.7%	2.33%	1.2%
水产动物（海水鱼）					
鳕鱼	80%	18%	0.7%	<0.5%	1.2%
金枪鱼	70%	23%	1%	<0.5%	1.3%
鲱鱼	72%	18%	9%	<0.5%	1.5%
三文鱼	68%~78%	20%	3.5%~1.1%	<0.5%	1.2%~2.5%
水产动物（淡水鱼）					
尼罗河鲈鱼	75%~79%	15%~20%	1%~10%	<0.5%	—
鳟鱼	72%	20%	3~6%	<0.5%	1.3%
水产动物（甲壳类）					
蟹	80%	18%	0.6%~1.1%	<0.5%	1.8%
虾	76%	20%	1%	<0.5%	1.5%
禽蛋类					
鸡全蛋	72.5%	13.3%	11.6%	1.5%	1.1%
鸭全蛋	69.5%	12.8%	15.0%	0.3%	1.1%
鹅全蛋	69.5%	13.8%	14.4%	1.6%	0.7%
鹌鹑蛋	67.5%	16.6%	14.4%	—	1.2%
乳制品					
生乳	87.5%	3.4%	3.6%	4.9%	0.7%
酸奶	79.9%	3.1%	4.6%	11.7%	0.7%
干酪	46.2%	26.4%	19.0%	4.4%	4.0%

1. 水分

水分是动物性食品中含量最多的成分，一般占 60%~80%，同时受到动物肥瘦程度、年龄、不同部位的影响，通常来说老龄畜肉比幼龄的少，猪里脊肉比肋部肉含水量高。水分在新鲜畜禽肉、水产品、生乳中同样占据重要地位，是影响肌肉口感、口味的重要因素，同时也是参与动物性食品腐败的重要媒介。肌肉中的水分可根据其所在位置、与生物大分子结合的紧密程度分为结合水、不易流动水和自由水，如图 3-3 所示。

（1）结合水

由于蛋白质表面的极性基团，水分子在蛋白质大分子的周围以静电引力形成薄水层。这种结合非常牢固，因此这部分水不易蒸发，更不易冻结，当降温到 -10℃ 时也不冻结，也不能被酶或微生物利用，约占水分总量的20%。

(2) 不易流动水

存在于肌原纤维之间和肌质网中的一部分水。毛细管的作用，致使这种水不易流动。肌肉中所含的水分大部分是不易流动水，占总水分的60%~70%。这部分水对食品的质地、口感、酶解等有重要影响。

(3) 自由水

存在于细胞间隙及组织间，指能在肌肉内自由流动的水，约占总水量的15%。

在冷链流通或储藏过程中，由于动物组织蛋白的降解，肌肉束缚水的能力下降，可导致不易流动水和自由水的变化，该变化可用于反映动物性食品的鲜度和品质。

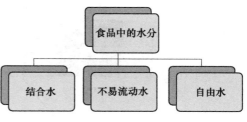

图3-3 食品中水的存在形式

2. 碳水化合物

动物性食品中碳水化合物含量较少，通常以糖原、葡萄糖、乳糖为主。其中糖原又被称为肝糖或糖元，是一种由葡萄糖结合而成的支链动物淀粉，主要用于动物能量储备。乳糖则主要存在于哺乳动物乳汁中，牛乳中含量约为4.8%，人乳约为6.7%。部分成年人可能具有乳糖不耐症，容易产生非感染性腹泻症状，可通过发酵等工艺脱乳糖处理获得对缺乏乳糖酶患者更友好的制品。

3. 蛋白质

肌肉中的蛋白质，按其在肌纤维细胞中的位置和在盐溶液中的溶解程度及其作用等一般可分为三大类：第一类是同肌肉收缩松弛有关的，构成肌原纤维的盐溶性蛋白质；第二类是溶解在肌原纤维之间的水溶性肌浆蛋白质；第三类是构成肌鞘、毛细血管等结缔组织的肌基质蛋白质。另外，肌肉中还存在一些微量的色素蛋白质，使肌肉呈现出特定的颜色。

(1) 肌原纤维蛋白

肌原纤维是肌肉的收缩单位，是由肌球蛋白、肌动蛋白以及称为调节蛋白的原肌球蛋白和肌钙蛋白组成的丝状规则排列的蛋白质（如图3-4所示）。肌原纤维粗丝和细丝整齐地平行排列，其中二者重叠的部分光线较暗，称为"暗带或A带"，光线较亮的区域称为"明带或I带"，明带中间的竖线为"Z线"，两个Z线之间的区域即为一个肌节，是肌原纤维重复构造的单位。肌球蛋白和肌动蛋白分别是构成肌原纤维粗丝与细丝的主要成分，约占肌原纤维蛋白的54%和13%，是肌肉的收缩和动物死后僵硬的重要原因。作为调节蛋白的原肌球蛋白和肌钙蛋白含量相对较少，与肉质变化关系不大。肌原纤维蛋白能溶于盐浓度大于2%的溶液中，是鱼糜形成凝胶的重要组成成分。

(2) 肌浆蛋白

肌浆蛋白是指分布于肌肉细胞间和细胞质中的各种水溶性（或稀盐类溶液中可溶的）蛋白，种类较多，主要是一些参与代谢的酶蛋白，如组织蛋白酶、氧化三甲胺还原酶、脂肪酶等，通常与蛋白质品质劣变、鱼糜凝胶劣化有关。此外，肌红蛋白、血红蛋白等色素蛋白也存在于肌浆蛋白中。

(3) 肌基质蛋白

肌基质蛋白是构成动物肌肉结缔组织的主要成分，一般不溶于水和盐类溶液，主要包括胶原蛋白和弹性蛋白,且胶原蛋白含量高于弹性蛋白4~5倍。肉类在加热、熬制的过程中,肌肉结缔组织被破坏,胶原蛋白溶出,从而肌肉组织变得软烂、易于咀嚼。

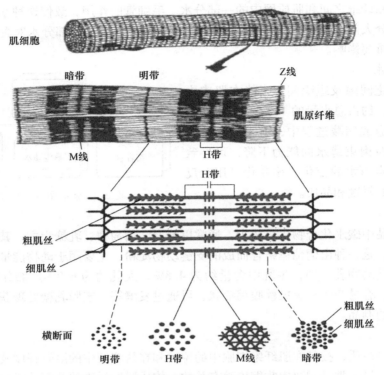

图3-4 肌原纤维蛋白微观结构组成示意图

不同种类的动物性食品中,这三种主要蛋白质的含量是不同的(见表3-8),其中哺乳动物中易消化的肌原纤维蛋白含量相对禽类和鱼类较少,而结缔组织蛋白含量相对较高。

表3-8 不同动物性食品中三种主要蛋白质含量的比较(以总蛋白含量计)

蛋白种类	哺乳动物	禽类	鱼类
肌原纤维蛋白	49%~55%	60%~65%	65%~75%
肌浆蛋白	30%~43%	30%~34%	20%~30%
结缔组织蛋白	10%~17%	5%~7%	1%~3%

4. 脂质

动物性食品中的脂质含量变化很大,通常与动物种类、生长阶段、生长环境、生殖、饵料来源等因素有关,但即使是同一个体的不同部位差异也会很大。陆生动物的脂质以甘油三酯居多,由丙三醇和高级脂肪酸构成。水生动物中,脂质种类较为丰富,除甘油三酯这类中性脂质外,还含有较高的磷脂等极性脂质。此外,一些中层和深海鱼类以长链脂肪酸和长链一元醇或固醇组成的蜡为储藏形式。鲨鱼等板鳃鱼类含有甘油醚、烃类等特殊脂质。

组成陆生动物脂肪的常见脂肪酸有棕榈酸、油酸、硬脂酸等,其中棕榈酸这类饱和脂肪酸在畜禽肉脂肪中的含量最高,占25%~30%。而鱼贝类中脂肪酸大都是C_{14}~C_{20}的脂肪酸,具有碳链长、不饱和程度高、不饱和脂肪酸含量高、富含n-3系的多不饱和脂肪酸(Polyunsaturated Fatty Acid，PUFA）等特点，而且海水性鱼贝类比淡水性鱼贝类更显著，见表3-9。此外，磷脂中 n-3 PUFA 的含有率比中性脂质高，如二十碳五烯酸（EPA）和二十二碳六烯酸（DHA）。20世纪80年代以来，EPA、DHA 在降低血压、胆固醇以及防治心血管病等方面的生理活性被逐步发现，对鱼贝类营养价值的认识也逐步提高。

表 3-9 动物性食品脂质的脂肪酸组成

脂肪酸		陆生动物				水生动物			
		牛肉	猪肉	羊肉	鸡肉	真鲷（背肉）	狭鳕肝油	日本对虾	蛤仔
饱和脂肪酸	C12：0	0.3%	0.1%	—	—	—	—	—	—
	C14：0	0.2%	2.0%	2.4%	0.4%	1.6%	5.8%	0.7%	3.6%
	C15：0	0.6%	0.3%	0.5%	—	—	—	—	—
	C16：0	22.1%	20.7%	20.8%	26.8%	21.6%	10.8%	15.6%	19.1%
	C17：0	2.6%	1.5%	2.3%	—	—	—	—	—
	C18：0	10.5%	5.2%	18.5%	5.9%	7.6%	3.3%	9.2%	6.3%
不饱和脂肪酸	C14：1	0.6%	—	0.8%	0.2%	—	—	—	—
	C16：1	4.6%	5.5%	3.0%	4.3%	5.4%	7.7%	3.6%	8.4%
	C18：1	52.6%	43.0%	46.5%	42.9%	14.7%	13.7%	0.9%	9.0%
	C18：2	4.1%	20.1%	3.9%	18.8%	1.0%	0.8%	6.6%	0.7%
	C18：3	—	0.4%	0.2%	0.8%	1.4%	0.5%	0.1%	0.9%
	C20：1	—	—	—	—	—	20.1%	0.9%	5.6%
	C20：4	—	—	—	—	4.7%	0.3%	9.9%	—
	C20：5	—	6.4%	—	—	8.5%	9.7%	14.0%	11.8%
	C22：1	—		—	—	—	14.6%	—	—
	C22：5	—		—	—	6.0%	0.7%	2.5%	1.0%
	C22：6	—		—	—	19.3%	5.7%	11.7%	8.4%

5. 灰分

动物体内测得的灰分主要是以氧化物、盐类形式存在的无机物质，其含量在1%~2%之间，主要是 Na、K、Ca、Mg、Fe、Cl、P、S 等，其中 Ca 主要存在于骨质及壳中，Mg 主要以游离形式存在。Na 和 K 主要以离子形式存在，调节细胞膜渗透压。

与陆生动物相比，鱼贝类因生活在淡水或海水中，微量元素种类更加丰富，含量也相对更高。如贝类水产品富含锌，在牡蛎、马氏珠母贝中高达 100 mg/kg，水产品中的碘含量也高于陆上禽类 10~50 倍。

（二）动物性易腐食品的色、香、味物质

1. 动物性易腐食品中的呈色物质

（1）血红蛋白和肌红蛋白

动物性食品肌肉的红色一般由肌细胞的肌红蛋白（Myoglobin，Mb）提供，但也与毛细血管中的血红蛋白（Hemoglobin，Hb）有一定关系。Mb 和 Hb 结构具有一定的相似性，都有血红素（Heme）和珠蛋白（Globin）构成的色素蛋白，其中 Mb 的分子质量约 17000 u，

Hb 基本上是由 4 个 Mb 结合组成的，分子质量约 68000 u。

肌红蛋白能够结合氧，并可能发生氧化，因此一般存在三种状态：①氧合肌红蛋白（Oxymyoglobin），为肌红蛋白结合氧的状态，呈鲜红色；②脱氧肌红蛋白（Deoxymyoglobin），为不结合氧的肌红蛋白，呈暗紫红色；③高铁肌红蛋白，为肌红蛋白的被氧化形式，呈红褐色，主要原因是血红素卟啉环中心的亚铁离子 Fe^{2+} 被氧化为三价铁离子 Fe^{3+}，形成高铁肌红蛋白后肌红蛋白不再具备结合氧的能力。新鲜的猪肉、羊肉、牛肉等肉色一般因富含氧合肌红蛋白呈现鲜艳的红色，如储存不当，可转变为暗紫红色（脱氧肌红蛋白的颜色）或者红褐色（高铁肌红蛋白），导致口感较差。这三种状态的变化示意图如图 3-5 所示。

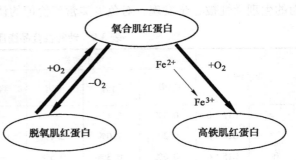

图 3-5　三种肌红蛋白转化关系示意图

（2）血蓝蛋白

血蓝蛋白是虾、蟹等甲壳类以及乌贼、章鱼、腹足类等软体动物体内含有的一种蓝色色素，具有与肌红蛋白、血红蛋白相似的生理功能，但其活性中心含有的离子不是铁而是铜。没有结合氧的血蓝蛋白无色，结合氧后呈蓝色，在可见光吸收光谱 345nm 以及 580nm 处有最大吸收峰。因此，捕捞后缺氧状态的乌贼、蟹的体液为无色，但如果储存不当，死后逐渐吸收空气中的氧会导致体色逐渐转变为蓝色。尽管该变化几乎不产生有害成分，但会影响口感。

（3）类胡萝卜素

类胡萝卜素（Carotenoid）是广泛分布于动植物界的黄、橙、红色系列色素，是一类化学结构为一条共轭双键长链、两端连接紫罗兰酮环、碳数为 40 的化合物，是构成鲫、鳕、鲐、飞鱼、鲤鱼等许多水产动物以及各类动物卵黄、甲壳动物壳、贝壳等多种动物体色的主要物质。常见的几种类胡萝卜素化学结构如图 3-6 所示。

甲壳类动物，如虾、蟹等熟制后呈现的橙红色主要与其含有虾青素有关，而虾青素也是目前已知的、天然存在的抗氧化活性最强的类胡萝卜素，具有多种保健功能。

（4）黑色素和眼色素

酪氨酸或色氨酸经过氧化、聚合等一系列反应形成的色素沉积分别被称为黑色素和眼色素，如虾、蟹死后一段时间会发黑，乌贼、墨鱼喷射的墨汁，以及鱿鱼体表的褐色斑点都与这类色素有关。这类色素通常不会对人体造成伤害。

2. 动物性易腐食品的气味物质

食品的色、味共同构成了人们对食品嗜好性的基本要素。在文字表达上，好闻的气味是"香"，难闻的气味是"臭"。对于水产品，往往还需多加一个"腥"字来形容其气味特点，如"鱼腥味""腥臭味"。

一般来说，新鲜的畜禽肉、鱼贝类等动物性食品自带食品所特有的气味，经调味和熟制后可形成明显的香气，刺激食欲，而储存时间较久，或者储存不当的食品则会随着鲜度下降产生特有的臭味。因此，气味可作为判断食品新鲜度的一个指标。动物性食品中常见的气味物质及其特征见表 3-10。

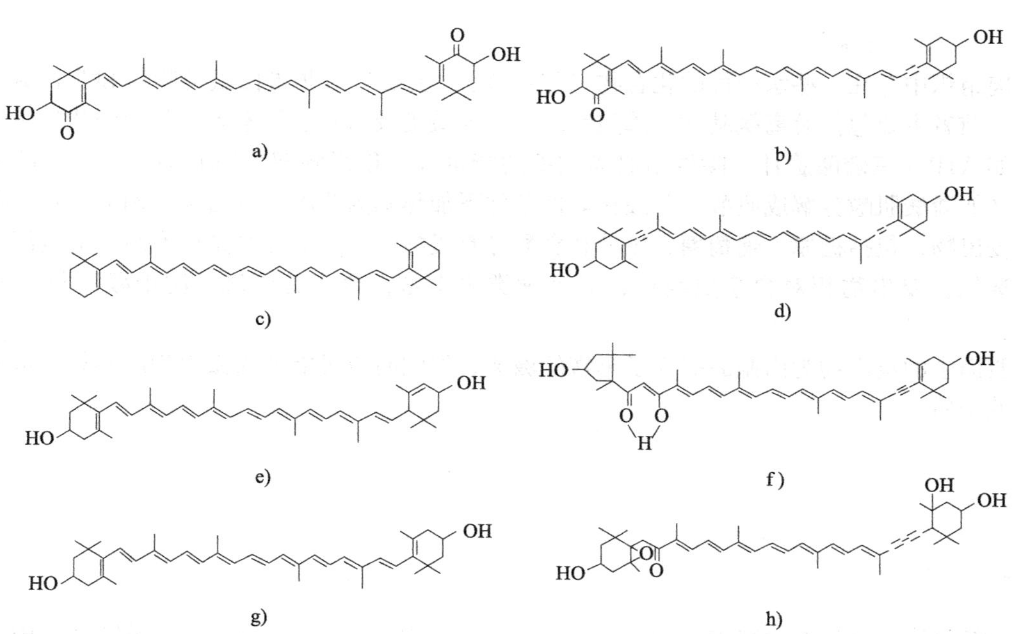

图 3-6 动物性食品中常见的几种典型类胡萝卜素
a) 虾青素; b) 扇贝黄酮; c) β-胡萝卜素; d) 扇贝黄质(别黄质); e) 叶黄素;
f) 贻贝黄质; g) 玉米黄质; h) 岩藻黄质

表 3-10 动物性食品常见的气味物质及其特征

类别	化合物	主要来源	生成因素	特征
挥发性盐基氮类	氨	氨基酸 核苷酸关联化合物	细菌	腥臭味
	三甲胺	氧化三甲胺	酶	腥臭味
	二甲胺		酶、加热	腥臭味
	各种胺类	氨基酸	细菌的脱羧作用	腥臭味
挥发性酸	甲酸	氨基酸	细菌的脱氨作用	酸刺激臭
	乙酸	不饱和脂肪酸	加热分解	酸败臭
	丙酸	不饱和脂肪酸	氧化分解	酪酸败臭
	戊酸	醛类	醛类的氧化	C5 最强烈汗臭、肥皂臭,C5 以上无臭
挥发性含硫化合物	硫化氢	胱氨酸	细菌	臭鸡蛋味
	甲硫醇	胱氨酸、蛋氨酸	加热	烂洋葱味
	丙二甲基硫醚	不饱和脂肪酸	酶	不愉快臭味
挥发性非羰基化合物	醇	糖	发酵	—
		氨基酸	细菌	—
		醛	醛的还原	
	酚	—	—	烟熏成分

3. 动物性易腐食品中的水溶性滋味物质

肉组织中存在一些水溶性的化合物（浸出物），主要分为非蛋白氮类物质和非含氮类化合物。前者主要包括游离氨基酸、磷酸肌酸、核苷酸类及肌苷、尿素等，是肉滋味的主要来源，如 ATP（三磷酸腺甘）除供给肌肉收缩的能量外，逐级降解为肌苷酸，是肉鲜味的成分。又如磷酸肌酸分解成肌酸，肌酸在酸性条件下加热则为肌酐，可增强熟肉的风味。不含氮的浸出物，包括糖原、葡萄糖、核糖和乳酸等有机酸。水产品尤其是海产品为适应海水的高渗透压，浸出物相对含量更高些，而且种类更丰富，含有有机碱、琥珀酸（贝类）等物质。

肌肉中的浸出物为肉制品提供了丰富的滋味，但同时也可能成为微生物的养料，进而加速腐败变质。

第二节 易腐食品的物理性质

一、冻结温度

冻结温度是指易腐货物中水分开始结成冰晶时的温度（即冰点）。由于易腐食品中的水分总是含有某些盐类和其他物质，所以易腐货物的冰点一般低于 0℃，而多数都在 -0.5 ~ -2.5℃ 之间。易腐食品的冻结水量与其温度的关系见表 3-11。

表 3-11 易腐食品的冻结水量与其温度的关系

易腐食品终温（℃）	-5	-10	-15	-20	-25
冻结水量	70%~75%	75%~80%	80%~85%	85%~90%	90%~92%

二、比热容

易腐食品的比热容是指单位易腐食品的温度变化时，所吸收或释放的热量，其常用单位是 kJ/(kg·K)。比热容的大小直接关系到易腐食品冷却或冻结时消耗的冷量，以及在储运过程中在外温影响下易腐食品温度状态的变化。在其他条件相同时，比热容越大，冷却或冻结时所消耗的冷量（或者是在温度上升时所吸收的热量）就越多；反之则越少。部分易腐食品的主要物理性质见表 3-12。

表 3-12 部分易腐食品的主要物理性质

食品名称	密度 /(g/cm³)	导热系数 /[W/(m·K)]	冻结温度（℃）最高	冻结温度（℃）最低	比热容/[kJ/(kg·K)] 高于冻结温度	比热容/[kJ/(kg·K)] 低于冻结温度
瘦肉	0.97~0.99	0.556	-0.6	-1.2	3.18	1.76
肥肉	0.96~0.98	—	-0.6	-1.2	2.51	—
猪肉	0.94~0.96	—	-0.6	-1.2	2.18	1.51
瘦鱼	1.01~1.02	0.45	-0.6	-2	3.35	1.34
肥鱼	0.97~0.99	—	-0.6	-2	2.85	1.8
蛋	1.0~1.09	0.29	-0.5	-0.6	3.18	1.67

（续）

食品名称	密度 /(g/cm³)	导热系数 /[W/(m·K)]	冻结温度（℃） 最高	冻结温度（℃） 最低	比热容/[kJ/(kg·K)] 高于冻结温度	比热容/[kJ/(kg·K)] 低于冻结温度
奶油	0.92~0.95	0.15	—	—	2.68	1.67
牛奶	1.03~1.08	0.64	-0.53	-0.55	3.94	1.67
凝乳	0.94~1.02	—	-0.53	-0.55	3.52	2.51
水果	1.03~1.07	—	-1	-2.5	3.35~3.77	2.09
蔬菜	1.06~1.10	—	-1	-2.5	3.35~3.77	1.67~2.09

同一易腐食品的比热容随着温度降低而减小，尤其是在从液体变成固体时，比热容的减小特别明显。未冻结的易腐食品要比冻结后的比热容大得多。在高于初始冻结温度的情况下，含水量较高的易腐食品，其比热容基本上可由含水量确定，但对于含水量较低的易腐食品，其比热容受到其他成分的强烈影响。假设易腐食品由水和干物质两部分组成，可用式（3-1）估算其比热容。

$$c_b = \frac{c_w \omega_n + c_s s}{100} \tag{3-1}$$

式中　c_b——高于初始冻结温度的易腐食品的比热容，kJ/(kg·K)；

　　　c_w——水的比热容，4.19kJ/(kg·K)；

　　　ω_n——易腐食品中水的质量分数；

　　　c_s——干物质的比热容，1.47kJ/(kg·K)；

　　　s——易腐货物中干物质的质量分数。

在估算低于初始冻结温度易腐货物的比热容时，因为冰的比热容与水不同，需要考虑结成冰的水量的影响。此时的估算公式见式（3-2）。

$$c_e = \frac{c_i J + c_w (\omega_n - J) + c_s s}{100} \tag{3-2}$$

式中　c_e——低于初始冻结温度的易腐货物的比热容，kJ/(kg·K)；

　　　c_i——冰的比热容，2.09kJ/kg；

　　　J——冻结成冰的水的质量分数。

其他符号含义同式（3-1）。

三、导热系数

易腐货物的导热系数是指在单位时间内物体单位面积上通过的热量与温度梯度的比系数。在其他条件相同时，导热系数越大，则冷却、冻结或加热的速度越快；反之越慢。易腐货物的导热系数可按下式求近似值：

$$\lambda = 0.605\varphi + 0.256(1 - \varphi) \tag{3-3}$$

式中　λ——易腐货物的导热系数，W/(m·K)；

　　　φ——易腐货物中水的质量分数，%。

例如,含水量为85%的牛奶,其导热系数为:
$$\lambda = 0.605 \times 0.85 + 0.256 \times (1 - 0.85) = 0.55 [W/(m \cdot K)]$$

在冻结过程中,易腐货物的密度、孔隙率等会发生明显的变化,这些物性参数会对导热系数产生很大的影响。另外,导热系数还与纤维方向有关。因此,要预测冻结易腐货物的导热系数是非常困难的。冻结易腐货物的导热系数依温度高低而不同,并在水和冰的导热系数之间[0.605~2.33W/(m·K)]变动,如冻鱼、冻肉的导热系数约为1W/(m·K)。冻结食品的温度与导热系数的关系见表3-13。

表3-13 冻结食品的温度与导热系数的关系

冻结食品的终温(℃)	-1	-5	-10	-20
冻结食品的导热系数/[W/(m·K)]	0.70	1.16	1.40	1.63

由于易腐食品的成分和浓度都存在差异,其冻结温度也不尽相同,且即使同一种易腐食品,由于品种、种植、饲养和加工条件不同,其冻结温度也会有所不同。部分食品的冻结温度见表3-14。

表3-14 部分食品的冻结温度

品名	水的质量分数	冻结温度(℃)	品名	水的质量分数	冻结温度(℃)
苹果汁	87.2%	-1.44	草莓	89.3%	-0.89
浓缩苹果汁	49.8%	-11.33	草莓汁	91.7%	-0.89
胡萝卜	87.5%	-1.11	甜樱桃	77.0%	-2.61
橘汁	89.0%	-1.17	苹果酱	92.9%	-0.72
菠菜	90.2%	-0.56			

四、密度

易腐货物的密度主要取决于其含水量。一些主要易腐食品中水的质量分数见表3-15。

表3-15 主要易腐食品中水的质量分数

品名	水的质量分数	品名	水的质量分数	品名	水的质量分数
莴笋	95%	甘蓝	94%	荔枝	73.50%
香蕉	82%	鸡蛋	64%	葱头	90%
粉蕉	70.50%	番茄	95%	猪肉	62%
黄瓜	96.90%	豆角	93%	牛肉	64.10%
枇杷	77%	茄子	95.70%	羊肉	54.60%

易腐食品的密度与其组成结构中水、固体成分、冰的质量分数有关,一般采用式(3-4)计算易腐货物的密度。

$$\frac{1}{\rho} = w_w \left(\frac{1}{\rho_w}\right) + (w_s)\frac{1}{\rho_s} + w_i \left(\frac{1}{\rho_i}\right) \tag{3-4}$$

式中 ρ_w、ρ_s、ρ_i——未冻水、固体成分和冰的密度；

w_w、w_s、w_i——未冻水、固体成分和冰的质量分数。

易腐食品的密度还与温度有密切的关系。在冻结过程中，由于冰的形成，易腐货物的密度往往减小。有关实验数据表明，与常温下的温度相比，胡萝卜、包菜等在-20℃时密度减小2.7%，在-60℃时约减小3.3%。草莓密度随温度变化的情况如图3-7所示，草莓密度在初始冻结温度和-10℃之间对温度的依赖性很强，但随着温度的进一步降低，这种依赖性逐渐减弱。

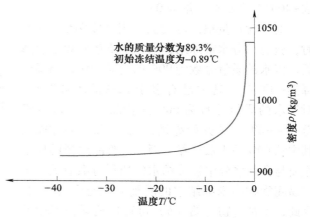

图3-7 草莓密度随温度的变化

五、焓值

易腐食品的焓值表征了易腐食品含有的热量，主要包含显热和潜热这两部分。显热与易腐食品的温度有关，而潜热则与易腐食品水分中被冻结水的质量分数有关。

对于含有多种组分的易腐货物，冻结过程从最高冻结温度（或称初始冻结温度）开始，在较宽的温度范围内不断进行，一般至-40℃才完全冻结（个别食品到-95℃还没完全冻结），在此温度范围内不会出现明显的温度平台。对于这样的情况，在冻结相变过程的热计算中除考虑显热外，还需要考虑相变潜热这个因素，引入焓的概念可简化计算。

在传热计算中，只需考察易腐食品冻结过程中比焓的相对变化。通常，设-40℃时易腐食品的比焓为0。若已知易腐食品原始含水量、冻前比热容、冻后比热容以及到某一温度时未冻水的质量分数或冻结水的质量分数，那么就能计算出该温度下易腐货物的比焓。表3-16给出了一些易腐食品的比焓。

表3-16 -30~30℃温度区内一些易腐食品的比焓

品名	水的质量分数	比焓/(kJ/kg)								
		-30℃	-20℃	-15℃	-10℃	-5℃	0℃	5℃	10℃	20℃	30℃
羊肉	74%	19.2	41.5	54.5	72.0	104.3	298.5	314.8	332.9	368.4	402.2
瘦猪肉	70%	19.2	40.6	53.6	70.8	100.9	281.4	298.5	316.1	351.3	385.2
肥猪肉	自由	14.8	31.1	40.6	51.9	64.5	82.5	107.6	125.2	152.0	195.1
鳖鱼	80.3%	20.1	41.9	56.1	74.1	105.1	322.8	341.2	360.1	381.1	434.2
鲱鱼	63.8%	20.1	56.1	101.3	73.2	101.3	278.5	296.4	314.4	348.8	382.7
蛋黄	50%	18.4	38.9	50.7	64.9	84.6	228.2	246.2	268.0	303.5	334.1
桃汁	89%	16.8	38.5	55.7	75.4	118.9	376.8	400.7	437.5	437.5	429
菠菜	90.2%	16.8	33.1	48.6	62.8	88.8	362.6	386.9	402.2	444.2	485.7
干豆类	75.8%	17.6	43.5	60.7	86.7	114.9	312.3	330.3	347.5	384.4	390.2

易腐食品的比焓与其含水量有密切关系。牛肉的比焓与含水量的关系如图 3-8 所示（图中取 -40℃ 食品材料比焓为 0）。

对于含水量很高的食品，当温度稍低于 0℃ 时，就有部分水被冻结，未冻水质量分数很快降低。以水的质量分数为 90% 的食品为例，当温度降到 -3℃ 时，其中已有多于 60% 的水被冻结。对于水的质量分数为 60% 的食品，只有温度降至 -7～-6℃ 时才开始冻结，到 -20℃ 左右才能使其中约 60% 的水被冻结。因此，食品原料的比焓主要与食品水分中被冻结水的质量分数有关。由于易腐货物中未冻结水的质量分数与温度有关，因此，易腐货物比焓（h）可近似地看作温度的函数，可采用经验公式（3-5）和式（3-6）计算。

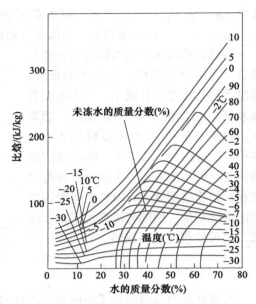

图 3-8　牛肉的比焓与含水量的关系

注：改图见谢如鹤. 冷链运输原理与方法 [M]. 北京：化学工业出版社，2013. 有改动。

$$h = h_0 + a_1 e^{(T-T_0)/b_1} + a_2 e^{(T-T_0)/b_2}$$
$$(-18℃ \leqslant T < -1℃) \quad (3-5)$$

$$h = a + bT \quad (-1℃ \leqslant T \leqslant 40℃) \quad (3-6)$$

式中　a、a_1、a_2、b、b_1、b_2、h_0、T_0 均为拟合参数。

如低于 -1℃，牛肉的比焓经验公式为：

$$h = -22.40363 + 81.87093 e^{(T+4.695)/12.027} + 0.22728 e^{(T+4.695)/0.61004} \quad (3-7)$$

第三节　冷链运输易腐食品的腐败与变质原因

一、植物性易腐食品的腐败原因

植物性易腐食品腐烂的原因主要是呼吸作用。如水果、蔬菜在采摘后储藏时，虽然不再继续生长，但它们仍然是一个具有生命的有机体，能够继续进行呼吸作用。虽然，植物呼吸作用发生的氧化反应能够把微生物分泌的水解酶氧化，从而阻止微生物侵入，但呼吸作用会导致果蔬不断消耗体内的营养物质而逐渐衰老。因此，对于植物性易腐食品的储运来说，既要维持它们的活体状态，又要减弱它们的呼吸作用。植物性食品品质劣变主要包括以下几个方面。

（一）褐变

果蔬等植物性易腐食品容易发生褐变的品质劣变情况，称为酶促褐变。果蔬采摘后，其组织的代谢活动仍然十分活跃。在正常情况下，完整的果蔬组织中的氧化还原反应是偶联进行的，但当果蔬发生机械损伤或处于异常环境下（如低温、高温、气体组分改变等）时，会影响其氧化还原作用的平衡，导致氧化产物的积累，造成褐变。这类反应通常需要多酚氧化酶的催化和氧的参与。

（二）淀粉老化

淀粉老化主要发生在淀粉含量较高的食物中。当食品温度降低时，已糊化的淀粉分子动能降低,淀粉分子自动排列成序,并由氢键结合成束状结构,使溶解度降低。在老化过程中,直链分子和支链分子都趋向于平行排列,通过氢键结合,相互靠拢形成微晶束,使淀粉糊具有硬性的整体结构。这种情况和原来的生淀粉颗粒结构相似,但生淀粉颗粒呈有序的放射状排列,而老化的淀粉呈凌乱无序状态。由于淀粉富含羟基基团,形成氢键后结合十分牢固,因而老化淀粉变得难溶于水,也不易被淀粉酶水解。因此,淀粉老化的食品口感下降,且营养价值降低。

（三）维生素的降解

果蔬是维生素的重要来源,如维生素 C、叶酸等。维生素易被破坏,特别是一些对热、光和氧气敏感的维生素更是如此。

（四）油脂氧化

植物性油脂发生变质的特征是产生酸和刺激的哈喇气味。人们一般把脂肪发生的变质称为酸败。这种反应通常是一种自由基（游离基）氧化反应,其过程主要包括脂肪酸（RCOOH）在热、光线或金属离子等因素作用下,被活化生成不稳定的自由基。这些自由基与 O_2 生成过氧化物自由基,然后自由基循环往复不断地传递生成新的自由基。在这一系列的氧化过程中,生成了氢过氧化物、羰基化合物（如醛类、酮类、低分子脂肪酸、醇类、酯类等）、羟酸以及脂肪酸聚合物、缩合物（如二聚体、三聚体等）。油脂自氧化反应过程如下:

引发：$RH \longrightarrow R\cdot + \cdot H$

传递：$R\cdot + O_2 \longrightarrow ROO\cdot$

$ROO\cdot + RH \longrightarrow ROOH + R\cdot$

终止：$R\cdot + R\cdot \longrightarrow R-R$

$R\cdot + ROO\cdot \longrightarrow R-O-O-R$

$ROO\cdot + ROO\cdot \longrightarrow R-O-O-R + O_2$

（五）植物性易腐食品采后病害

植物性易腐食品采后病害主要有生理性病害和侵染性病害。

（1）生理性病害

生理性病害是指采前或采后受到不适宜理化因素影响而造成的病害,如:①采前土壤、水分、光照等生长条件不适宜,过早或过晚采收;②储运温度、湿度、气体条件不适宜,导致诸如苹果的"虎皮病""苦痘病",梨的"黑心病"等。

（2）侵染性病害

侵染性病害是由病原微生物侵染造成的病害。果蔬发生的侵染性病害 80% 是由真菌引起的,而细菌引起的病害主要发生在蔬菜中。侵染性病害发生的原因,除了与果蔬表皮破损有关,还与果蔬的成熟度、环境温度、湿度以及自身生理特性有关。

二、动物性易腐食品的腐败原因

（一）动物性易腐食品的死后变化

动物死后会经历一系列生物化学变化,大致可分为初期生化变化、僵硬、解僵和自溶、细菌腐败这四个阶段。

1. 初期生化变化

动物死后刚停止呼吸时，一方面，细胞中的 ATP（腺苷三磷酸）仍按照活着的状态发生分解：ATP→ADP（腺苷二磷酸）→AMP（腺苷一磷酸）→IMP（肌苷一磷酸）→HxR（次黄嘌呤核苷）→Hx（次黄嘌呤），肌肉中 ATP 含量显著下降。另一方面，由于动物不再呼吸，氧气逐渐被耗尽，糖原从通过有氧酵解分解转变为通过无氧酵解途径形成乳酸，肌肉开始僵硬。畜肉的糖原含量为 1% 左右，死后最低 pH 为 5.4。洄游性的红肉鱼类糖原含量较高，为 0.4%~1.0%，最低 pH 达 5.6。底栖性的白肉鱼类糖原含量较低，为 0.4% 左右，最低 pH 为 6.0。

2. 僵硬

刚死的动物胴体柔软而富有弹性，但放置一段时间后，肌肉收缩变硬，失去伸展性或弹性。如图 3-9 所示的鱼样，手握鱼头，鱼尾不会下弯；口紧闭，鳃盖紧合，整个躯体挺直，用手指压，不易形成凹陷指印。不同动物性食品的死后僵直发生时间和持续

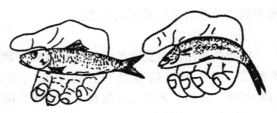

图 3-9　鱼死后的僵直和软化

时间有很大差异，死后僵硬发生时间从死后数分钟至数十小时不等，持续时间一般为数小时至数十小时，总的来说，鱼类等水产品的死后僵直持续时间比畜肉的短，这与鱼贝类结缔组织少、组织柔软、水分含量高、内源酶活性高、微生物数量多等因素有关。

3. 解僵和自溶

动物死后达到最大限度僵硬后一段时间，其肌肉又重新缓慢地变回柔软的状态，该过程称为解僵。畜肉解僵很慢，需要一定的成熟期，而鱼类肌肉随着解僵过程迅速发生软化。解僵并不是僵直的逆反应过程。一般认为，解僵的发生与肌肉中的组织蛋白酶类，消化道的胃蛋白酶、胰蛋白酶等消化酶类，以及细菌繁殖过程中产生的胞外酶对蛋白质分解的自溶作用有关。

自溶主要是指肌肉蛋白质的分解。由于蛋白质在蛋白酶的作用下分解产生游离氨基酸、肽类等水溶性物质，从而会增加肌肉的口感，但同时这些氨基酸和低分子的含氮化合物等分解产物也为细菌的生长繁殖创造了有利条件，因此该过程成为由良好鲜度逐步过渡到细菌腐败的中间阶段。

4. 细菌腐败

动物死后在微生物的作用下，蛋白质、氨基酸及其他含氮化合物被分解成为挥发性的氨、三甲胺、生物胺、吲哚、硫化氢等物质，使其产生腐败特征臭味的过程称为细菌腐败。动物死后的细菌繁殖与死后初期生化变化、僵直及解僵同步进行，但前期阶段细菌生长处于迟滞期，数量较少，腐败产物的产量也不高。这是因为蛋白质是大分子化合物，不能直接透过微生物的细胞膜进而被细菌利用。当蛋白质水解成小分子氨基酸或小分子肽类后才能被微生物利用，进而促进微生物的生长繁殖，而细菌又分泌出相当含量的胞外蛋白酶进一步促进蛋白质的水解。另外，僵直期水产品 pH 相对较低，不利于腐败菌的生长繁殖。当水产品进入解僵和自溶阶段后，细菌数量也迅速增加，腐败产物含量迅速累积，各种腐败变质特征逐步出现。

（二）自溶酶作用

动物肌肉细胞中含有多种不同的蛋白酶系统，如溶酶体系统（组织蛋白酶等）、钙蛋白酶系统、基质金属蛋白酶家族、丝氨酸蛋白酶、碱性蛋白酶、结缔组织水解酶、肽酶等。

组织蛋白酶是一种酸性蛋白酶，位于所谓溶酶体的细胞器上。在活体组织内基本保持无活性状态，但会在死后肌肉的损伤位点及在冷冻和解冻过程中释放出来，从而表现出活性。

钙蛋白酶系统广泛分布于绝大多数动物的细胞中，是一种依赖 Ca^{2+} 且高度可调的水解酶系统，主要作用于蛋白激酶、磷酸酶、细胞骨架蛋白以及激素受体等。其中，钙蛋白酶（Calpain）是一类中性半胱氨酸酶，可参与多个钙调节的生理反应。

基质金属蛋白酶家族（MMPs）是一类锌、钙离子依赖型的金属蛋白酶，包括胶原蛋白酶、明胶酶、基质蛋白溶酶和膜结合型金属蛋白酶四大类，是催化胶原蛋白等基质蛋白降解的主要酶类。

（三）蛋白质变性

动物性食品中富含的蛋白质需要水分子参与才能维持合适的空间结构，当受物理或化学因素影响时，其分子原有的特殊构象发生变化，致使其生理活性部分或全部丧失，这种作用称为蛋白质的变性。变化所得的蛋白质称为变性蛋白质。在这个变化中蛋白质并未分解，其一级结构不变，不过是三级结构至二级结构发生了变化，即蛋白质的变性就是天然蛋白质分子中肽链的高度规则性紧密排列方式（包括螺旋折叠卷曲），因氢键及其他次级键（比化学键要弱的键）的破坏而变为不规则的松散排列方式。蛋白质变性后许多原有性质发生了改变，在水中溶解度显著减小，丧失结晶性和某些生物活性（如免疫性、酶活性），特性黏度增大，等电点发生移动。另外，变性蛋白质易被酶作用，这可能是由变性使某些活性基团裸露出来（如半胱氨酸的巯基、酪氨酸的酚基、色氨酸的吲哚基等），提高了反应活性。

导致动物性食品蛋白质变性的因素有热（60~70℃）、冻结、干燥、酸、碱、有机溶剂（如乙醇、丙酮）、光（X 光、紫外线等）、尿素浓溶液、表面活性剂（如硫酸十二烷基钠）、高压、剧烈振荡、超声波等。

热变性主要是肽链受过分的热振荡而引起氢键破坏，这是最常见的一种变性，有两类蛋白质——白蛋白及球蛋白最具有热变性特点。多数蛋白质的变性温度为 55~60℃，少数需要高些的温度。

冻结时若冰晶慢慢形成，蛋白质周围盐的浓度逐渐变高，亦可导致蛋白质发生凝集，引起变性，若急速冷冻则变性程度小一些。

振荡（搅拌、超声波等）使蛋白质分子受到表面张力的影响，表面张力使蛋白质溶液表面的蛋白质分子受到不平衡的拉力，导致肽链伸长，从而使弱键破坏。

有机溶剂的变性作用是由降低溶液的介电常数，而使蛋白质粒子间的静电引力增大，弱键破裂所致，而且醇尚可挤入肽链间的空隙，使其次级键破坏。酸碱作用同样可破坏氢键，引起变性。

重金属离子、生物碱等易与蛋白质的羧基等结合，形成复合物，扰乱了蛋白质构象而变性。

（四）脂质氧化

此外，动物性食品中常含有脂质，这些脂质可在自身脂肪酶作用下分解为脂肪酸，脂肪酸在脂肪氧合酶的作用下进一步氧化分解为低级醛、酮、酸等挥发性物质，使肉制品产生刺激性酸败味和哈喇味。对于含有脂肪和不饱和脂肪酸较多的鱼类来说,这样的脂质分解和氧化作用更加明显,鱼体更易腐败变质。

(五) 微生物生长

动物性食品死后易受微生物侵染,微生物分解氨基酸、脂肪酸、短肽等小分子化合物,产生吲哚、甲硫醇、胺类等挥发性异味物质,从而导致动物性食品感官品质的下降。

新鲜动物性食品所携带的腐败微生物主要是细菌,分布于动物肠道以及皮毛表面,其主要来源有:养殖环境、水体、加工环境、接触物体表面、空气环境等。一般来说,动物性食品初始菌落数越少,其在同等条件下的保鲜期越长。

1. 肉品中的微生物

刚屠宰的新鲜动物深层组织通常是无菌的,胴体表面却易被微生物污染。胴体表面初始污染的微生物主要来源于动物的皮毛及屠宰环境,皮毛上的微生物来源于土壤、水、植物以及动物粪便等,大多为嗜温菌。胴体表面初始污染的微生物包括革兰阳性细菌,如小球菌、葡萄球菌和芽孢杆菌,以及来自土壤、水和植物的革兰阴性微生物,如假单胞杆菌、大肠杆菌、变形杆菌等。在卫生状况良好的条件下屠宰动物的肉,表面上的初始细菌数为 $10^2 \sim 10^4 CFU/cm^2$,其中 $1\% \sim 10\%$ 能在低温下生长。猪肉初始污染的微生物数不同于牛羊肉,热烫煺毛可使胴体表面微生物数减少到小于 $10^3 CFU/cm^2$,而且存活的主要是耐热微生物。动物体的清洁状况和屠宰车间卫生状况影响微生物的污染程度,肉的初始载菌量越小,保鲜期越长。

2. 生乳中的微生物

生乳中的微生物污染主要来自牛体、空气、挤奶用具、水源、工人、蚊虫等。生乳中常见的细菌有乳酸菌、大肠杆菌、沙门菌群、芽孢杆菌、产气杆菌、微球菌、葡萄球菌等。另外,酵母和霉菌也是生乳中易分离到的微生物。乳和乳制品是微生物的良好培养基,因此在被微生物侵染后,若不及时处理或者储藏不当,就极易发生腐败变质。乳中的微生物大量繁殖,产酸、产气,从而使产品出现絮凝、色泽异常、风味异常等腐败变质现象。

3. 水产品中的微生物

水产品所携带的腐败菌主要来自水产动物原生水体环境,多数是需氧菌,且其种类、数量、比例根据水产品种类、生活环境温度、生长史等条件的不同而有所变化。一般常见的水产品腐败菌有假单胞菌属、无色杆菌属、气单胞菌属、不动杆菌属、黄色杆菌属和小球菌属等,海水产品一般还会携带弧菌属、希瓦氏菌属、发光杆菌属等微生物。这些细菌在鱼类生活状态时存在于鱼体表面的黏液、鱼鳃及消化道中,在鱼死后一般通过两条途径入侵鱼体:一是体表细菌从鱼体黏液中繁殖起来进一步侵入鱼皮、鱼眼、鱼鳃及肌肉等组织;二是肠道内腐败菌穿透肠壁侵蚀腹腔内脏器官,进而污染肌肉组织。

(六) 其他因素

对于甲壳类动物的储运来说,其品质劣变还受到黑变因素的影响(如图3-10所示)。导致甲壳类在贮运过程中发生黑变的因素主要是酪氨酸酶,酪氨酸酶属于多酚氧化酶(Polyphenol-oxidase)的一种,可催化酪氨酸氧化生成醌,进而发生聚合产生黑色素。该反应虽然不产生对人体有害的物质,但会导致消费者感官可接受度下降。

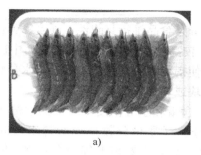
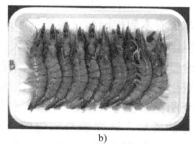

图 3-10 虾的黑变
a）新鲜的南美白对虾　b）腐败黑变的南美白对虾

三、影响食品腐败变质的因素

（一）温度

温度对食品品质的影响主要有生物性和非生物性两方面。一方面，在适当的湿度和氧气等条件下，温度对食品中微生物繁殖和食品腐变反应速度的影响是相当明显的，一定温度范围内，食品在恒定水分含量条件下，温度每升高 10℃，其腐败速度加快 4~6 倍（如图 3-11 所示）。温度对生物性反应的作用主要是对酶和微生物的作用（如图 3-12 和表 3-17 所示）。另一方面，温度升高还会提高脂质的自氧化、非酶褐变等非生物性的反应。为有效减缓温度对食品品质的不良影响，现代食品工业采用了食品冷藏技术和食品流通中的低温防护技术，可有效地延长食品保质期。

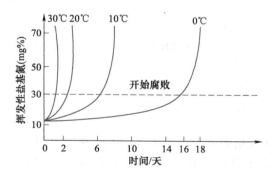
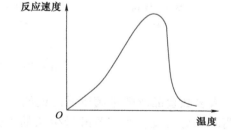

图 3-11 肉制品保藏温度和腐败速度之间的关系　　图 3-12 温度对酶反应速度的影响

表 3-17 牡蛎在不同温度、不同储藏期下细菌数的变化

储藏期（天）	各储藏温度下每毫升的细菌数		
	5℃	0℃	-5℃
0	1600	1600	1600
6	6600	3600	3400
17	66500	4100	2100
24	1660000	8900	1800

(二) 水分活度与水分含量

一般食品都含有不同程度的水分,这些水分是食品维持其脆性、硬度、弹性等固有性质必需的要素,但水分对食品的品质影响较大,较高的水分含量会促使食品中微生物生长繁殖,而低水分含量却会助长油脂氧化分解,促使褐变和色素氧化。另外,水分将使一些食品发生某些物理变化,如食品受潮发生结晶、结块或失去脆性和香味等现象。

这里需要介绍两个关于水分的概念:水分含量和水分活度。食品的水分含量是指含水物质中所含水分的质量占该物质总质量的百分比(质量分数)或所含水分的体积占该物质总体积的百分比(体积分数),而水分活度(A_w)在数值上等于在密闭空间中,某一种食品的平衡蒸汽压与相同温度下纯水的饱和蒸汽压的比值,表示能被微生物、酶和化学反应利用的有效水分含量。食品的特性和储藏性不仅与水分含量有关,还与水分活度(A_w)有关。

食品中霉菌的生长界限如图 3-13 所示。

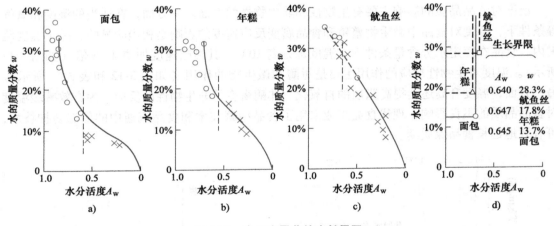

图 3-13 食品中霉菌的生长界限
注:霉菌:○霉菌生长 ×霉菌不生长

大多数食品腐败细菌所需的最低水分活度值都在 0.90 以上。芽孢的形成和发芽需要更高的水分活度。大多数酵母生长的水分活度界限在 0.88 左右。霉菌在水分活度为 0.8 时仍能生长良好,当水分活度低于 0.65 时霉菌生长才受到完全抑制。根据各种微生物的最低水分活度界限,即可为掌握和控制食品干燥程度和保藏性提供可靠依据(如图 3-14 所示)。

(三) 氧气

氧对食品中的营养成分有一定破坏作用。氧可促使食品中的油脂发生氧化酸败,使维生素和氨基酸失去营养价值,使色素氧化褪色或变成褐色。氧对食品的变质作用程度与食品储存环境的氧分压和接触程度有关。环境氧分压越高,氧与食品的接触面积越大,油脂的氧化速率越高。氧气对生鲜果蔬的作用属另一种情况,由于生鲜果蔬储运过程中仍在呼吸,细胞的代谢作用在延续,需吸收一定量的 O_2 和呼出 CO_2 和 H_2O,并消耗一定营养物质。

氧气对微生物的作用也是比较复杂的。一方面,一定浓度的氧气可促进好氧菌的生长,而大部分腐败菌正属于好氧菌或兼性厌氧菌。另一方面，过高或过低的氧气浓度对微生物的生长起到抑制作用。无氧环境虽然可抑制大部分好氧腐败菌，但可为一些厌氧菌的生长创造有利条件，其中包括高温下仍较难杀灭的肉毒杆菌。因此，选择合适的氧气浓度对延长食品保鲜期也有重要影响。

（四）光

光对食品品质的影响很大。食品中的一些光敏成分在吸收光能后产生自由基，进而攻击其他营养物质或生物大分子，激发食品内部发生氧化反应，促进色素物质的生成，以及一些营养成分的分解，如油脂的氧化、蛋白质的变性等。

四、易腐食品的品质变化函数

一般情况下，易腐食品在物流过程中，品质劣变程度与时间、温度以及活化能、气体组成等因素密切相关，其表达式如下：

$$\frac{dq}{dt} = k\,q^n \qquad (3-8)$$

式中 q——易腐食品的品质（如感官评分、某营养素或特殊风味）；

k——反应速率；

n——反应阶。

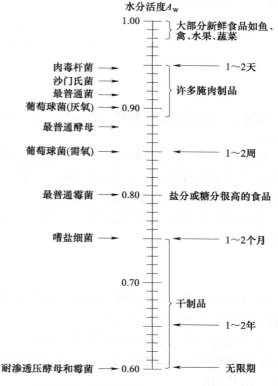

图3-14　水分活度与微生物生长的关系

反应速率 k 取决于环境条件（如温度）；反应阶 n 是整数 0 或 1（代表 0 阶反应和 1 阶反应），分别表示线性和指数品质衰败关系（如图 3-15 所示），如果某品质指标变化与时间呈线性关系，则反应阶为 0，如果呈指数关系，则反应阶为 1。

由于易腐食品种类较多，品质特性和指标也比较多，贮藏条件也十分多样，因此对易腐食品品质的预测是一件非常复杂的工作。对于某一给定的食品而言，总有一种关键的品质特征可应用于品质预测模型，如对于肉制品和水产品而言，挥发性盐基氮（TVB-N）是常用的品质指标之一。然而，在实际情况下，易腐食品的劣变过程并不始终服从同一个数值模型，因此需要通过实验对模

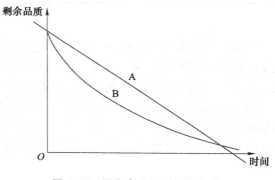

图3-15　易腐食品品质变化曲线
A——0阶反应　B——1阶反应

型进行校正和验证。

第四节 冷链运输易腐食品的冷却与冷藏原理

一、低温保藏原理

根据低温保藏中食品物料是否冻结,可以将其分为冷藏(Cold Storage)和冻藏(Frozen Storage)。

冷藏是在高于食品物料冻结点的温度下进行的保藏,一般温度范围在-2~15℃。冻藏是指食品物料在冻结状态下进行的保藏,一般冻藏温度在-55~-12℃,常用的冻藏温度为-18℃。冻藏适用于食品物料的长期保藏。

食品低温保藏的一般工艺过程为:食品物料→前处理→冷却或冻结→冷藏或冻藏→回热或解冻。

二、冷却技术

冷却是在冷库冷却间内将食品的温度由常温降到不低于食品汁液冻结点的指定温度。一般食品冷却后温度范围是0~4℃。

常用的食品冷却方法有冷风冷却、冷水冷却、碎冰冷却、真空冷却等。具体使用时,应根据食品的种类及冷却要求的不同,选择其适用的冷却方法。表3-18列出了这几种冷却方法的一般使用范围。

表3-18 冷却方法与使用范围

冷却方法	肉	禽	蛋	鱼	水果	蔬菜	烹调食品
冷风冷却	○	○	○		○	○	○
冷水冷却		○		○	○	○	
碎冰冷却		○		○	○	○	
真空冷却						○	

(一)冷风冷却

冷风冷却是利用被风机强制流动的冷空气使被冷却食品的温度下降的一种冷却方法,其最主要的应用对象是水果、蔬菜。冷风冷却还可广泛地用于不能用水冷却的食品上,近年来,由于冷却肉的销售量不断扩大,肉类的冷风冷却装置也被普遍使用。

冷风冷却的缺点是当冷却间的空气相对湿度较低时,被冷却食品的干耗较大。为了避免冷却间的空气相对湿度过低,冷却装置的蒸发器和室内空气的温度差应尽可能小些,一般以5~9℃为宜,这样蒸发器就必须有足够大的冷却面积。

(二)冷水冷却

冷水冷却是用水泵将以机械制冷装置(或冰块)降温后的冷水喷淋在食品上进行冷却的方法。冷水冷却可用于水果、蔬菜、家禽、水产品等食品的冷却,特别适合应用于一些易变质的食品。常用的冷水冷却方式有喷淋式和浸渍式。

和空气相比,水作为冷却介质具有较高的质量热容和对流传热系数,所以冷却速度快,大部分食品的冷却时间为 10~20min。冷水冷却的主要缺点：食品容易受到微生物污染，比如用冷水冷却家禽，如果有一个禽体染有沙门菌，就会通过冷水传染给其他禽体。

对于渔获物来说，冷水冷却的介质可以是冷海水，利用冷海水冻结点在 0℃ 以下的特点（一般为 -1~0℃）对渔获物进行快速冷却，具有就地取材、制作方便的优点，特别适合于品种单一、渔获量高度集中的围网作业渔船。但冷海水浸泡冷却的鱼体也可能会因吸收海水而膨胀，鱼肉略带咸味，表面发生变色，鱼肉蛋白也容易损失，在后续流通环节中容易腐烂。

（三）碎冰冷却

冰是一种很好的冷却介质，它的比热容仅为水的一半，导热系数比水大，特别适宜作为鱼的冷却介质。另外，冰价格便宜、无害，易携带和储藏。碎冰冷却还能避免干耗现象。

用来冷却食品的冰有淡水冰和海水冰两种。淡水冰可分为机制块冰（块重 100kg/块或 120kg/块，经破碎后用来冷却食品）、管冰、片冰、米粒冰等多种形式。一般淡水鱼用淡水冰来冷却，海水鱼可用海水冰冷却。淡水在 0℃ 结冰，海水的冰点是一个不确定的温度。海水中含有大量的盐，海水冰点的变化与海水的盐度和密度有密切的关系。海水冰也有多种形式，主要以块冰和片冰为主，用海水冰储存鱼虾时降温快，可防止变质。

（四）真空冷却

真空冷却又称为减压冷却，是利用水分在低压环境下，食品中饱和的水分易于蒸发气化，而水分在气化时可吸收潜热，从而使食品的温度快速下降的方法。真空冷却并不适合于所有食品，其最适合的应用对象是表面积较大的叶菜的冷却，可快速去除采后叶菜的田间热。

真空冷却相对于冷风冷却、冷水冷却、碎冰冷却等普通冷却方式，具有以下特点。①冷却速度快，冷却均匀。②干净卫生：真空冷却不需要外来传热介质参与，产品不易被污染。③延长产品的货架期和储藏期。真空冷却缩短了产品在高温下停留的时间，有利于产品品质的保持，提高保鲜储藏效果。④运行过程中能量消耗少。真空冷却不需要冷却介质，是自身冷却过程，没有系统与环境之间的热量传送。⑤操作方便。⑥冷却过程干耗大。为降低干耗，可事先在食品表面喷淋水分。

三、冷却及冷藏过程中的变化

（一）水分蒸发

食品在低温冷却冷藏过程中，其水分会不断蒸发，从而导致食品质量减小。这种现象就是水分蒸发，也称为干耗。

食品因水分蒸发而引起干耗的过程如下。当冷库中的冷空气通过食品时，不仅带走热量，同时也蒸发食品表面的水分，因而温度增高，湿度增大。其后，这部分空气循环到制冷机组的蒸发管时，空气中的水分在蒸发管中遇冷凝结成霜，恢复为干空气，又被鼓风机吹向食品，重复其冷却和蒸发过程。如此循环，逐渐使食品质量减小。食品干耗通常对食品产生不利影响，如肉类食品在冷却储藏中发生干耗，使肉的表面收缩、硬化，形成干燥皮膜，肉色也有变化；鸡蛋在冷却储藏中，因水分蒸发而造成气室增大，使蛋内组织挤压在一起而造成质量下降。但对部分果蔬来说，适当的蒸发水分反而有利于防止微生物的侵袭，增强抗病性，减轻生理病害。

(二) 移臭 (串味)

移臭或串味是指吸附性较强的物品吸附其他气体、异味，从而改变了本来气味的变化现象。这与其表面状况、与异味物质的接触面积大小、接触时间的长短，以及环境中的异味浓度有关。例如，洋葱与苹果放在一起冷藏，洋葱的味道就会窜到苹果上去。这样，食品原有的风味就会发生变化，使食品品质下降。有时冷藏室内放过具有强烈气味的物质后，室内留下的强烈气味会窜给接下来放入的食品。如放入洋葱后，虽然洋葱已出库，但其气味会窜给随后放入的苹果。因此，库房管理一般要做到专库专用，或在一种食品出库后严格消毒和除味。

另外，冷藏库还具有一些特有的臭味，俗称冷藏臭，这种冷藏臭也会传给冷却与冷藏的食品。

(三) 寒冷收缩

寒冷收缩是牛、羊及仔鸡等肉类在冷却过程中常遇到的生化变质现象。如果牛、羊及仔鸡肉等在 pH 尚未降低至 5.9~6.2，即在僵直之前，就将其温度降低到 10℃ 以下，肌肉会发生显著收缩现象，这种现象称寒冷收缩。寒冷收缩与死后僵直等肌肉收缩有显著的区别，属于异常收缩，且此过程是不可逆的。寒冷收缩的肉类，即使经过专门的成熟和烹煮，肉质也不会软化，仍然会十分坚韧。

防止肌肉寒冷收缩，可采取下列两个措施：①增加冷却前的 ATP (三磷酸腺苷的简称) 和糖原的分解；②阻止肌肉纤维的收缩。在实际冷却操作中，建议牛、羊胴体表面肌肉组织下 30mm 处的温度至少在死后 14h 内应保持在 10℃ 以上；对于小牛、青年公牛等的肉应在牛死后 24h 以后再降至 10℃ 以下。

(四) 冷害

果蔬在高于其细胞冰点的不适宜低温条件下，因产生生理代谢失调而导致的病害称为冷害。果蔬的冷害症状主要表现为，外皮出现凹陷、褐变、成熟不均、易于腐烂等。

果蔬冷害损伤的程度与低温的程度和持续时间的长短密切相关。在冷害温度下储存温度越低，持续时间越长，冷害症状越严重。另外，冷害还可以积累。采前持续的低温（处于冷害临界温度以下）会造成采后冷害的发生，因此果蔬类在田间遭霜打后不耐储藏，严重的很快表现出冷害症状，导致腐烂。

冷害发生通常与果蔬种类、成熟度、冷藏温度和时间等因素有关。

1) 不同种类的水果蔬菜对冷害的敏感性有较大的差异。一般来讲，产地在热带、亚热带的果蔬及地下根茎类蔬菜对低温比较敏感，容易发生冷害。

2) 不同成熟度的果蔬对冷害的敏感性不同，一般提高产品的成熟度可以降低其敏感度。

3) 冷藏温度和冷藏时间与冷害发生存在内在的相关性。果蔬在低于界限温度的环境中放置一段时间冷害才能显现，短时间放入冷藏库中，即使在界限温度以下，也不会出现低温冷害症状。冷害症状出现最早的品种是香蕉，而黄瓜、茄子一般则需要 10~14 天的时间。冷害症状随品种的不同而各不相同，最明显的症状是表皮出现软化斑点和核周围肉质变色，像西瓜表面凹进、鸭梨的黑心病、马铃薯的发甜等。表 3-19 列举了一些水果、蔬菜发生冷害的界限温度与症状。

表 3-19　一些水果、蔬菜发生冷害的界限温度与症状

果蔬种类	冷害临界温度/℃	冷害症状
香蕉（绿熟或成熟）	11.5~13	完熟时果色暗绿，中央胎座硬化
杧果	10~13	果皮呈灰色，烫伤状失色，不能正常完熟
菠萝	7~10	完熟时果色暗绿，果肉呈水渍状
柑橘	3	果皮凹陷，出现褐色斑
柠檬	11~13	果皮凹陷，有红褐色斑点，膜状污斑
油橄榄	7	内部褐变
茄子	7	表面呈烫伤状，出现交链孢菌病斑，种子变黑
黄瓜	7	果皮凹陷，水渍状斑点，腐烂
西瓜	4.5	果皮凹陷，散发臭味
硬皮甜瓜	2~5	果皮凹陷，果皮腐烂
秋葵	7	失色，成片呈水渍状
甜椒	7	果皮凹陷，花萼上出现轮纹病斑，种子变黑
马铃薯	3	内部褐变，稍甜
西葫芦、南瓜	10	腐烂，出现轮纹病斑
甘薯	13	腐烂，表面凹陷，内部变色，煮熟后硬心
番木瓜	7	果皮凹陷，果肉呈水渍状，不能正常完熟，无香味

第五节　冷链运输货物食品的冷冻与解冻原理

食品的冻结与冻藏是将食品的温度下降到使食品中绝大部分的水形成冰晶，达到食品长期储藏的目的，主要包括食品的冻结和冻藏两个过程。其中，冻结就是将食品中所含的绝大部分水分转变成冰的过程，而将冻结的食品放在使食品不解冻的低温下保藏的过程称为食品的冻藏。

一、冻结过程

水或水溶液的温度降低至冻结点时并不都会结冰，较多的场合是温度要降至冻结点以下，造成过冷却状态时，水或水溶液才会结冰。当冰晶产生时因放出相变热，使水或水溶液的温度再度上升至冻结点温度，如图 3-16 所示。

晶核形成、冰晶生长速率与过冷度晶核是形成冰的必要条件。当液体处于过冷却状态时，由于某种刺激作用会形成晶核，例如溶液内局部温度过低，水溶液中的气泡、微粒及容器壁等由温度起伏形成的晶核称为均一晶核，除此以外形成的晶核称为非均一晶核。易腐食品因其具有复杂的组成物质，所以形成的晶核属于非均一晶核。

晶核形成以后，冰结晶开始生长。冷却的水分子向晶核移动，凝结在晶核或冰结晶的表面，形成固体的冰。图 3-17 中 A 点是晶核形成的临界温度。在过冷度较小的区域（冻结点至 A 点之间），晶核形成数少，但以这些晶核为中心的冰晶生成速率快；过冷度超过 A 点，晶核形成的速率急剧增加，而冰晶生长的速度相对比较缓慢。

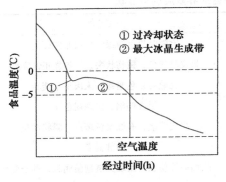
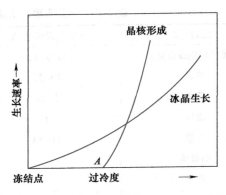

图 3-16 冻结时食品中心温度的变化　　图 3-17 晶核形成、冰晶生长速率与过冷度

食品冻结时，冰晶体的大小与晶核数直接有关。晶核数越多，生成的冰晶体就越细小。缓慢冻结时，晶核形成放出的热量不能及时被除去，过冷度小并接近冻结点，对晶核形成十分不利，晶核数少且生成的冰晶体大。快速冻结时，晶核形成放出的热量被及时除去，过冷度大，当超过 A 点后晶核大量形成，而且冰晶生长有限，因此生成大量细小的冰晶体。

（一）冻结率

食品温度降至冻结点后其内部开始出现冰晶。随着温度继续降低，食品中水分的冻结量逐渐增多，但要食品内含有的水分全部冻结，温度要降至-60℃左右，此温度称为共晶点。食品冻结率（$f_{冻}$）的计算公式如下：

$$f_{冻} = 1 - \frac{\theta_t}{\theta} \tag{3-9}$$

式中　θ_t——食品冻结点温度；
　　　θ——食品冻结点以下的实测温度。

（二）冻结曲线和最大冰晶生成带

食品冻结时，随着时间的推移表示其温度变化过程的曲线称为食品冻结曲线。新鲜食品冻结曲线的一般模式如图 3-18 所示。图 3-18 中有三条曲线，表明冻结过程中的同一时刻，食品的温度始终以表面为最低，越接近中心部位温度越高，不同深度温度下降的速度是不同的。食品温度达到冻结点后，食品中大部分水分冻结成冰，水转变成冰的过程中放出的相变潜热通常是显热的 50~60 倍，食品冻结过程中绝大部分的热量是在此阶段放出的，温度降不

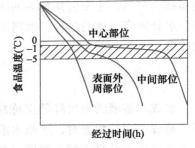

图 3-18 食品冻结曲线

下来，曲线出现平坦段。对于新鲜食品来说，一般温度降至-5℃时，已有 80% 的水分生成冰结晶。通常把食品冻结点至-5℃的温度区间称为最大冰晶生成带，即食品冻结时生成冰结晶最多的温度区间。

（三）冻结时间的数值计算

易腐食品冻结速度是指易腐货物中心温度从-1℃降至-5℃所需的时间，如在 30min 之内为快速冻结，超过 30min 属于慢速冻结。

如果以距离划分，易腐货物冻结速度是指单位时间内-5℃的冻结层从易腐货物冻结速

度表面向内部推进的距离。时间以小时（h）为单位，距离以厘米（cm）为单位，冻结速度 v 的单位为 cm/h。国际制冷协会（IIR）委员会对食品冻结速度所作的定义如下：食品表面与温度中心点间的最短距离与食品表面温度达到 0℃ 后，食品温度中心点降至比冻结点低 10℃ 所需时间之比，该比值即食品冻结速度。目前国内使用的各种食品冻结装置，由于性能不同，其冻结速度有很大差异，一般范围为 0.2~100cm/h。例如食品在吹风冷库中冻结，其冻结速度为 0.2cm/h，属慢速冻结；食品在吹风冻结装置中冻结，其冻结速度为 0.5~3cm/h，属中速冻结；食品在流态化冻结装置中的冻结，冻结速度为 5~10cm/h，在液氮装置中冻结，冻结速度为 10~100cm/h，均属于快速冻结。

食品冻结的延续时间与很多因素有关，尤其是冷却介质的种类和温度以及食品的形状等。例如质量相同的同一种食品，薄片状的冻结时间就比圆筒状或球状的要短。块状食品冻结时间 Z 可用公式进行计算：

$$Z = \frac{\varphi f_{冻} \gamma_0 \gamma}{3.6 \Delta_t} \times \frac{\delta}{2}\left(\frac{\delta}{4\lambda} + \frac{1}{\alpha}\right) \tag{3-10}$$

式中　φ——食品中水的质量分数，%；

$f_{冻}$——冻结率，%；

γ_0——水的凝固热，kJ/kg；

γ——食品的密度，kg/m³；

Δ_t——食品冰点与冷却介质的温差，℃；

δ——食品的厚度，m；

λ——食品的导热系数，W/(m·K)；

α——食品表面对冷却介质的散热系数，W/(m²·K)。

在食品性质和冻结条件相同的情况下，当圆柱形、球形食品的直径与片状食品的厚度相同时，片状、圆柱形、球形食品的冻结时间之比大约为 1/3：1/2：1。

【例】　已知块状肉的密度为 940kg/m³，厚度为 80mm，肉中水的质量分数为 70%，冻结温度为 -1℃，冷却介质温度为 -23℃，冻结终了时的肉温为 -10℃，肉的导热系数平均为 1.4W/(m·K)，凝固潜热为 335kJ/kg，散热系数为 35W/(m²·K)，试计算冻结时间。

解：根据式（3-10），块状肉的冻结率为

$$f_{冻} = 1 - \frac{-1}{-10} \times 100\% = 90\%$$

则冻结时间 Z：

$$Z = \frac{\varphi f_{冻} \gamma_0 \gamma}{3.6 \Delta_t} \times \frac{\delta}{2}\left(\frac{\delta}{4\lambda} + \frac{1}{\alpha}\right) = \frac{0.7 \times 0.9 \times 335 \times 940}{3.6 \times (-1+23)} \times \frac{0.08}{2}\left(\frac{0.08}{4 \times 1.4} + \frac{1}{35}\right) h = 4.3h$$

二、冻结过程中的变化

（一）体积膨胀

1mL 水在 4.4℃ 时的质量为 1g，此时密度最大。在 0℃ 时，1mL 水的质量为 0.9999g，冰的质量为 0.9168g，冰的体积比水的体积约增大 9%。冰的温度每下降 1℃，其体积收缩 0.01%~0.005%。二者相比，膨胀比收缩大得多，所以含水分多的食品冻结时体积会膨胀。冰层逐渐向内部延伸时，当内部的水分因冻结而膨胀时，会受到外部冻结层的阻碍，于是产

生内压,即冻结膨胀压。理论计算冻结膨胀压可达到8.7MPa。

在易腐食品速冻过程中,冻结膨胀压的危害是产生龟裂。当易腐食品外层承受不了内压时,便通过破裂的方式来释放内压。如在采用温度较低的液氮冻结,食品较厚时,所产生的龟裂就是内压造成的。在易腐食品通过-1~-5℃最大冰晶生成带时,膨胀压曲线升高达到最大值。易腐食品厚度厚、含水量高、表面温度下降较快时易产生龟裂。此外,结冰后冰的膨胀使易腐食品内/液相中溶解的气体从液体中分离出来,体积膨胀数百倍,亦加大了易腐货物内部压力。

冻结鳕鱼肉的海绵化,就是由鳕鱼肉的体液中含有较多的氮气,随着水分冻结的进行成为游离的氮气,其体积迅速膨胀产生的压力将未冻结的水分挤出细胞外,在细胞外形成冰结晶所致。这种细胞外的冻结,使细胞内的蛋白质变性而失去保水能力,解冻后不能复原,成为富含水分并有很多小孔的海绵状肉质。严重的时候,用刀子切开,其肉白断面像蜂巢,食味变淡。

(二)比热容下降

水的比热容为4.2kJ/(kg·K),冰的比热容为2.1kJ/(kg·K),即冰的比热容是水的1/2,因此冷冻状态下易腐食品的比热容下降。易腐食品的比热容也随其含水量不同而不同,含水量多的食品比热容大,含脂量多的则比热容小。一些易腐食品在冷却和冷冻状态时的比热容见表3-20。

表3-20 常见易腐食品在冷却和冷冻状态时的比热容

品种	含水量(质量分数)	冷却状态比热容/[kJ/(kg·K)]	冷冻状态比热容/[kJ/(kg·K)]
果蔬	75%~90%	3.36~3.78	1.68~2.10
奶油	75%	3.57	2.1
牛奶	87%~88%	3.95	2.52
鸡蛋	70%	3.19	1.72
多脂鸡	60%	2.86	1.6
低脂鸡	70%	3.19	1.72
多脂鱼	60%	2.86	1.6
低脂鱼	75%~80%	3.36	1.81
多脂肉	50%	2.52	1.47
低脂肉	70%~76%	3.19	1.72

(三)导热系数增大

冰的导热系数是水的4倍。因此,速冻时冰层向内推进使导热系数提高,从而加快了冻结过程。导热系数还受含脂量的影响,含脂量大,导热系数率小。

三、冻藏期间易腐食品的品质变化

(一)干耗

冷冻过程不仅是传热过程,而且是传质过程,会有一些水分从食品表面蒸发出来,从而引起干耗。干耗除了造成经济损失外,也影响产品质量和外观,且影响经济效益。例如,日宰2000头猪的肉联厂，干耗以3%算，年损失600多吨肉，相当于15000头猪。食品冻结过程中的干耗（q_m）可用式（3-11）计算。

$$q_m = \beta A(p_f - p_a) \tag{3-11}$$

式中　β——蒸发系数，kg/(h·m²·Pa)；
　　　A——食品的表面积，m²；
　　　p_f——食品表面的水蒸汽压，Pa；
　　　p_a——空气的水蒸汽压，Pa。

式（3-11）表明，蒸汽压差大，表面积大，则冻结食品的干耗也大。如果用不透气的包装材料将食品包装后冻结，由于食品表面的空气层处于饱和状态，蒸汽压差减少，就可减少食品的干耗。此外，冻结室中的空气温度和风速对食品干耗也有影响。空气温度低，相对湿度高，蒸汽压差小，食品的干耗也小。一般来说，风速增大，干耗增加。但如果冻结室内是高湿、低温，加大风速可提高冻结速度，缩短冻结时间，食品也不会过分干耗。

（二）组织变化

冻结时植物组织一般比动物组织损伤要大，其原因有：①植物组织有大的液泡，含水量高，水冻结时组织的损伤大；②植物细胞有细胞壁，动物细胞只有细胞膜，细胞壁比细胞膜厚又缺乏弹性，速冻时易胀破；③细胞内成分有差异，特别是大分子蛋白质、碳水化合物等含量及分布上有不同，由于存在这些差异，所以在同样速冻条件下，植物组织和动物组织冰晶的生成量、位置、形状均不同，造成的机械损伤及胶体的损伤程度亦不同。

（三）蛋白质变性

冻结中的蛋白质变性是造成动物性食品品质（尤其是风味）下降的主要原因。冻结造成蛋白质变性的原因主要有盐类、糖类及磷酸盐的作用以及脱水作用。冰晶生成时，无机盐浓缩，盐析作用或盐类直接作用可使蛋白质变性。盐类中钙盐、镁盐等水溶性盐类能促进蛋白质变性，而磷酸盐等则能减缓蛋白质变性。冰结晶生成时蛋白质分子失去结合水，也会使蛋白质分子受压后集中，互相凝聚。因此，在制作鱼丸时将鱼肉搅碎后水洗以除去水溶性的钙盐、镁盐，然后再加0.5%磷酸盐溶液、5%葡萄糖溶液，调节pH至6.5~7.2后进行速冻，效果较好。

（四）变色

冷冻后部分酶仍具有一定活性，会导致食品发生颜色变化。在冷冻时常常发生虾类的头、胸、脚、关节处发生黑变现象，原因是氧化酶使酪氨酸产生黑色素。黑变与虾原料的鲜度有关，也与酚酶活性的分布有关。氧化酶在虾的血液中活性最大，在胃、肠、生殖腺、外壳、触角、头部中次之，因此可以采取去内脏、头、外壳或去血液，水洗后再速冻的方法，或将其煮熟使酶失去活性，然后速冻的方法。这样就可有效地控制黑变。另外，氧化酶是好气性脱氧酶，所以采用真空包装、水溶性抗氧化剂或包冰后速冻和冻藏均有一定效果。

四、解冻过程及变化

冻结食品在消费和加工之前一定要经过解冻过程。解冻是使冻结品融解，恢复到冻结前新鲜状态的过程。从某种意义上讲，解冻可视为冻结的逆过程。

解冻过程中，冻结食品吸收热量，温度随着时间的推移而上升，如图3-19所示。从图中可以看到，解冻温度曲线与冻结曲线大致呈相反的形状，但是解冻过程需要更长的时间。

这是因为解冻时首先是冻品表层的冰晶融化成水,由于冰的导传系数为2.33W/(m·K),而水的导传系数为0.58W/(m·K),因此,随着解冻过程的进行,传向冻品深层的热量逐渐减少,使解冻速度越来越慢,而冻结过程则正好相反,是越来越快地进行的。

与冻结过程相类似,解冻时在0~-5℃时曲线最为平缓。对于冻结来讲,0~-5℃是最大冰晶生成带;对于解冻来讲,0~-5℃是最大冰晶融解带。与冻结时要尽快通过这一温度带的原因相同,解冻时也希望尽快通过这一温度带,以避免出现食品变色、有异味、有异臭和蛋白质变性等不良变化。

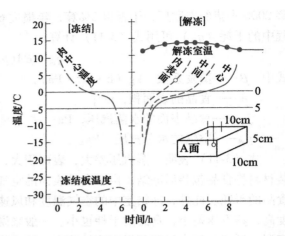

图3-19　鲸肉在室温下的解冻曲线和冻结曲线比较

解冻时水向细胞内的渗透非常迅速,在极短的时间内细胞就吸水复原了,即使吸水性能弱的细胞,也只需要几分钟的吸水时间,故现在普遍提倡快速解冻。但对会发生解冻僵硬现象的冻品则不能采用快速解冻方法。解冻僵硬是指去骨的新鲜肉在死后未达到僵硬就快速冻结,然后冷藏,经过一段时间后解冻,随着品温的上升,肌肉中出现的死后僵硬现象。其主要特征是解冻时肌肉显著收缩变形,液汁流失量增大,有较硬的口感等。这种现象在去骨的鲸鱼肉中最为显著,在红色的金枪鱼肉和鲤鱼肉中也有发生。

另外,解冻终温对解冻品的质量影响很大。一般解冻终温由解冻食品的用途决定。例如用作加工原料的冻品,以解冻到能用刀切断为准,此时的中心温度大约为5℃。解冻介质的温度不宜太高,不能为了提高解冻速度而提高解冻介质的温度,解冻温度不宜超过10~15℃。

易腐食品经速冻再解冻后,内部冰晶就融化成水。有一部分水不能被易腐货物重新吸收回复到原来状态而成为流失液。流失液中不仅有水,而且还包括溶于水的成分,如蛋白质、盐类、维生素等,不仅使易腐货物重量减小,而且风味、营养成分也会损失。如果机械损伤轻微,因毛细管作用,流失液能保留在肉质内,需加压才能挤出。一般流失液量的多少与含水量有关,含水量多,流失液量亦多。表3-21列出了冻藏时一些蔬菜维生素C的损失量。

表3-21　-18℃冻藏时一些蔬菜维生素C的损失量

品类	冷冻前维生素C的含量/(mg/100g)	在不同储藏时间后维生素C的损失量				
		1天	3天	6天	9天	12天
菜花	33.8	4%	11%	20%	28%	32%
豌豆	19.5	10%	19%	31%	38%	43%
大头菜	16.5	6%	13%	18%	22%	27%
抱子甘蓝	66.9	7%	12%	16%	18%	20%
泡菜	14.1	16%	32%	55%	59%	65%

（续）

品类	冷冻前维生素C的含量 /(mg/100g)	在不同储藏时间后维生素C的损失量				
		1天	3天	6天	9天	12天
菠菜	20.9	6%	13%	18%	22%	25%
红萝卜	20.3	18%	29%	41%	48%	54%
白萝卜	16.0	15%	26%	36%	44%	51%

第六节　影响易腐货物冷链运输品质的因素

一、影响易腐货物运输品质的主要因素

一般来说，造成易腐货物腐烂变质的原因主要有化学变化、微生物变化、呼吸作用和运输不当。

（1）化学变化

这是由于易腐货物产生机械损伤（碰撞、振动、挤压等作用造成的损伤）之后，在受伤处发生氧化，使易腐货物由点到面、由表及里地逐渐变色、变味甚至完全腐烂。这个过程在开始时是单纯的化学变化，而且只发生在破损的部位，故要使易腐货物全部变质腐烂的时间可能比较长。

（2）微生物变化

这是指由于微生物在易腐货物内滋生繁殖，引起易腐货物发酵、发霉、腐烂并产生恶臭而有毒的物质，使食品完全失去食用价值。

（3）呼吸作用

呼吸作用既是水果、蔬菜的后熟（或衰老）过程，也是一个消耗本身营养成分而导致腐败的过程。

（4）运输不当

运输不当是由于运输组织管理上的人为因素而使易腐货物发生腐烂变质的现象。例如，承运不合规格或质量不良的货物、使用的包装不适合货物性质、车辆技术卫生状况不良、货物装卸作业不当、途中服务不及时或不符合要求、操作机械冷藏车的方法不正确、冷藏车运行滞延等，都有可能造成易腐货物的腐烂变质事故。

值得注意的是，以上原因往往不是孤立的而是互相影响的。如水果被碰伤，伤口处就会氧化，而细菌也会从伤口乘虚而入，水果本身又会因自发地愈合伤口使呼吸作用加强，这样就会更快地腐烂。

二、碰撞与振动对易腐货物品质的影响

果蔬在采收后，在储运过程中极易受到机械损伤而降低质量。一般情况下运输过程中的振动是造成果蔬机械损伤的主要原因。运输过程中造成的机械伤不但影响果蔬的外观，并且会使微生物更加容易侵入而导致腐烂。

易腐货物流通时受到的振动、冲击，主要与物理的、机械的品质下降关系密切，即缓冲

包装不佳的状态下，外部的振动、冲击损害包装材料，有时介于包装材料之间直接作用于食品，产生摩擦、折断、撞碎、破裂等损伤，甚至发生意外事故。像果蔬类，振动、冲击是产生物理损伤的原因，而且会使呼吸量（二氧化碳排出量）增大，促进蒸发，促进后熟等，变质现象更为复杂。由振动、冲击引起的损伤可分为物理损伤和生理损伤。

（一）物理损伤

物理损伤主要有摩擦、折断、软化、破裂等。摩擦在包装材料内使用托盘的场合下发生，搬运或运输过程中水果在缓冲用托盘内引起自由振动，与缓冲用托盘之间产生摩擦。实验表明：20世纪梨装在发泡聚乙烯制的缓冲托盘上，用瓦楞纸板箱装三层运输，果实受到$1g$以上的加速度时，因果实、缓冲托盘及瓦楞纸板箱的振动特性不同，所以果实在缓冲托盘内上下振动，与缓冲托盘激烈摩擦，发生轮状摩擦纹路，这种情况，损伤只留在表皮，而内部是完好的。

折断多见于叶菜类。如莴苣在瓦楞纸板箱中装2层，中间夹入报纸，在下段切口朝下，上段切口朝上的状态下运输。因重心在切口附近，作用于莴苣$1g$以上的加速度，即使莴苣上下振动，但上段的莴苣也开始自由振动，由于重心的不稳定性而容易回转运动，致使外叶折断。

软化是在香蕉、梨、柑橘等水果类和番茄等果菜类中所见到的现象。图3-20是用直径为2mm的不锈钢打孔器在香蕉中轴部位内外侧戳伤，模拟较大挤压碰撞、擦伤等损伤情况后香蕉的硬度和呼吸速率的变化。结果表明储藏10天后，机械损伤的香蕉硬度急剧降低，而对照组香蕉硬度降低不明显。

针孔是装液态食品的纸容器和小袋型容器受到过度振动、冲击时产生的。另外为了节能，将大型罐头无菌袋（袋装入罐）包装用于储存和运输，这种情况下也有可能因振动和冲击产生针孔。一般而言，在层顶型纸容器顶端封口处最容易产生针孔，因此必须避免封口处与外包装材料的冲击。

（二）生理损伤

生理损伤的代表性问题有呼吸量增加、内部褐变、维生素C氧化等。果蔬受到振动、冲击损伤后会导致呼吸量增加。果蔬呼吸强度反映了其在一定温度的密闭空间里，吸收氧气并释放二氧化碳来进行代谢活动的情况。图3-21

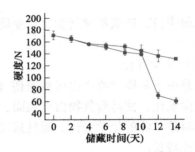

图3-20 机械损伤处理对香蕉果实硬度的影响
—●— 对照组 —●— 机械损伤组

注：该图取自文献［黄敏，唐杰，黄方，等. 机械损伤对香蕉采后品质及抗氧化酶活性的影响［J］. 食品工业，2022，43（10）：151-155.］。

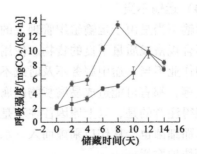

图3-21 机械损伤处理对香蕉呼吸强度的影响
—●— 对照组 —●— 机械损伤组

注：该图取自文献［黄敏，唐杰，黄方，等. 机械损伤对香蕉采后品质及抗氧化酶活性的影响［J］. 食品工业，2022，43（10）：151-155.］。

显示机械损伤对储藏期间香蕉呼吸强度的影响。储藏4天后机械损伤的香蕉呼吸速率显著高于对照组,说明机械损伤会导致果实内部代谢异常。

内部褐变主要是多酚氧化酶氧化酚类发生聚合反应而引起的,在马铃薯、苹果、梨中可观察到,马铃薯内部褐变严重时,由于从褐变部分往里水分蒸发旺盛,所以容易萎蔫。苹果一旦受到冲击,在冲击面上就会发现圆弧状的褐变部分,褐变面积随冲击能量的增加而扩大。碰撞与振动也会导致维生素C氧化增加。

三、物理损伤的理学特性

（一）蠕变

在一定静载荷作用下,物体的形状随时间而变化的现象叫作蠕变。多层堆放的包装易腐货物或装有大量易腐货物的储存器,如果长时间存放,底层的易腐货物和容器就会产生蠕变。由蠕变产生的变形达到一定值时,会使易腐货物破损。用瓦楞纸箱包装水分易蒸发的果蔬时,在流通过程中,由于吸湿而使纸板箱的挤压强度下降,果蔬容易产生蠕变,就是一例。

（二）屈服点（破坏点）

物体在一定速度下受压,随着载荷的增加其变形也增大,最终产生破坏。图3-22所示是果蔬载荷-位移曲线,把点A称为生物屈服点,把B点称为屈服点或破坏点（屈服点是当载荷增加达到最大值后,载荷不再增加,而位移依然增加时的点；生物屈服点是第一次出现载荷不随位移增加的点）。载荷达到生物屈服点时则在细胞结构的广泛范围内产生破损、促进褐变等变质。有些果蔬中的生物屈服点还不明确,在果蔬的缓冲包装中,必须注意所加载荷避免达到生物屈服点。一些果蔬的屈服应力（载荷-位移曲线上屈服点处的应力）见表3-22。

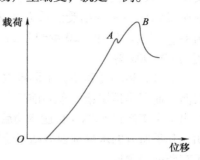

图3-22　果蔬载荷-位移曲线

表3-22　一些果蔬的屈服应力

果蔬名称	屈服应力/(kgf/cm²)①	果蔬名称	屈服应力/(kgf/cm²)
白薯	24~34	黄瓜	3~6
胡萝卜	15~24	柿子	2~16
萝卜	20~28	梨	2~3
马铃薯	4~15		

① $1\text{kgf/cm}^2 \approx 0.098\text{MPa}$。

（三）S-N曲线

经过包装的易腐货物因种类不同,振动耐性也不同。例如,草莓和番茄的振动耐性小,而温州柑橘、马铃薯的振动耐性较大。一般将这些不同的振动耐性用S-N曲线表示,其中N表示包装食品达到损伤（商品界限）时允许反复振动的次数,S用加在瓦楞纸板箱外包装的加速度G_A表示,一些果蔬的S-N曲线如图3-23所示。从图中可以看出,当作用的加速度相同时,振动耐性越小的食品,振动次数较少时就使食品损伤,其关系用式(3-12)表示:

$$N \times G^\alpha = \beta \tag{3-12}$$

式中，α、β 为常数，由易腐货物的性质决定，通过 α、β 值可以推测运输中食品的损伤程度和运输模拟时等价加速度。

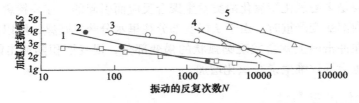

图 3-23　一些果蔬的 S-N 曲线
1—草莓　2—莴苣　3—葡萄　4—桃　5—梨

（四）最大加速度 G_{max} 因素

易腐货物耐受最大加速度称为 G_{max} 因素，G_{max} 因素在易腐货物中也作为冲击耐性的指标使用。不过即使是同一种易腐货物，其 G_{max} 因素也会因固体差异而存在偏差。因此，往往将易腐货物群中 95% 耐受的最大加速度，或者相同种类所有样本最大加速度平均值的 80% 作为 G_{max} 因素。例如，20 世纪梨的 G_{max} 为 26~43g（g 为重力加速度），苹果为 45g 左右，鸡蛋为 60~90g 等。

另外，运输过程中，不同堆放高度的果蔬箱振动的水平是不同的，顶层箱振动的强度比底层高。而同是顶层箱，车厢前后的振动强度也是不同的，后端的振动强度比前端高。表 3-23 给出了卡车经过 500km 长途运输后车厢前端顶层和后端顶层两个位置的梨机械伤情况。结果表明，几乎所有的水果都因振动而受到不同程度的损伤，车厢后端顶层的梨平均损伤面积远远高于车厢前端顶层。

表 3-23　卡车经过 500km 长途运输后车厢前端顶层和后端顶层两个位置的梨机械伤情况

位置	车厢前端顶层	车厢后端顶层
每个梨上平均机械伤（个）	10.70±0.22	14.40±0.45
每个梨上平均机械伤面积百分比（%）	2.97±0.23	8.49±0.24

注：结果表示为损伤±标准差。

复习思考题

1. 易腐货物含有哪些基本化学成分？
2. 蛋白质的化学性质如何？它对储运有什么要求？
3. 脂肪的化学性质如何？它对储运有什么要求？
4. 糖类的化学性质如何？它对储运有什么要求？
5. 酶的化学性质如何？它对储运有什么要求？
6. 什么叫水分活度？水分活度影响易腐货物稳定性的机理是什么？
7. 易腐货物腐烂变质的原因有哪些？
8. 呼吸热对储运易腐货物有什么影响？
9. 防止易腐货物腐烂变质的基本途径是什么？

10. 易腐货物有哪些物理特性？

11. 冷却对食品品质有何影响？运输冷却货物有什么好处？

12. 冷冻对食品品质有何影响？

13. 碰撞与振动对易腐货物品质的影响有哪些？

14. 有猪肉 50 t，温度为 25℃，其含水量为 65%（质量分数），表面积为 $1000m^2$，要求冷却到 2℃，冷却室内空气温度为 -1℃，散热系数为 $11.6W/(m^2 \cdot K)$，修正系数为 0.5。冷却时间为多少？

15. 已知某块状肉的密度为 $950kg/m^3$，厚度为 100mm，含水量为 70%（质量分数），冻结温度为 -1℃，冷却介质温度为 -25℃，冻结终了时的肉温为 -18℃，肉的导热系数平均为 $1.4W/(m \cdot K)$，散热系数为 $35W/(m^2 \cdot K)$，请计算冻结时间。

扩展阅读

冷鲜肉冷藏配送期间冷藏车消毒和运输条件对其品质的影响

冷鲜肉营养丰富，味道鲜美，近年来消费量逐年增长，已成为肉类消费主流。冷藏车是易腐食品冷链运输的重要工具，其运输条件直接影响冷鲜肉的品质。国内冷链物流体系尚不完善、车厢卫生控制不到位、运输温度无法恒定等问题，造成运输过程中难以完全抑制微生物生长，腐败菌与致病菌成为肉品安全的最大隐患之一。随着消费者食品安全意识的增强，亟须解决冷鲜肉运输过程中品质变化的问题。本书通过实验考察冷鲜肉在冷藏车配送过程中的温度场及品质变化，并提出建议。实验中模拟运输温度变化设置见表3-24。

表3-24　模拟运输温度变化设置表

组别	运输温度
对照组	恒定4℃
处理1组	以4℃为初始温度，每3h递增1℃（简称1℃递增）
处理2组	以4℃为初始温度，每3h递增2℃（简称2℃递增）
处理3组	以4℃为初始温度，每3h波动1℃，先升后降（简称1℃波动）
处理4组	以4℃为初始温度，每3h波动2℃，先升后降（简称2℃波动）

1. 冷藏车内温度的变化

车厢监测点布置示意图如图3-24所示，运输过程中冷藏车内温度变化如图3-25所示。运输起点时，由于装车开门导致冷藏车内温度较高，其中B、D处于风机口两侧且距车门较近，温度最高；其次是靠近车门且在风机前方的C点，A点由于处于车厢最里边，温度较低，E点处于风机口下方，温度最低。运输30min后，A、B、C、D、E点的温度均显著降低（$P<0.05$），且均降至4℃以下。尤其是E点降温最快，运输15min降至1.75℃，30min时降至1.65℃，并在75min时降至1.35℃，运输终点温度为2.75℃，温度波动为1.4℃。这是由于E点处于风机口正下方，制冷效果最好，温度降低最快。B点在运输30min时降至2.6℃，并在90min时降至最低0.85℃，运输终点温度为2.95℃，温度波动为2.1℃。C点在30min时降至3.55℃，并在45min后降至最低1.4℃，运输终点温度为3.6℃，温度波动为2.2℃。D点在30min时降至2.9℃，并在60min时降至最低点1.6℃，运输终点温度为

3.6℃，温度波动为 2.0℃。A 点温度降低最慢，在 30min 时降至 3.12℃，在 90min 时降至最低 0.82℃，运输终点温度为 2.17℃，温度波动为 2.3℃。可见，5 个采样点中，E 点温度降低最快，温度波动最小，但 5 个点的温度在运输 30min 后均降至 4℃以下，且均在 0~4℃之间波动。建议车辆装载时尽量将货物装在 E 点附近，其次是 B、C 两点，尽量减少冷鲜肉运输过程中温度波动对其品质造成影响。

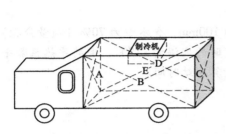

图 3-24　车厢监测点布置示意图

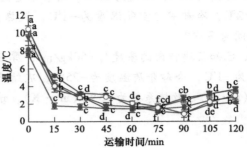

图 3-25　运输过程中冷藏车内温度变化
—●—A 点　—○—B 点　—▼—C 点　—▲—D 点　—■—E 点

2. 温度变化对冷鲜肉 pH 值的影响

pH 值是衡量肉类鲜度的重要指标。由图 3-26 可知，随着运输时间的延长，肉样 pH 值均呈上升趋势，这是由于肉中蛋白质在细菌、酶作用下分解为碱性物质。12h 内运输时，1℃波动处理组肉样 pH 值由 5.63 升至 5.66，与对照组差异不显著（$P<0.05$），且均显著低于其他处理组；运输 6h 时，除 1℃波动处理组外，其他处理组肉样 pH 值显著高于对照组（$P<0.05$），以温度 2℃递增处理组为最高（$P<0.05$），温度 1℃递增和温度 2℃波动处理组差异不显著（$P>0.05$），说明运输过程中温度变化对肉样品质影响较大，尤其是温度越高影响越大。运输 12h 时，温度 2℃递增处理组肉样 pH 值仍为最高（$P<0.05$），温度 2℃波动处理组肉样 pH 值由 5.63 升至 5.71，显著高于温度 1℃递增处理组（$P<0.05$），说明温度增加快及温度波动幅度大对肉类品质影响较大。

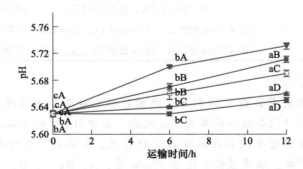

图 3-26　温度变化对冷鲜肉 pH 值的影响
—●—4℃对照　—○—温度 1℃递增　—▼—温度 2℃递增　—▲—温度 1℃波动　—■—温度 2℃波动

注：小写字母不同，表示同一处理组、不同运输时间差异显著（$P<0.05$）；大写字母不同，表示同一运输时间、不同处理组差异显著（$P<0.05$）。

3. 温度变化对冷鲜肉 TVB-N 含量的影响

肉类 TVB-N（挥发性盐基氮）含量是衡量肉类品质的关键因素。由图 3-27 可知，随着运输时间的延长，各组肉样 TVB-N 含量呈不断上升趋势。对照组肉样 TVB-N 含量运输前 6h 无显著变化（$P>0.05$），6h 后显著增加（$P<0.05$）。温度 1℃ 波动处理组肉样运输 12h 内，TVB-N 含量由 7.17mg/100g 升至 7.76mg/100g，与对照组差异不显著（$P>0.05$）。其他处理组肉样 TVB-N 含量随运输时间的延长均显著增加，且均高于对照组（$P<0.05$）。温度 2℃ 递增处理组肉样 TVB-N 含量升高最显著（$P<0.05$），从 7.02mg/100g 升至 9.65mg/100g，这是由于温度增加快使微生物生长繁殖加快，造成蛋白质等物质的分解，使 TVB-N 含量升高；其次是温度 2℃ 波动处理组及温度 1℃ 递增处理组，这说明冷鲜肉运输过程中温度恒定对保持品质至关重要。

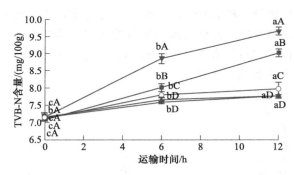

图 3-27　温度变化对冷鲜肉 TVB-N 含量的影响
──●── 4℃ 对照　──○── 温度 1℃ 递增　──▼── 温度 2℃ 递增　──▲── 温度 1℃ 波动　──■── 温度 2℃ 波动

注：小写字母不同，表示同一处理组、不同运输时间差异显著（$P<0.05$）；大写字母不同，表示同一运输时间、不同处理组差异显著（$P<0.05$）。

4. 温度变化对冷鲜肉汁液流失率的影响

由图 3-28 可知，与对照组相比，所有处理组肉样运输 6h 和 12h 时的汁液流失率均显著升高（$P<0.05$）。这是由于冷鲜肉运输过程中内在生理生化反应会导致肌肉蛋白持水性逐渐下降，产生汁液流失。运输 12h 内，温度 2℃ 递增处理组肉样汁液流失率从 2.38% 升至 3.85%，增加速率最快（$P<0.05$），其次是温度 2℃ 波动处理组，由 2.20% 升至 3.46%（$P<0.05$），且均高于温度递增 1℃ 处理组及温度 1℃ 波动处理组（$P>0.05$），这是由于温度的递

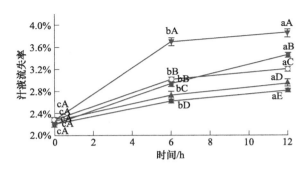

图 3-28　温度变化对冷鲜肉汁液流失率的影响
──●── 4℃ 对照　──○── 温度 1℃ 递增　──▼── 温度 2℃ 递增　──▲── 温度 1℃ 波动　──■── 温度 2℃ 波动

注：小写字母不同，表示同一处理组、不同运输时间差异显著（$P<0.05$）；大写字母不同，表示同一运输时间、不同处理组差异显著（$P<0.05$）。

增或波动均会加速微生物的生长与繁殖,促进蛋白质、脂类物质分解,使肉样保水性下降,汁液流失率升高。其中1℃波动处理组与对照组肉样的汁液流失率均能控制在3.00%以内。

5. 温度变化对冷鲜肉菌落总数的影响

随着运输时间的延长,各组肉样菌落总数均呈上升趋势(如图3-29所示),说明肉样菌落总数与其贮运条件直接相关。温度2℃递增、2℃波动及1℃递增处理组肉样菌落总数均显著升高($P<0.05$),且与对照组差异显著($P<0.05$),这是由于温度变化较大易引起微生物生长,菌落总数增长较快。2℃波动处理组肉样菌落总数增长最快,显著高于其他组($P<0.05$),由3.68[lg(CFU/g)]升至4.86[lg(CFU/g)];温度2℃递增处理组肉样菌落总数显著高于温度1℃递增处理组($P<0.05$),这说明温度波动幅度大或温度增长快均会促进微生物的生长。温度1℃波动处理组肉样菌落总数与对照组差异不显著($P>0.05$),运输12h内菌落总数由3.25[lg(CFU/g)]升至3.87[lg(CFU/g)],说明冷鲜肉运输过程中温度波动较小时能在一定程度上抑制微生物生长。

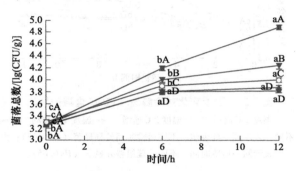

图3-29 温度变化对冷鲜肉菌落总数的影响

—●— 4℃对照　—○— 温度1℃递增　—▼— 温度2℃递增　—▲— 温度1℃波动　—■— 温度2℃波动

注:小写字母不同,表示同一处理组、不同运输时间差异显著($P<0.05$);大写字母不同,表示同一运输时间、不同处理组差异显著($P<0.05$)。

思考题:冷鲜肉冷藏配送过程中,哪些指标变化较大?如何控制冷鲜肉冷藏配送过程中的品质变化?

第四章

冷链物流设施与运输装备

第一节 冷链物流的主要设备与设施

一、冷链物流的主要环节

冷链物流环节大致可分为冷藏加工、控温储藏、冷藏运输配送、冷藏销售等。

（一）冷藏加工

食品的低温加工处理：降低食品温度，并维持低温状态，以此抑制微生物生长繁殖和酶反应，从而满足储藏、运输和货架期要求的食品加工与保藏手段。按照所使用的温度，可将低温加工分为冷却（Cooling）和冷冻（Freezing）。

冷却：将食品温度逐步降低到接近食品的冰点，但食品内水分尚未结冰的过程，称为食品的冷却。其目的在于延长食品保藏期限，抑制微生物活动和繁殖，降低酶活性，减弱果蔬呼吸作用，保持食品新鲜度，让肉类进一步成熟。

冷冻：将食品中的水分部分或全部转变成冰的过程。食品冻结原理为食品温度降到冻结点以下，微生物无法开展生命活动，生物化学反应速度减慢。

（二）控温储藏

控温储藏包括食品的冷藏和冻藏，也包括果蔬的气调储藏，主要涉及各类冷藏库、冷藏柜、冻结柜及家用冰箱等。

冷藏（Refrigerate）是食品保藏的一种方法，针对果蔬，主要是尽量延缓生命代谢过程，保持其新鲜度。一般冷藏温度为$-1 \sim 8℃$，采用此温度储藏的冷库常被称为高温冷库。通过降低生化反应速率和微生物引发的变化的速率，冷藏可以延长新鲜食品和加工制品的货架寿命。对大多数食品来说，冷藏并不像罐藏、脱水或者冻藏那样能彻底阻止食品腐败变质，而是只能减缓食品的变质速度，属于一种效果相对较弱的保藏技术。但是，并非所有的食品在冷藏条件下都能延长货架寿命，比如有些热带和亚热带水果及部分蔬菜，如果在其冰点以上

3~10℃内储藏，会发生冷害，而面包在低温下老化速度会加快。

食品冻藏是采用缓冻或速冻方法先将食品冻结，然后在能保持食品冻结状态的温度下储藏的保藏方法。常用的储藏温度为-12~-23℃，而以-18℃为最适用。储藏冻藏食品的冷库常称为低温冷库或冻库。冻藏适用于长期储藏，短的可达数日，长的可以年计。食品冻藏是将食品冻结并在此状态下储藏的方法。食品冻结能使食品中大部分甚至全部水分形成冰晶体，从而减少游离水，抑制微生物的生长，适当的低温和冻结速度还会促使微生物死亡；酶的活力在低温和失去反应介质的作用下也会大幅降低，脂肪酸败、维生素分解等作用在冻藏时也会减缓。但冻藏能够延缓食品的腐败，无法完全终止腐败。

（三）冷藏运输配送

冷藏运输是运用冷藏、保温、通风等方法，快速、优质运送易腐货物的运输形式。冷藏车、冷藏船和冷藏集装箱是主要的冷藏运输工具。中国地域辽阔，气候差异大，易腐货物种类繁多，平均运输里程长，因此冷藏运输组织工作复杂，冷藏运输成本较高。

（四）冷藏销售

冷藏销售（如图 4-1 所示）包括各种冷链食品进入批发零售环节的冷冻储藏和销售，它由生产厂家、批发商和零售商共同完成。随着大中城市各类连锁超市的快速发展，各种连锁超市正在成为冷链食品的主要销售渠道，在这些零售终端中，大量使用了冷藏、冷冻陈列柜和储藏库，它们是完整的食品冷链中创造最终利润中不可或缺的关键环节。

a) b)

图 4-1 冷藏销售

a）果蔬冷藏；b）肉类冷藏

二、冷链物流的主要设备设施

冷链物流的主要设备设施是指贯穿在整个冷藏链各个环节中的各种装备、设施。食品冷藏链中的主要设备设施有各种冷却设备（含预冷设备）、冻结设备、冷藏库、冷藏运输设备、冷冻冷藏陈列柜（含冷藏柜）、家用冷柜及电冰箱等。

1. 主要建筑

1）土建式冷库。目前国内在建的数万吨级以上的大型冷库，基本采用的都是土建式冷库，其建筑一般是多楼层、钢筋混凝土结构，在结构内部再用 PU 夹芯冷库板组装冷库，或使用 PU 喷涂四周的方式建造。这种 PU 喷涂的建设方式在国内已使用了 40 余年。

2）装配式冷库。前些年，装配式冷库在国内一般用于小型拼装冷库，近几年随着钢结构在许多大型建筑中的广泛使用，大型钢结构装配式冷库也在陆续建设。大型钢结构冷库柱网跨度大、柱子较小、施工周期短，更利于内部物流设备设施的规划，如货架布局、码头设备规划、内部物流动线规划等。

3）库架合一结构。随着货架在物流中心的广泛使用，国外一些大量存储的自动冷库、多层高位货架冷库在20~30年前已大量采用库架合一结构进行建设。同时，在非货架区域配合采用PU夹芯库板拼装在钢结构外侧的施工方式，整体建成室外型冷库，由于其施工水平、工程细节及精准程度要求较高，目前，国内在冷库建设方面此种结构方式建造较少。库架合一结构由于物流中心内部无柱网，可实现单位面积存量最大化及物流动线最顺畅化。

2. 制冷系统

1）制冷系统在冷链物流的投资中占有较大比重。在冷媒的选择方面，国内主要使用的是氨系列或氟系列冷媒。此外，在较高温层，如12℃作业区，还可规划使用二次冷媒，如冰水或乙二醇。

2）制冷系统是由一系列的设备依统筹组装、安装而成，一般可分为：制冷主机（主要包括机头、压力容器、油分离器、阀件等）、制冷风机（依据不同的布局方式、数量及除霜设计方式进行不同的选择配置，如电热除霜、水除霜、热气除霜）、控制系统（由一系列的阀件、感应装置、自控装置及控制等组成）、管路与阀件系统（一般依设计配置）。

3）与制冷系统配套的还有压力平衡装置、温度感应装置、温度记录装置、电气设备等。

3. 存储及相关设备

1）与常温物流中心相同，冷链物流中心内部存储同样需要各型货架或自动化立体系统（AS/RS）。在国外，食品类商品不允许直接堆叠在地面，必须使用塑料托盘，采用货架存储。各型货架，从自动仓库使用的20多米的高位货架到拆零拣货使用的流利架，在冷链物流中心均有大量应用。与常温货架不同的是，低温库内使用的货架对钢材材质、荷重、货架的跨度设计均有特殊要求。

2）为配合存储，满足生鲜食品的特殊要求，冷链物流中心的仓储库内会配置臭氧发生器、加湿器等。

4. 冷库用门组及库板工程

1）各型门组在冷链物流中心起着至关重要的作用，对能耗影响较大。比如，冷冻库使用的电动平移门、封闭式低温月台区使用的滑升门、人员进出门等，都需要具备足够的保温性能与气密性。此类门组属于低温专业用门。

2）与门组配套的各型防撞杆。

3）冷冻、冷藏库建设使用的聚氨酯库板也是冷链物流建设的关键材料。

5. 冷链物流月台设备设施

冷链物流月台设备设施主要包括月台各型门罩或门封、月台调节板（电动、手动）、月台防撞设施、月台车辆尾门机坑。

6. 搬运设备

冷链物流中心内部的搬运设备主要有各型叉车，如高位货架库内的前移式叉车、步行式叉车、电动托盘车以及自动仓库内的堆垛机等。一般情况下，这些搬运设备须是耐低温的专用型设备。

与自动仓库及物流动线配合的带式或滚轮式的流水线也属于冷链物流中心内部的搬运设备。

7. 物流容器

冷链物流的目标商品一般是食品类和药品类商品，托盘一般需要使用塑料托盘。

除塑料托盘外，冷链物流容器还有蓄冷箱、物流箱、笼车、物流筐、台车以及与商品特性需求配合的物流容器。

8. 分拣设备

分拣设备包括自动分拣机、DPS电子标签拣货系统、RF拣选系统、自动台车等，常温物流中心使用的设备在低温中心同样需要使用，对这些设备同样有低温环境的适用性方面的要求。

生鲜食品加工中心是全程冷链物流体系中的一个环节，在考虑全程冷链物流时，通常也会将生鲜食品加工中心一并纳入考虑范围。如肉类加工中心（包括猪肉、牛羊肉、禽肉类）、水产品加工中心、蔬果净配菜类加工中心、乳制品及冰品类加工中心、烘焙类产品加工中心（如面包厂等）、连锁餐饮的中央厨房等。

生鲜食品加工中心设备除了前述冷链物流中心的全部设备外，还有食品加工类设备及食品包装类设备、清洗类设备、灭菌消毒类设备、洁净类设备等。

此外，运输作为全程冷链中极为重要、不可或缺的一个关键环节，涉及各类型冷藏车的使用。冷藏车除保温车厢外，一般会配置制冷系统、温度追踪记录系统、GPS定位系统等。

第二节　冷库的设计、分类及特点

一、食品冷加工工艺和冷藏库分类

冷库是以人工制冷的方法，在特定的温度和相对湿度条件下对易腐食品、生物制品以及医药等物资进行加工或储存的专用建筑物。

1. 食品冷加工工艺

食品的冷加工是指利用低温储存食品的过程，包括食品的冷却、冻结和冷藏等。食品应按其特点和储藏要求，选用适宜的温度，即采用不同的冷加工工艺。

（1）食品的冷却

冷却是将食品的温度降低到指定的温度，但不低于食品所含汁液的冻结点度。在较低温度下，微生物的活动受到抑制，因而可以延长食品的保存期限。用于食品冷却的房间称为冷却间，冷却间的温度通常为0℃左右，并以冷风机为冷却设备。

（2）食品的冻结

冻结是将食品中所含的水分大部分冻结成冰。由于缺水和低温，微生物的活动被阻碍或停止，因此，经过冻结的食品可以较长时间储存。用于食品冻结的房间称为冻结间，冻结间的温度通常为-23～-18℃。冻结间借助冷风机或专用冻结装置来冻结食品。

（3）食品的冷藏

冷藏是将经过冷却或冻结的食品。在不同温度的冷藏间内进行短期或长期的储存。冷藏间分为冷却物冷藏间和冻结物冷藏间两类。

2. 冷藏库分类

（1）按结构形式分

冷藏库主要分为固定式冷库和装配式冷库，此外还有山洞冷库和覆土冷库等。

（2）按冷藏温度分

冷藏库主要分为高温冷库和低温冷库。一般高温冷库的冷藏温度为0℃左右，低温冷库的冷藏温度在-15℃以下。

（3）按使用性质分

冷藏库主要分为生产性冷库、分配性冷库、生活服务性冷库三类。

生产性冷库主要建在货源较集中的地区，常与肉、鱼类联合加工厂或食品工业企业建在一起，鱼、肉、禽、蛋、果、菜等易腐食品经过适当加工处理后，送入冷库进行冷却或冻结，经短期冷藏储存后即运往消费地区。生产性冷库的特点是具有较大的冷却及冻结加工能力和一定的冷藏容量。分配性冷库建在大中城市、水陆交通枢纽和人口密集的工矿区，用于市场供应、运输中转和储备食品，其主要任务是储藏已经冻结的食品。它的特点是冷藏容量大、冻结能力小。生活服务性冷库一般供企业食堂、宾馆、饮食店储存食品用。其特点是库容量小，储存期短。

（4）按容量大小分

冷藏库主要分为小型冷藏库、中型冷藏库和大型冷藏库。通常认为库容量在250~1000t为小型冷库，库容量在1000~3000t为中型冷库，库容量在3000t以上为大型冷库。

3. 冷库建筑的组成

下面以小型冷库为例说明冷库建筑的组成。图4-2所示为100t冷库平面图，一般由冻结间、高温冷藏间、低温冷藏间、穿堂、值班室、机房、站台等组成。

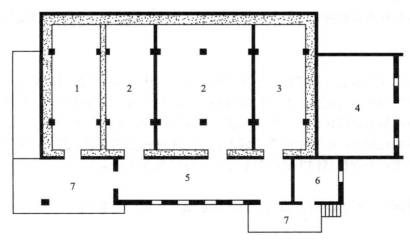

图4-2 100t冷库平面图

1—高温冷藏间 2—低温冷藏间 3—冻结间 4—机房 5—穿堂 6—值班室 7—站台

（1）冻结间

冻结间也称急冻间、速冻间，主要用于肉类的冻结。肉在冻结间内经过12~20h的冻结，温度从35℃降到-15℃以下。

(2) 高温冷藏间

高温冷藏间主要用于存放蔬菜、水果、蛋、豆制品的储存，也可用于肉类、家禽的解冻和保鲜。

(3) 低温冷藏间

低温冷藏间也称为冻结物冷藏间，功能是储存鱼类、肉类、家禽等冻结物，低温冷藏间库温低，保存食品的质量好，保存的周期长。

(4) 穿堂

穿堂是食品进出库的通道，起到沟通各冷间、便于装卸周转的作用。冷库多采用库外常温穿堂，将穿堂布置在冷库主体建筑之外。

(5) 机房

机房通常包括压缩机间、设备间、水泵房、配电间、工人值班室等房间。

二、冷藏库的隔热、隔冷和防潮及地坪防冻

1. 冷库围护结构的隔热

冷藏库的库温通常低于外界气温，外界热量将通过围护结构传向库内，成为冷库耗冷量的重要组成部分。因此，为了减少围护结构耗冷量，保证食品的工艺要求及降低食品的干耗，冷库建筑必须具有一定的隔热性能，所以在围护结构中应设置隔热层。隔热层除应有良好的隔热性能，即较小的传热系数外，还应考虑有一定的强度，地坪应有较大的负载能力；应尽可能少占冷库有效空间；减少隔热层内的"冷桥"；隔热结构应能防潮，具有持久的隔热效能；隔热材料外部设保护层，以防虫蛀、鼠咬或装卸作业时损坏。隔热层可用块状、板状或松散的隔热材料。

目前，冷藏库常用的隔热材料有稻壳、软木、聚苯乙烯泡沫塑料、聚氨酯泡沫塑料和玻璃纤维等。

2. 冷库围护结构的隔汽和防潮

空气是由空气和水蒸气组成的，空气中的水蒸气分压力随空气温度升高而增大。

冷藏库的库内外温差较大，在围护结构的内外侧存在水蒸气分压力差。库外高温侧空气中的水蒸气将不断通过围护结构向库内渗透。当水蒸气渗透达到低于空气露点的区域时，水蒸气将在材料的孔隙中凝结成水或冻结成冰，使隔热材料受潮而降低甚至丧失隔热性能。

为此，必须在外围护结构中进行防潮处理，以减少或隔绝水蒸气的渗透，确保隔热材料不受潮。

常用防潮隔汽材料有沥青、油毡、沥青防水塑料、塑料薄膜等。

3. 防止地坪冻胀

由于冷库长期处于低温工作状态，地下的热量会不断通过地坪传入库内，引起地坪下的温度下降。一旦温度低于0℃，土壤的毛细作用会把地下水吸到已冻结的土层上，形成冰层，产生地坪冻胀现象。严重的地坪冻胀会使冷库的建筑结构遭受破坏。

防止地坪冻胀的方法有：地坪架空；隔热地坪下面埋通风管道；地坪下面加热盘管，并用温度较高的介质在盘管中循环加热地坪；利用钢筋混凝土垫层中的钢筋作为加热元件，通电加热地坪；冷库下设地下室等。

4. 防止热（冷）桥处理

当有导热系数较大的构件（如梁、板、柱、管道及其吊卡支架等）穿过或嵌入冷库围护结构的隔热层时，便形成了冷热交换的通道，称为热（冷）桥。

热（冷）桥在结构上破坏了隔热层和隔气防潮层的完整性和严密性，容易使隔热层受潮失效。通过地坪的热（冷）桥，可使地坪下的土壤冻胀，危及建筑结构的安全。墙体或屋顶暴露在空气中的热（冷）桥，往往在其表面产生凝结水或冰霜，影响冷库的使用和安全。因此，冷库建筑结构应尽可能避免热（冷）桥。对于那些无法避免而形成热（冷）桥的构件、管道等，须采取必要的措施，尽可能减少热（冷）桥的影响。

通常减少热（冷）桥影响的措施有二：一是使围护结构各部分的隔热层与隔汽防潮层连接成整体，避免隔热层与外部空气直接接触；二是在形成冷桥的构件、管道等的周围和沿长度方向做局部的隔热、隔汽防潮处理，使高温侧不致产生凝结水或冰霜。做减轻热（冷）桥影响处理的隔热层厚度、宽度及长度应视两侧温差和热（冷）桥构件的材料以及选用的隔热材料而有所不同。

三、冷库设计主要内容

无论哪种结构形式的冷库，均是由冷藏间、制冷机房、配电室、发电机房及配套设施共同组成的。其中，冷藏间为冷库建筑的主体部分，其具体构成一般视生产工艺的需求和储藏物品的种类而定。通常，生产性冷库内部设有屠宰间、冷却排酸间等；分配性冷库及物流冷库设有冻结间和冷藏间等。分配性冷库主要负责货物的中转运输和储藏，因此还需要配置面积较大的拣选分货整理间；物流冷库承担着储存各地区货物的功能，所以其冷藏间的单间面积比较大，并且会根据货物类别进行分类设置。

下面介绍冷库设计的重点内容。

（1）保温隔热设计

土建冷库的围护结构主要由砌块与保温层构成。为了实现库房存储量的最大化，土建冷库普遍采用现场喷涂硬质聚氨酯泡沫塑料的方式来达到保温隔热的目的，或者通过安装成品复合保温夹芯库板来进行隔热。

装配式冷库的保温隔热设计分为内保温结构设计和外保温结构设计这两种。其中，外保温结构中的围护结构可以直接采用复合保温夹芯板，同时库房的钢柱、钢屋架等结构主体需要放置在保温隔热层内侧；内保温结构主体采用轻钢结构，外墙和屋顶外围护结构均采用轻质夹芯板材（外侧单面金属板），内隔热采用成品复合双面夹芯保温板。与此同时，外围护结构和内保温结构之间还需要设置空气层。

隔热/防潮板示意图如图4-3所示。

（2）防潮隔汽设计

冷库最鲜明的特点是冷库内外存在水蒸气分压力差时，水蒸气就会从分压力高的一侧向分压力低的一侧渗透扩散。此时，水蒸气很有可能会渗入隔热保温层内部，导致其含水率超出正常标准，隔热保温性能降低，进而对库内储存货物的品质造成不利影响。为了避免此类问题的发生，同时节约制冷系统的运行成本，冷库设计人员应当设置防潮隔汽层。

（3）制冷系统设计

冷库设计人员可根据冷库类型、建设地点、使用性质等因素合理选择制冷系统。较为常用的制冷系统有氨直接蒸发式制冷系统（氨制冷系统）、以氟利昂为制冷剂的直接蒸发式制冷系统（氟利昂制冷系统）、以二氧化碳为制冷剂的亚临界蒸汽压缩式制冷系统、以二氧化碳为制冷剂的复叠制冷系统等。

制冷机器如图4-4所示。

图4-3　隔热/防潮板

图4-4　制冷机器

（4）消防系统设计

为了满足现代大型冷链物流冷库的建设要求，《冷库设计标准》（GB 50072—2021）对冷库中宜设置火灾自动报警系统的场所做出了规定，例如，建筑面积大于$1500m^2$且高度大于24m的单层高架冷库的库房和设在地下或半地下室的库房宜设置火灾自动报警系统。

对于有分拣、配货功能的穿堂或封闭站台，由于其面积相对较大，人员较多，因此也可设置火灾自动报警系统。

冷库消防检查如图4-5所示。

（5）冷冻地坪防冻设计

低温冷库的冷藏间、冻结间和冷却间与土层之间会存在一定的温差，因此冷库设计人员通常会在冷库地面敷设保温层，以阻碍冷量的传递。冷量的传递是指地坪下的土层在达到冰冻点时会出现冻胀现象。地面冻胀

图4-5　冷库消防检查

不仅会破坏保温结构的性能，严重时还会破坏地基及主体结构，影响库房的安全。所以，低温冷库的地面防冻胀设计至关重要。

四、冷藏库制冷工艺设计

选择库房冷却方式，进行冷却设备的布置时，应根据各冷间的不同工艺要求，从温度、湿度、风速和气流组织等方面加以考虑。

1. 冻结间的冷却方式

冻结间的任务是在指定的加工时间内，完成食品的冻结加工工序，达到规定的质量指标，不但要求冻结食品降温速度快，而且要求同一批食品冻结速度均匀。因此，冻结间冷冻方式的选择应结合冻结加工工艺的特点，同时还应考虑合理的气流组织，目前大多采用冷风

机吹风式冻结间和搁架式排管冻结间两种。

（1）冷风机吹风式冻结间

冻结间内，将肉类吊悬在吊轨上、鱼类装盘后放在吊挂式或手推式的鱼笼上进行冻结。吊轨的冻结间中，将整片肉挂起来进行冻结，吊轨的间距为 750~850mm。冷风机的布置有两种形式：落地式冷风机和吊顶式冷风机。

（2）搁架式排管冻结间

小型冷藏库的冻结间一般采用搁架式排管作为冷却设备兼货架，制冷剂在排管中直接蒸发，被冻食品装在盘内直接放在搁架式排管上，与蒸发器直接接触，换热强度大，冻结速度快。根据生产能力的大小和冻结食品的工艺要求，可采用空气自然循环和空气强制循环两种空气冷却方式。如果冻结间内搁架排管的冷却面积不足，还须增设排管。

搁架式排管容易制作，不需维修。由于进出货的搬运劳动强度大，冻结时间较长，所以以搁架式排管冻结间只在冻结量较小的冷藏库中采用。

2. 冷却间的冷却方式

对于储存果蔬、鲜蛋的冷却间，由于果蔬、鲜蛋不能出现冻结现象，因此应采用冷风机和风道两侧送风的冷却方式，以使冷却间气流均匀。为了避免风量过大造成食品干耗严重和耗电量过大，风速保持在 0.75m/s 为宜。

储存屠宰后的肉类的冷却间视不同的品种和包装采用不同的气流组织和冷却设备。如屠宰后吊挂的猪、羊胴体，要在 20h 内从 35℃冷却到 4℃，一般采用冷风机。冷风机常设于冷却间的一端进行纵向吹风。喷嘴的边缘稍低于库房的楼板板底或梁底。

3. 冷藏间的冷却方式

冷藏间的冷却方式与冷藏间的功能以及冷藏物的种类有关，冷库的制冷系统大多采用直接蒸发的制冷方式。室内空气的循环方式则随库房的种类而定。

（1）冻结物冷藏间

冻结物冷藏间是用于储存已冻结的食品，防止外界热量传入影响冻结食品储存的冷库。

对于有包装材料的货物，冷藏间可采用冷风机，冷空气在冷藏间内强制循环，使室内温度均匀，可及时将外界传入冷藏间的热量消除。冷风机吹出的气流应沿冷藏间的平顶及外墙形成贴附射流，使冷藏货物处于循环冷风的回流区内，这样也有利于减少食品干耗。其特点是安装与操作维修、融霜十分方便，是目前冷库经常采用的形式。

对于无包装材料的货物，由于食品容易干耗，冷藏间内的空气流速不能太大，因此，冷藏间可采用墙排管和顶排管作为蒸发器，库内空气自然对流循环。其特点是排管笨重，耗电量大，冷藏间内温度不均匀，融霜劳动强度大。

（2）冷却物冷藏间

冷却物冷藏间主要用于冷藏水果、蔬菜、鲜蛋等。由于果蔬等在冷藏期间吸进氧气、放出二氧化碳，同时放出热量，因此若室内空气不流通，就可能使局部的冷藏条件恶化而引起食品变质。若采用顶排管，则其滴水较难处理，因此冷却物冷藏间常使用冷风机作为冷却设备，必要时也可增设墙排管，但应考虑其排水问题。为了便于操作管理，节省制冷系统管道和融霜需用的给水排水管道，冷风机宜布置在库房进门的一侧，采用长风道喷嘴的送风形式，可取得均匀送风的效果。如图 4-6 所示，送风道的截面采用矩形，沿长度方向的高度相等而宽度变化，布置在冷间顶部中央走道上方，喷嘴向上仰角为 17°。

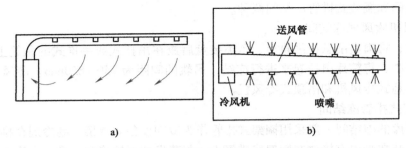

图 4-6 冷却物冷藏间冷风机及风道布置
a) 立剖面图 b) 平面图

冷空气射流贴着库房平顶，沿货堆上部空间吹至墙面，流经货堆后从中央走道返回冷风机的回风口，经冷风机冷却后的空气，由送风管上的喷嘴送至顶部各处。风道表面即使产生凝结滴水也不会滴到货物上。在小型冷藏库中，冷却物冷藏间也可采用冷却排管作为冷却设备。为了防止排管上的凝结水滴到食品上，通常设置墙排管而不采用顶排管，并在管组下设有排放滴水的水沟。

为了防止冻坏食品，要求库内温度均匀、通风，不使食品干耗严重，各区域的温差尽可能在±0.5℃之间。

对于储藏未包装食品时，货垛间的平均速度不宜大于0.3m/s。

第三节 冷链运输装备技术要求及分类

冷藏链中的运输设备，包含铁路冷藏车、公路冷藏汽车、冷藏船、冷藏集装箱、航空冷链集装器，以及相应的转运、储存、换装等设施。在技术层面满足以下基本要求。

1) 具有良好的制冷、通风及必要的加热设备，以保证食品运输条件。
2) 箱体应具有良好的隔热性能。
3) 应具有一定的通风换气设备，并配备一定的装卸器具。
4) 应配有可靠、准确且方便操作的检测、监视、记录设备。
5) 应具有承重大、有效容积大、自重轻的特点，以及具有良好的适用性。

一、铁路冷藏车

铁路冷藏车具有运输量大，速度快的特点。良好的铁路冷藏车拥有良好的隔热性能，并设有制冷、通风和加热装置。铁路冷藏车分为加冰冷藏车、机械冷藏车、冷冻板式冷藏车、无冷源保温车、液氮和干冰冷藏车。机械冷藏车是以机械式制冷装置为冷源，它是目前铁路冷藏运输中的主要工具之一。机械冷藏车具有制冷速度快，温度调节范围大，车内温度分布均匀，运送迅速，适应性强，制冷、加热、通风换气、融霜自动化等优点。新型机械冷藏车还设有温度自动检测、记录和安全报警装置。加冰冷藏车具有一般铁路棚车相似的车体结构，但设有车壁、车顶和地板隔热、防潮结构，装有气密性好的车门；加冰冷藏车以冰或冰盐作为冷源。加冰冷藏车一般在车顶装有6~7只马鞍形储冰箱，2~3只为一组。

二、公路冷藏汽车

公路冷藏汽车具有使用灵活，建造投资少，操作管理与调度方便的特点。其既可以单独进行易腐食品的短途运输，也可以配合铁路冷藏车、水路冷藏船进行短途转运。

公路冷藏汽车实际上称作冷藏保温汽车，分为保温汽车和冷藏汽车两大类。保温汽车是指有隔热车厢，适用于食品短途保温运输的汽车。冷藏汽车是指具有隔热车厢，并设有制冷装置的汽车。按制冷装置的制冷方式分类可分为机械冷藏汽车、冷冻板冷藏汽车、液氮冷藏汽车、干冰冷藏汽车、冰冷冷藏汽车等，其中机械冷藏汽车是冷藏汽车中的主型车。

三、冷藏船

冷藏船是指专用于运输鱼、肉、水果、蛋品之类等易腐鲜货的船舶。冷藏集装箱的发展一定程度上取代了冷藏船的部分运输功能。它大多以定期班轮方式营运，航速可达20~22km/h。为防止运输货物被压坏，冷藏船常常设置多层甲板，且具备良好的阻热和保湿功能。依冷藏形式的不同，冷藏船又分为冷藏舱船和冷藏集装箱船。前者的货舱做成冷藏舱，舱壁有良好的隔热功能，货物以托盘或篓筐形式置于舱内。后者的货物装于集装箱中，集装箱有两种，一种为内藏式冷藏箱，自带冷冻机；另一种为离合式冷藏箱，不带冷冻机，通过船上冷冻机将低温冷空气注入集装箱内。冷藏船是将货物处于冷藏状态下进行载运的专用船舶。其货舱为冷藏舱，并有若干个舱室。每个舱室都是一个独立、封闭的装货空间，舱门、舱壁均气密，并用隔热材料分隔相邻舱室，使其可以装运不同温度的货物。冷藏船上有制冷装置，制冷温度一般为-25~15℃。冷藏舱往往设多层甲板，甲板间高度较低，以防止冷藏产品过多而被压坏。冷藏船的吨位较小，通常为几百吨到几千吨，但航速较高，以尽量缩短途中运输时间。按货物种类不同，冷藏船可分为运肉船、运鱼船、运水果船等。冷藏船实际上是一个能航行的大冷藏库。冷藏舱周围设有良好的隔热设施。船上备有大功率的制冷装置，根据所运货物种类，在货舱内设置制冷管或冷风管，以维持冷藏舱内所需的保冷温度。按冷藏货物保冷温度的要求，有低温冷藏舱、冷温冷藏舱和常温冷藏舱三种。低温冷藏舱保冷温度在-6℃以下，用于保藏鱼、肉、酪品等，舱内货物完全冻结；冷温冷藏舱保冷温度在-1~5℃，用于保藏冻肉、蛋品、药品等，舱内货物表面冻结；常温冷藏舱保冷温度在5~16℃，用于保藏水果、蔬菜、鲜花等，可防止舱内货物成熟、变质，仅作短途运输。

冷藏船主要用于渔业，尤其是远洋渔业。远洋渔业的作业时间很长，有时长达半年以上，必须用冷藏船将捕获物及时冷冻加工和冷藏。此外，由海路运输易腐食品时必须用冷藏船。冷藏船运输是所有运输方式中成本最低的冷藏运输方式，但过去由于冷藏船运输的速度最慢，而且受气候影响，运输时间长，装卸很麻烦，使用受限。现在随着冷藏船技术性能的提高，船速加快，运输批量加大，装卸集装箱化，冷藏船运输量逐年增加，成为国际易腐食品贸易中主要的运输工具。

四、冷藏集装箱

冷藏集装箱是一种具有良好隔热、气密性，且能维持特定低温要求，适用于各类易腐食品运送、储存的特殊集装箱。冷藏集装箱的基本类型：保温集装箱、外置式冷藏集装箱、内藏式冷藏集装箱、液氮和干冰冷藏集装箱、冷冻板冷藏集装箱、气调冷藏集装箱。冷藏集装箱采用镀锌钢结构,箱内壁、底板、顶板和门由金属复合板、铝板、不锈钢板或聚酯制造。国际上集装箱尺寸和性能均已标准化,使用温度范围为-30~12℃,更通用的范围是-30~20℃。冷藏集装箱具有以下特点:装卸灵活,货物运输温度稳定,货物污染损失低,装卸速度快,运输时间短,运输费用低。

冷藏集装箱按照运输方式不同,可分为海运冷藏集装箱和陆运冷藏集装箱两种。冷藏集装箱可用于多种交通运输工具进行联运,可以从产地到销售点,实现"门到门"直达运输,一定条件下,可以当作活动式冷库使用,使用中可以整箱吊装,装卸效率高,运输费用相对较低。冷藏集装箱装载容积利用率高,营运调度灵活,使用经济性强。新型冷藏集装箱的结构和技术性能更合理先进,适用广泛。

五、航空冷链集装器

航空冷链集装器主要分为被动温控集装器和主动温控集装器。被动温控集装器(Passive Temperature Controlled ULD)是利用冷却媒介(如湿冰、胶冰、干冰或液态气体等)控制温度的隔温集装器。主动温控集装器(Active Temperature Controlled ULD)是带有隔热及冷却媒介,并带有机械或电子制冷或加热系统,能够自动地测量箱内温度,将冷却能源以控制的方式均匀地分配到货物周围的集装器。主动温控集装器分为简单型主动温控集装器和复杂型主动温控集装器。

第四节 冷链运输装备结构与节能

一、冷链运输工具热计算

冷链运输工具的热计算是冷却设备、加热设备以及空气循环设备运行的基础工作,在日常的组织工作中也常常会用到。在热计算中关键是要算出冷藏车各项冷消耗和冷却器的散热量。根据实际情况灵活运用这两方面的计算结果,就可以找出一系列生产所需的数据。下面来探讨冷藏车(含冷藏集装箱)热计算的基本原理。

二、冷消耗的计算

对于通用冷链运输工具来说,在不同情况下可能遇到的冷消耗因素共有八项,各项因素计算方法如下。

(1)漏热的冷消耗(Q_1)

$$Q_1 = 3.6 F_车 K_车 (t_外 - t_内) Z \tag{4-1}$$

式中 $F_车$、$K_车$——分别为车体的外表面积(m^2)和传热系数[$W/(m^2 \cdot K)$];

$t_外$、$t_内$——分别为在 Z 时间内外界阴面的平均气温和车内平均温度,℃;

Z——传热的时间,h。

其中

$$K_车 = \cfrac{1}{\cfrac{1}{A_w} + \sum \cfrac{\delta_i}{\lambda_i} + \cfrac{1}{A_n}} \tag{4-2}$$

式中 A_n，A_w——分别为内、外表面热交换系数，W/(m²·K)；

δ_i——第 i 层材料厚度，m；

λ_i——第 i 层材料导热系数，W/(m·K)。

式（4-1）中 $F_车$ 是用车体的外表面积，即按车体外部六面的尺寸计算出的六个面积之和。由于车墙很厚，外表面积比内表面积大得多，传热实际上是通过平均表面积进行的，利用外表面积计算主要是为了测量和计算方便。在测定传热系数时，就可按照外表面积计算，这样计算出来的 $K_车$ 已经考虑了 $F_外$ 与 $F_均$ 的差异。试验时，$K_车$ 是按照车体的平均表面积计算的，则在使用式（4-1）时，$F_车$ 应相应地采用平均表面积，$F_均 = \sqrt{F_外 F_内}$。车体的传热系数是不断变化的，新出厂时最小，在使用中逐渐增大，维修后又减少，以后又增大。目前还没有一套关于这种变化的试验资料，在进行比较精确的试验时，每次都应对所选车辆重新测定 $K_车$ 值。

式（4-1）中的 $t_外$ 是车辆附近阴面的空气温度，阳面由于太阳辐射而增加的传热量另在 Q_3 中计算；$t_内$ 是车内各点的平均温度。$t_外$、$t_内$ 应该是在 Z 时间内定时测定的若干读数（每个读数是几个温度的读数的平均值）的总平均值。

（2）漏气的冷消耗（Q_2）

当车内外有温度差时，车门、通风口等不严密会造成漏气。漏气量的大小与缝隙的大小、温差的大小、外界的气候条件（如风速、风向、下雨等）有关，同一型号车可能不同，同一辆车在不同的场合和时期可能有很大差别。因此，Q_2 是很难精确计算方法确定，只能根据计算传热系数用试验方法确定。在一般情况下，可简化认为 $Q_2 = 0.1 Q_1$。

（3）太阳的辐射的冷消耗（Q_3）

车体被太阳辐射的部分温度会升高，导致传热温差也有所提高。计算公式如下：

$$Q_3 = 3.6\gamma F_车 K_车 (t_阳 - t_内) z_阳 - 3.6\gamma F_车 K_车 (t_外 - t_内) z_阳$$
$$= 3.6\gamma F_车 K_车 (t_阳 - t_外) z_阳 \tag{4-3}$$

式中 γ——车体被太阳照射面积占总面积的百分比，%；

$t_阳$——车体被太阳照射面的温度，℃；

$z_阳$——车体被太阳照射的时间，h。

根据对单辆车的实验观测，车辆经常有三面（顶、端、侧）被太阳照射，只有短暂的时间可能是两面（顶端或顶侧或端侧）被照。因此，可以近似地把单辆车的被照面积占比取为 50%。通常车顶部比端侧墙温度高，端侧墙的温度也不相同，计算时应取测定各点的温度取平均值，在粗略计算时，可取 $t_阳$ 比 $t_外$ 高 10~12℃。太阳照射的时间，在具体试验时可按测定值计算，在计划性推算时，可按当时当地平均的日照时间折合计算。

（4）通风的冷消耗（Q_4）

运送某些货物（如未冷却的蔬菜、水果、鲜蛋以及熏制品等）时需要通风，通风时外界热空气会被带入车内，一方面需要降温（在计算时假设降到车内温度），另一方面可能有一部分水蒸气凝结（假定降到车内原有湿度水平），这两部分热量之和就是通风的冷消耗，计算公式如下：

$$Q_4 = V_通 [C_空 (t_外 - t_内) + q(f_1 p_1 - f_2 p_2)] z_阳 \tag{4-4}$$

式中 $V_通$——计算期间的通风容积（m³）；

$C_{空}$——空气的容积比热 $[1.297\text{kJ}/(\text{m}^3 \cdot \text{K})]$;

q——水蒸气的凝结热或凝固热,车内零上温度时为凝结热,可取 2.51kJ/g,车内零下温度时为凝固热,可取 2.845kJ/g;

f_1、f_2——分别为通风时外界和车内空气的相对湿度,%;

p_1、p_2——分别为空气在外界与车内温度时的饱和绝对相对湿度,g/m^3。

(5) 货物降温的冷消耗（Q_5）

$$Q_5 = (m_{货}c_{货} + m_{容}c_{容})\Delta t \tag{4-5}$$

式中　$m_{货}$、$m_{容}$——分别为货物及包装容器的质量,kg;

　　　$c_{货}$、$c_{容}$——分别为货物及包装容器的比热容,$\text{kJ}/(\text{kg} \cdot \text{K})$;

　　　Δt——计算期内货物降温度数,K。

(6) 车体降温的冷消耗（Q_6）

车体在冷却以前,可以把车体温度看成与环境温度相同,冷却后,外壁与外界空气温度一致,内壁与车内温度相同,计算公式如式 (4-6) 所示。

$$Q_6 = m_{车}c_{车}\left(t_{初} - \frac{t'_{外} - t'_{内}}{2}\right) \tag{4-6}$$

式中　$m_{车}$——车体需要冷却部分的质量,kg;

　　　$c_{车}$——车体需要冷却部分的比热容,$\text{kJ}/(\text{kg} \cdot \text{K})$;

　　　$t_{初}$——车体初始温度,℃;

　　　$t'_{外}$、$t'_{内}$——计算终了时车体外、内表面温度,℃。

(7) 货物呼吸的冷消耗（Q_7）

$$Q_7 = m_{货}q_{货}z_{货} \tag{4-7}$$

式中　$q_{货}$——货物在车内温度下的呼吸热,$\text{kJ}/(\text{h} \cdot \text{kg})$;

　　　$z_{货}$——货物在车内时间,h。

(8) 循环风机的冷消耗（Q_8）

$$Q_8 = 3600 N_{风机} z_{风机} \tag{4-8}$$

式中　$N_{风机}$——循环风机功率,kW;

　　　$z_{风机}$——循环风机开动时间,h。

三、装运货物时的实际冷消耗

在装运某种具体货物时,其冷消耗因素并不总是八项。各类货物的制约因素各不相同。有些货物即使冷消耗的因素相同,但数据却有差别,举例如下:

1) 冻货。运送冻货时,车体需要预冷,传热、漏热、太阳辐射热、风机散热都有,但货物不需要冷却和通风,也无呼吸,因此冻货的冷消耗如下:

$$Q = Q_1 + Q_2 + Q_3 + Q_6 + Q_8$$

2) 冷却的水果、蔬菜和鲜蛋。这类货物在运送中除了有传热、漏热、太阳辐射、车体降温、风机散热等冷消耗外,还多一项呼吸的冷消耗。果蔬和鲜蛋在冷却后运送一般不需要通风:

$$Q = Q_1 + Q_2 + Q_3 + Q_6 + Q_7 + Q_8$$

3) 未冷却的水果、蔬菜和鲜蛋。这类货物八项冷消耗俱全:

$$Q = Q_1 + Q_2 + Q_3 + Q_4 + Q_5 + Q_6 + Q_7 + Q_8$$

第四章 冷链物流设施与运输装备

复习思考题

1. 冷链运输装备主要有哪些？
2. 影响冷链运输能耗的主要因素有哪些？
3. 分析国外及我国冷链运输装备的发展趋势。
4. 试调研国外冷链运输装备现状与研究状况。

扩展阅读

雪人股份压缩机装备种类与工商业制冷剂替代的案例

福建雪人股份有限公司创建于2000年3月，于2011年12月在中国深圳证券交易所上市（公司股票代码：002639），公司是一家以热能动力技术为核心的冷热与新能源装备制造的高新技术企业。公司致力于在冷链物流、工业制冷、清洁能源以及氢能动力四大领域为全球提供公司的产品、技术以及服务。

在全球制冰设备制造行业，公司拥有国际知名制冰设备品牌"SNOWKEY"，是全国物流标准化技术委员会冷链物流分技术委员会制冰机工作组所在单位，负责制定国家和行业标准。

在压缩机方面，公司拥有两大国际压缩机品牌——瑞典SRM（世界螺杆压缩机"鼻祖"）和意大利Refcomp，掌握各类螺杆压缩机、活塞压缩机以及螺杆膨胀发电机技术。同时，公司通过入股美国CN公司（全球领先的透平机械专业技术公司）并合作开发磁悬浮离心压缩机，向高端透平机械领域发展。公司自主开发的-271℃大型氦气压缩机技术水平国际领先，并已应用于液氢、液氦以及领先科研机构的大科学工程项目中。公司通过持续的并购、合作，全面掌握了高端压缩机设计和制造的核心技术，现已成为世界知名压缩机制造企业。

在氢能源方面，公司在掌握燃料电池空压机和氢气循环泵的核心技术的基础上，进一步整合国际氢能产业链上的核心技术与国际知名品牌，发展燃料电池动力系统及系统核心零部件制造业务。同时，公司将现有压缩机技术、制冷技术以及换热技术延伸应用在液氢以及加氢装备领域，成为中国氢能产业的领先企业之一。

公司放眼全球大格局，前瞻性布局技术研发战略，已在瑞典、意大利、美国、日本等地建立技术研发中心。公司研发队伍不断壮大，会聚了全球热能与动力领域高端技术人才，积极融合不同思想、背景和文化，为团队发展和充分挖掘自身潜能提供良好的创新平台。同时，公司积极推进产学研相结合战略，通过与国内外顶尖的研发机构和高等院校合作，以自身培训、联合培养、引进相结合方式，建成一支基础研究、技术开发、产业化和市场化相结合的高素质科技创新队伍。

未来，公司将持续为全球提供更加安全、高效、环保的低碳节能产品，与各领域伙伴团结协作，共同推广热能与氢能动力技术，让世界更加清洁。

1. 雪人股份在冷冻冷藏领域的压缩机装备技术

随着工业化和城市化的发展，近年来冷链物流与食品加工行业业态一直在变化，由于制冷系统设备革新、制冷剂替代、物流功能转移等，制冷工艺持续向好发展。

压缩机是冷链的核心。公司通过技术全球化,布局压缩机研发制造,已经拥有品类最丰富的新型压缩机产品矩阵,解决了过去制冷系统受制于设备的难题。制冷剂的替代政策,让天然制冷剂成为工商业制冷最佳的制冷剂替代方案。部件、装备、系统、工艺随之改变。相关情况如图4-7所示。

图4-7 冷链物流解决方案中制冷剂技术路线的压缩机选择
(第1、2、3列分别为以氨、CO_2、氟为压缩机的设备)

制冷压缩机是核心部件,是制冷机组的核心支撑,制冷系统是制冷设备的集成,制冷工艺是制冷系统的目标实现。工商业冷冻冷藏的压缩机品类,雪人股份几乎都有,涉及主流的氨、氟、二氧化碳几类制冷剂。

在螺杆压缩机方面,压缩机品类涉及开启式/半封闭式压缩机、单机双级压缩机,理论排气量范围为$85\sim10000m^3/h$。

在活塞压缩机方面,压缩机品类有半封闭式单级/双级活塞压缩机,用于氟制冷剂,也有亚临界/跨临界半封闭式活塞压缩机,用于二氧化碳工质。

在离心压缩机方面,压缩机品类有半封闭式齿轮增速/磁悬浮离心压缩机,均为双级叶轮,用于R134a等冷媒的冷水机组。其中齿轮增速离心冷水机组单机头冷量范围在空调工况下达$850\sim1300RT$(冷吨),磁悬浮离心冷水机组单机头冷量范围达$60\sim600RT$。

2. 工商业制冷的制冷剂替代

面对全球气候治理,我国在2021年接受《蒙特利尔议定书基加利修正案》,也提出了"碳达峰""碳中和"的减碳目标。对卤代烃及其混合物制冷剂(俗称氟制冷剂)的替代势在必行。对冷冻冷藏工况的大中型制冷系统(压缩机总排气量在$500m^3/h$以上$5000m^3/h$以下为中型制冷系统,在$5000m^3/h$以上为大型制冷系统)在2020年之后主要的制冷剂为

R507A 制冷剂（ODP=0，GWP=3900）。

氨是绿色天然制冷剂，热力学性能好。在与各类制冷剂的比较中，氨有出类拔萃的性能表现。当下，氨制冷剂的选择受限于液氨的存储量以及氨制冷装置与周边的安全距离。低充注氨制冷系统是氨制冷系统的未来方向。氨制冷系统小型化智能化也是未来趋势。雪人股份在 2015 年推出了氨用半封闭螺杆压缩机，解决了传统氨压缩机存在轴封泄漏隐患的问题。

该产品在欧洲率先使用推广，在国内获得了一系列殊荣，获得多届中国制冷展创新产品、金奖产品称号，获得中国制冷学会 70 项"建国 70 周年暖通空调与制冷行业创新成果"荣誉。

二氧化碳：二氧化碳作为古老的制冷剂，今天重回历史舞台，替代人工合成的高 GWP 氟制冷剂。监管部门对项目的安全评价及环境评价会影响制冷剂的选择和用量，安全评价往往限制了氨制冷剂的使用，环境评价限制了 HFC 制冷剂，如 R507A 的使用。为了减少 R717 或 R507A 的充注量，引入二氧化碳来置换充注空间。这是二氧化碳作为制冷剂或载冷剂的出发点。相关情况如图 4-8、图 4-9 所示。

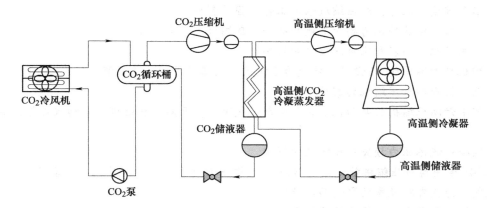

图 4-8 二氧化碳（CO_2）复叠制冷系统

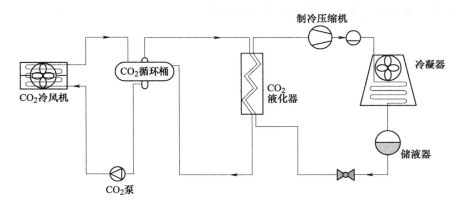

图 4-9 二氧化碳载冷系统

二氧化碳复合制冷系统的技术路线见表 4-1。

表 4-1　二氧化碳复合制冷系统的技术路线

技术路线	目的和意义	典型应用
R717，二氧化碳载冷	氨充注量<10t	冷库
R717/R744，复叠	氨充注量<10t	屠宰、速冻食品加工
R507，二氧化碳载冷	减少高 GWP 冷媒用量	非氨场景下冷库
R507/R744，复叠	减少高 GWP 冷媒用量	非氨场景下食品加工或冷库
R744，跨临界，热泵热水应用	超临界二氧化碳大温差换热	二氧化碳空气源热泵热水机组
R744/R134，复叠，热泵供暖	小温差供热，用环保冷媒	二氧化碳空气源采暖机组
R744，跨临界，制冷	单一二氧化碳工质制冷	邮轮，商超小型制冷设备，滑冰场馆
二氧化碳/R134a，复合制冷	氟二氧化碳系统中 GWP 最低	非氨场景下的多温区冷库，变温冷库

3. 制冷剂替代带来的压缩机选择的变化

除制冷剂本身的物理性质决定热力学性能外，压缩机设计与制冷剂在特定工况的贴合率也体现在最终压缩机表现出的 COP（性能系数）值。

- 不同温度、压力，对压缩机承压工作范围的影响

比如，二氧化碳的压力高于其他制冷剂，压缩机也是专门设计。

- 不同压比、内容积比对压缩机的影响

压缩机自带不同的 VI 设定，就是为了满足不同工况下的效率匹配。

- 电动机冷却对压缩机的影响

通常半封闭压缩机的电动机依靠制冷剂吸气冷却；开启式压缩机的电动机外置，靠空气冷却。

- 制冷剂流体压力损失对压缩机的影响

R134a 专用螺杆压缩机就是因为 R134a 工作压力低于其他氟制冷剂，为扩大吸气通道，减少吸气压力损失对效率的影响而设计的。

- 压缩机形式本身对性能效果的影响

如冷库做二氧化碳复叠，-30℃/-10℃ 工况下，活塞压缩机比螺杆压缩机效率高，因为小压比，活塞压缩机排气更加容易，润滑油路也简单。

第五章

冷链运输与配送组织管理

第一节 冷链运输概述

一、基本概念

冷链，是指根据物品特性，为保证其品质而采用的从生产到消费的过程中始终处于低温状态的物流网络。冷链物流是指以冷冻工艺为基础、制冷技术为手段，使冷链物品从生产、流通、销售到消费者的各个环节中始终处于规定的温度下，以保证冷链物品质量，减少冷链物品损耗的物流活动。兰洪杰在总结国内外相关机构及学者对冷链的定义之后，提出了一个具有系统性、综合性和指导性的定义："冷链是从原材料的获取到最终产成品被消耗的整个过程中，物品始终处于维持其品质所必需的可控温度下的特殊供应链。"和常温物流相比，冷链物流更加复杂，不仅各环节之间必须高度协调，还必须针对不同货物的特性进行合理运输，否则极易造成冷链断裂，对冷链物品的品质产生不可逆的影响。

运输是最核心的物流功能之一，其成本占物流总成本的比例往往在50%以上。运输也是连接冷链各个环节的纽带，冷链运输是冷链物流的关键环节。发达国家易腐食品的冷藏运输率已超过50%，其中美国、日本及西欧等超过80%。我国每年因丢弃腐烂食品而造成的浪费达到700亿元，其中很大一部分发生在运输环节。

冷链运输（Cold-chain Transportation）是指在运输全过程中，无论装卸搬运，还是变更运输方式、更换包装设备等环节，都使所运输货物始终保持一定温度运输。在冷链运输过程中，温度波动是引起货物品质下降的主要原因之一，所以运输工具应具有良好的性能，在保证规定低温时，更要确保温度稳定，这对于远途运输尤其重要。

冷链运输是冷链物流系统的重要环节，如同运输是物流系统中的主要干线一样，冷链运输连接着冷链物流系统中的各个冷链节点，而且是冷链系统中的难点环节。冷链运输主要通过低温减少货物的新陈代谢，抑制微生物的生长，以保持冷链货物的良好外观、新鲜度和营养价值，从而保证货物的商品价值，延长货架期。此外，冷链运输还可以实现冷链货物的时空位移，调节市场需求。在冷链运输的对象中，很多产品在生产供应上具有强烈的地域限制，如各地特产，但其消费分布在全国甚至世界各地，冷链运输能打破这种地域限制，连接生产与消费，比如"南菜南果"的北运及四川、湖南、湖北等地的冻肉外运等，在运转过程上突破了空间限制。当然，冷链运输还可以降低冷链货物在运输过程中的损耗，节约资源。例如，农产品"从农场到餐桌"，即从生产者到消费者，不可避免地进行一次或多次集散，由于没有足够的冷链运输能力和科学的冷链运输方法，许多生鲜农产品不得不在常温下流通，流通中的巨大损失势必会使生产受到限制，广东和广西的香蕉就有"香蕉大丰收，运输不畅使人愁"，而不得不砍掉香蕉树改种粮食的历史，这也使得当地的自然优势得不到充分发挥。由此可见，冷链运输对促进我国经济发展和加速城市化进程具有重要的作用。

二、冷链运输对象及要求

冷链运输的对象主要分为三大类。

（一）鲜活易腐品

鲜活易腐品是指在一般运输条件下易于死亡或变质腐烂的物品，如蔬菜、水果、肉、禽、蛋，以及水产品、花卉产品等。此类货物一般采用冷藏运输，在运输和保管过程中应采取特别的措施，保持一定湿度，温度一般控制住 $0 \sim 7℃$，通过符合标准的冷藏运输车辆运送，以保证其鲜活或不变质。

（二）加工食品

食品加工就是将原粮或其他原料经过人为的处理过程，形成一种新形式的可直接食用的产品，或者制成更美味或更有益的产品。加工食品主要包括：速冻食品，禽、肉、水产等包装熟食，冰淇淋和奶制品，快餐原料等。此类货物一般采用冷冻运输，温度一般控制在 $-18 \sim -22℃$，通过符合标准的冷冻运输车辆运送，以保证其不变质。

（三）医药产品

医药产品是指用于预防、治疗、诊断人们的疾病，有目的调节人的生理机能，并规定有适应症或功能主治、用法和用量的物质，包括中药材、中药饮片、中成药、化学原料药及其制剂、抗生素、生化药品、放射性药品、血清、疫苗、血液制品和诊断药品等。医药品运输过程中应当根据药品的温度控制要求，采取必要的保温或者冷藏、冷冻措施，如常温药品一般采用恒温运输，通过符合标准的保温、温控运输车辆运送，温度一般被控制在 $18 \sim 22℃$。

冷链运输的要求主要包括以下四个方面：①快装快运；②轻装轻卸；③防热防冻；④平稳运输。

鲜活易腐货物运输中，除少数部分确因途中照料或车辆不适造成死亡外，其中大多数都是因为发生腐烂。发生腐烂的原因，对于动物性食品来说，主要是微生物的作用。对于植物性食品来说，腐烂的原因主要是呼吸作用。了解鲜活易腐货物腐烂变质的原因，就可以知道低温可以抑制微生物的增长、减缓呼吸作用，从而达到延长鲜活易腐货物保存的目的。

冷链运输过程必须依靠冷冻或冷藏等专用车辆进行，冷冻或冷藏专用车辆除需要有普通货车相同的车体与机械外，必须额外在车上设置冷冻或冷藏与保温设备。在运输过程中要特别注意必须是连续冷藏，因为微生物活动和呼吸作用都随着温度的升高而加强，如果运输中各环节不能保证连续冷藏的条件，那么货物就有可能在这个环节开始腐烂变质。在运输时，应该根据货物的种类、运送季节、运送距离和运送地方确定运输方法。

在运输过程中,温度要符合规定,尽量组织"门到门"的直达运输,提高运输速度。为保持冷冻货物的冷藏温度,可紧密堆码,水果、蔬菜等需要通风散热的货物,必须在货件之间保留一定的空隙,以确保货物完好。

冷链运输要求在中、长途运输及短途配送等运输环节保持低温状态,它主要涉及铁路冷藏车、冷藏汽车、冷藏船、冷藏集装箱等低温运输工具。在冷藏运输过程中,温度波动是引起货物品质下降的主要原因之一,所以运输工具应具有良好性能,在保持规定低温的同时,更要保持稳定的温度,远途运输尤其重要。

三、冷链运输方式及其特征

冷链运输方式可以是公路冷链运输、铁路冷链运输、水路冷链运输、航空冷链运输,也可以是多种运输方式组成的综合运输方式。

(一)公路冷链运输

公路冷链运输是指使用专门的公路冷藏运输装备进行易腐货物运输的方式。公路冷链运输的相关设施设备包括冷藏汽车、保温汽车和保鲜汽车。公路冷链运输以其机动灵活、方便快捷等特点,成为冷链产品运输的重要组成部分。在发达国家,公路冷链运输的比例已达到65%~85%。

公路冷链运输的特点主要有以下五项。

1. 适应性强、机动、灵活

冷藏汽车(如图5-1所示)具有灵活、建造投资少和操作管理方便等特点。它是公路冷链运输中重要的、不可缺少的运输工具。它既可以单独用于冷链产品的中短途直达运输,也可以配合铁路冷藏车、水路冷藏船和飞机进行短途接运和换装。公路冷链运输可以减少中转环节及装卸次数,实现"门到门"的运输,在经济运距之内可以深入城

图5-1 冷藏汽车

乡,直达销地。在无水路运输和铁路运输的偏远城镇或工矿企业,公路冷链运输的优势更凸显。公路冷链运输在时间上的机动性也较大,对货物的批量大小有很强的适应性。

2. 运达速度快,货损货差小

冷链产品对小批量的订单频率、时效性要求特别高。公路冷链运输灵活方便,不需要中途倒装,中短途运输送达速度快,有利于保持冷链产品的质量,加速流动资金的周转。

3. 技术经济指标好,技术改造容易

为更好地适应社会发展对公路运输的要求,冷链运输车在装货吨位、品种和技术性能等方面正在向多温制冷、低能源消耗方向发展。

4. 能耗高,污染环境

车辆制冷消耗能源多,运行持续性较差,运输成本高昂,尤其是长途运输的单位运输成本比铁路运输或水路运输的运输成本高。

5. 其他特点

公路冷链运输因运量有限，适合小批量运输；受恶劣气候、自然灾害和突发事件等不可控因素及城市交通管制等因素制约较大，其及时性和稳定性差；路面不平时，车体振动大，货物易受损。

公路冷链运输的主要功能之一是补充和衔接其他冷链运输方式，由于公路所具有的技术经济特征，冷藏汽车在中短途运输中的效果最突出。冷藏汽车短途运输通常在 50km 以内，短途运输效果好是因为其场站费用低，经济灵活。中途运输运距在 50~200km，长途运输运距则在 200km 以上。对于冷链产品，由于其价值较高，而且公路冷链运输速度较快，不必换装，可减少货损，并可直达冷链产品的产区与销售地，因此，采用冷藏汽车直达运输的经济运距可达 1000km 左右。此外，某些大型突发事件或公共事件，也常常采用公路冷链运输方式进行救援。

我国的公路冷链运输车辆分为冷藏车和保温车两种类型，两者的相同点是车厢都内置隔热层，不同点是冷藏车具备制冷装置。因此，保温车只适用于短途运输。按照制冷方式，冷藏车分为机械冷藏车、液氮冷藏车、干冰冷藏车和蓄冷板冷藏车等类别。我国的冷藏车大部分都是机械冷藏车，这种类型的车还可以进一步分为单温区冷藏车和多温区冷藏车。其中多温区冷藏车是用分隔门将车厢分为不同的区域，每个区域设置不同的温度，从而将具有不同储藏温度需求的易腐食品进行同车运输。此外，通过将蓄冷保温柜或蓄冷保温箱放入普通货车，也可以满足易腐食品的公路运输需求。

（二）铁路冷链运输

铁路冷链运输是指运用铁路冷链运输工具在铁路上进行的冷链产品运输。铁路冷链运输工具包括冷藏车和冷藏集装箱等。

冷藏车分为两大类。①冰盐冷藏车，我国现采用车顶式冷藏车，以冰和盐作为冷源，控制冰内掺盐量，使车内保持一定的温度。由于冰盐对沿线钢轨有腐蚀作用，而且制冷温度不够低，冰盐冷藏车已被逐步淘汰。②机械冷藏车，如图 5-2 所示，用内燃机带动制冷机械，以制冷剂作为冷源，车内可得 -20℃ 以下的低温，且可在广泛的范围内实现温度的自动调节，所以更能适应现代冷藏运输的要求。机械冷藏车又分为单辆和成组两类，成组的有 3~23 辆各种不同的编组车数。

图 5-2　机械冷藏车

目前，我国主要的机冷车型号参数见表 5-1。对于距离远、大运量的货物，铁路冷链运输具有较高的经济性。但是我国当前冷链市场的货源以多品种、小批量为主，而铁路运输按照货车的标记载重而非货物的实际重量收费，再加上车辆周转时间长、车辆运营成本高等因素，导致铁路冷链运输的市场占有率很低。目前，我国铁路冷藏车运输的承运商中铁特货运输有限责任公司采用 B22 型机冷车，该车型为成组式（1 节发电车+4 节货物车）。而 B21 型、B23 型和 B10 型机冷车都已经被淘汰，当作代棚车使用。

表 5-1　我国主要的机冷车型号参数

车型	车辆载重 /t	车内长度 /mm	车内宽度 /mm	车内高度 /mm	车内温度 (℃)	最高速度 /(km/h)
B21	45.5	18000	2550	2000	-22~14	120
B22	46.0	18200	2500	2300	-22~14	120
B23	45.5	18000	2560	2300	-22~14	100
B10	38.0	17300	2554	2300	-22~14	120

实践中，铁路冷链运输除使用特殊机车外，更多采用"普通机车+冷藏集装箱"的形式，冷藏集装箱能满足"门到门"运输的需要，更加灵活，与其他运输形式也能更好地衔接。

铁路冷链运输的特点主要有以下五项。

1. 适应性强，运输能力大

铁路冷链运输适用于分布在不同生产领域的冷链产品的运输，具有较高的连续性，适合各类不同重量和体积的冷链产品的双向运输，是大宗、通用货物的运输方式，运输能力比汽车和飞机强许多。

2. 运送速度较高，运输成本较低

运输成本中固定资产折旧费所占比重较大，一般而言，运距越大，运量越大，单位运输成本就越低。铁路冷链运输的单位运输成本比公路冷链运输和航空冷链运输的单位运输成本低，甚至比内河冷链运输还低。

3. 安全性高，能耗小，受环境污染程度小

相比之下，以按单位旅客人数和货物吨位计算的事故率来衡量，铁路冷链运输安全性能高，且铁路冷链运输单位运量的能耗比公路冷链运输小，对环境和生态平衡的影响程度较小，特别是电气化铁路的影响更小。

4. 运价上缺乏灵活性，内部比价不尽合理

由于铁路冷链运输的运价一般都由铁道部门规定，无法随意调整运价，也就无法根据冷链产品的淡旺季进行价格调整，不利于易腐货物运输市场的拓展。

5. 运输工具不适应市场要求

冷链货物的运输不同于普通货物的运输，需要配备精良的冷链运输装备和运输管理机制，如此才能有效地实现货物质量保障和运输的经济效益。而随着冷链货物运输市场的变化，大宗货物量减少，我国机械冷藏车的运用受到制约，成组机械冷藏车一次装载量过大，单节机械冷藏车的技术状态不良，导致运量急剧下降，铁路冷链运输亏损严重。

在幅员辽阔的大陆国家，铁路运输是陆地交通运输的主力。即使在工业发达且面积小的岛国，铁路运输仍然占有一席之地。我国冷链产品生产区域分布广泛、运输流向复杂，铁路冷链运输适用于中长距离、高频率、稳定的大宗冷链货物运输，以及城际间冷链货物运输。

（三）水路冷链运输

水路冷链运输是指在水路运输中使用专门的温控冷链装备进行易腐货物运输的方式。用于水路冷链运输的工具主要分为两大类：一类是冷藏集装箱船（如图 5-3 所示）；另一类是冷藏船（如图 5-4 所示）或冷藏舱。冷藏集装箱船一般运输高附加值的小批量冷链货物，而

冷藏船一般被用来运输大宗冷链货物，冷藏船上有制冷装置对产品进行冷却与冻结，舱内还有通风换气设备、消防设备、事故报警器，具有良好的隔热保温效果与气密性。

图 5-3　冷藏集装箱船

图 5-4　冷藏船

水路冷链运输的特点主要有以下三项。

1. 运输能力大，运输距离远

水路冷链运输通常适用于大批量、远距离运输的货物。大型冷库之间，在条件许可的情况下往往采用水路冷链运输，冷链物流中进出口货物几乎全部都是通过水路完成的，在国内贸易中，南北线路的易腐货物也有一部分是由水路送达目的地港口的。

2. 投资省，运输成本低

尽管水运的站场费用很高，但因其运载量大、运程较远，单位成本较低，此外海上运输航道的开发几乎不需要支付费用，内河运输的疏浚河道费用也比修筑铁路的费用少很多。

3. 冷藏船运输连续性差，运输速度慢

冷藏船运输最大的缺点是装船和卸船均在常温下进行，具有较高的"断链"风险。同时受到地理条件限制和季节影响，冷藏船运输连续性差、运输速度慢，联运中需要中转、装卸，不可避免地暴露于环境温度下，容易造成货损。

水路冷链运输适用于冷链货物的近距离运输、大宗耐储运的易腐货物及其加工制品的长途运输。我国生鲜农产品与食品的进出口贸易中，大部分需要水路冷链运输方式进行运送。

（四）航空冷链运输

航空冷链运输主要是指利用具有货舱的飞机或全货机，装载与其相兼容的 ULD（Unit Load Device，一种航空运输中的集装设备）或航空温控集装箱（如图 5-5 所示），借助冷却媒介、控温运输工具和相关的辅助材料完成空中运输。

航空冷链运输具有速度快和成本高两大特点，适用于运输经济附加值高、货架期短的物品。航空冷链运输的温控措施主要有两种。一种是运用干冰等材料作为制冷剂对易腐食品进行保鲜。值得注意的是，干冰属于国际航空运输协会（IATA）《危险品规则》中的第九类

图 5-5　航空温控集装箱

危险品，使用中必须遵守严格的规定。另一种措施是采用具有温度控制功能的集装箱，这种措施常用于运输对温度敏感的生物医药产品。很多航空公司都提供了易腐食品的航空运输业务。例如，我国南方航空大连分公司具有干冰业务的运输许可，可以运输包装严格的海鲜。

航空冷链运输是通过装载冷藏集装箱进行联合运输的。除使用标准的集装箱外，小尺寸的集装箱和一些专门行业非国际标准的小型冷藏集装箱更适合于航空冷链运输，因为它们既可以减少起重装卸的困难，又可以提高机舱的利用率，方便空运的前后衔接。飞机只能运行于机场与机场之间，冷藏货物进出机场需要其他冷链运输方式来配合。因此，航空冷链运输一般是综合性的，采用冷藏集装箱，通过汽车、铁路、船舶等联合运输，不需要开箱倒货，可实现"门到门"快速、不间断的高质量冷链运输。

航空冷链运输的特点主要有以下两项。

1. 高速性，机动灵活性

航空冷链运输是所有运输方式中速度最快的一种，不受地形地貌、山川河流的影响，只要配备机场和航路等基本设施即可开辟航线。倘若使用直升机，其机动性更大，特别是在大型突发事件和灾害事件中，直升机作用更大。目前，航空冷链运输主要运输的鲜活易腐货物有鲜花、植物、水果、新鲜肉类、海鲜和疫苗等。

2. 运量小，运价高，成本高，温控效果较差

由于航空运输对所运物品的种种限制，航空冷链运输的发展缓慢。此外，飞机的动力系统不能向冷藏集装箱提供电源或冷源。在航程较短、飞行时间较少的情况下，需要对冷链产品进行适当预冷后再进行保冷运输。由于高空温度低、飞行时间短，货物的品质能较好地保持。相反，在航程较远、飞行时间较长的情况下，易腐货物的品质会受到影响。

航空冷链运输是所有运输方式中速度最快的一种，适用于冷链货物的长途运输，包括国际运输、国内运输。随着消费者对冷链货物时效性要求的提高，以及对易腐食品的鲜度和风味需求的增加，航空冷链运输的需求越来越大。通常，航空冷链运输用来运输新鲜娇嫩、易受机械损伤而变质、附加值较高、需长距离运输或出口的冷链产品，包括：①名贵花卉、珍稀苗木；②部分生鲜山珍海味，以及特种水产养殖的苗种、观赏鱼；③某些生化制品、药品及特种军需物品等。

第二节　冷链运输组织与管理

一、冷链运输组织

运输组织有广义和狭义两种说法。广义上是指从客观的角度，从微观层面上，通过现有的运输网络进行一定管理调节和控制，使得各种运输方式互相配合协调工作，从而实现运输合理化的一系列过程。狭义上是指针对一具体事例进行的运输方案运行过程。无论从广义上来看还是狭义上来看，运输组织的研究是很有实际意义的。广义上的运输组织有利于整个系统的灵活运转，可以指导整个运输工作。狭义上的运输组织有利于具体运输方案的实施。

冷链运输组织主要是指在冷链环境下，通过各种运输方式将冷链产品从始发地运往目的地的过程，包括运输、储存、装卸、搬运、包装、加工、配送、信息处理、设备提供、管理外包等十大部分，涉及的主要内容有运输路线与节点（包括一般节点、枢纽节点）选择、运输方式选择、运输承运人的选择等。

现阶段，我国冷链物流虽正处于迅速发展阶段，但冷链物流体系尚未形成，在冷链物流的运输组织过程中仍有许多问题阻碍其发展。一是尚不能确保运输全程冷链。受冷链物流基础设施能力不足的约束，冷链运输过程中常出现"断链"现象，冷链流通率低。二是尚未建立完善的多式联运物流体系。在国内，目前物流服务承运商在承担运输业务时，多使用分段运输，即仅使用单种运输方式，这样既不利于降低物流成本，也无法提高运输服务质量，进而使承运商在国际运输市场中处于竞争劣势。三是多式联运系统间的协调性较差。冷链产品在公路、铁路、航空和水运这四种运输方式间转换时，对于运输线路、枢纽节点等的选择，往往凭经验而定，缺乏统一协调，且多考虑单种运输方式完成运输业务，这样既无法实现科学、合理选线，也无法克服单运输方式的局限性，无法实现规模效益。四是运输承运人的确定缺乏统一的标准。冷链运输组织中承运人之间的选择通常比较随意，完善的多式联运物流体系尚未建立的情况下，不同冷链物流服务承运人之间往往存在着运输时间偏差、运输单据不一致等问题。

组织冷链物流运输，必须根据交通运输条件，选择合适的运输线路和运输工具，保证运输任务的完成。冷链物流运输合理化是各种经济的、技术的、社会的、环境的因素相互作用的结果，它具有以下特征。

1）冷链物流运输合理化具有相对性。任何决策的产生都是以一定条件为基础的，随着客观条件、决策主体行为等的改变，最终满足决策者需求的结果往往是非单一的。冷链物流运输合理化与此类似，在运输的过程中，尽管货运的对象具有被动性，但是受到决策主体、使用主体等个人偏好的影响，最终的运输合理化结果也往往是非单一的，造成合理化是在具体情况下产生的，是一种相对的结果。

2）冷链物流运输合理化具有整体性。交通运输系统是一个复杂的动态系统，系统的基本特性决定了在进行运输决策时需要综合考虑各项因素，从而提高运输决策的科学性、正确性。冷链物流运输合理化最直接的表现往往是运输经济成本最低，然而要达到真正意义上的运输合理化，还应同时考虑运输的时间成本、安全成本、效率成本等诸多因素，所以冷链物流运输合理化是诸多因素整体考虑的结果，具有整体性。

冷链物流运输合理化的实现，要充分考虑选择合适的运输方式。同时，在选择合适的运输方式及其组合时，还须考虑运输方式选择的主要影响因素。

二、冷链运输组织管理

1. 初级农产品冷链运输组织管理

初级农产品包括水果、蔬菜、肉、禽、蛋、水产品、花卉产品等。初级农产品冷链运输组织流程如图5-6所示。

上述流程中，批发市场居于核心地位，通过批发市场将众多生产者、批发商、零售商连接起来，从而形成初级农产品流通枢纽。该枢纽主要分为以下几个阶段。

（1）从生产者到批发商阶段

因初级农产品产地与产地批发市场距离较近，初级农产品或通过生产者自行运送至产地批发市场，或通过产地批发市场批发商前往产地采购，并运回至产地批发市场。无论采用哪种途径，该阶段运输方式主要以公路运输为主。由于该阶段自主性强，过程零散，且无相关

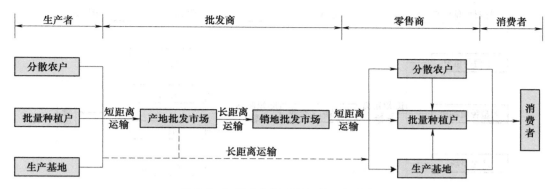

图 5-6 初级农产品冷链运输组织流程

参考标准,进入批发市场前的初级农产品处于无冷藏储存环境。

(2) 批发市场转运阶段

产地批发市场批发商根据销售需要,将初级农产品进行预冷、分类、拣选、包装后装车,运至销地批发市场。因产地与销地距离较远,运输方式不仅仅局限于公路运输。受制于成本、设施设备条件,大部分初级农产品并未选择冷藏运输。考虑距离因素,为使预冷后的初级农产品保持较低温度,一般选择夜间装车,并用诸如棉絮、苫布等将产品包裹在中间,以降低产品腐损率。由于该转运阶段运输是在常温下进行,产品腐损情况完全由运输时间及温度变化决定。

(3) 从批发商到零售商阶段

初级农产品经转运后运至销地批发市场,销地批发商对产品进行筛拣选,保留质量完好的部分,然后将产品批发给零售商,如酒店、宾馆、连锁超市等,零售商根据需求,选择是否进行冷藏处理。对未能完全批发出去的产品,销地批发市场则集中冷藏。该阶段运输距离较短,常采用公路运输方式进行运输,运输过程未采取冷藏措施,一般在自然条件下完成。

此外,零售商为获得高质初级农产品,也会选择从产地批发市场采购产品,或者同生产者建立良好合作关系,由生产地直接采购需求产品,并运用冷藏运输设备,经长距离运输,将产品运至各经营点,如图 5-6 中虚线所示。

2. 加工食品冷链运输组织管理

《食品工业基本术语》(GB/T 15091—1994) 将食品定义为:"可供人类食用或饮用的物质,包括加工食品、半成品和未加工食品,不包括烟草或只做药品用的物质。"加工食品是指除半成品、未加工食品、药品外的食品,如速冻食品、肉、禽、水产品等包装食品、冰淇淋、奶制品、快餐原料等。加工食品冷链运输组织流程如图 5-7 所示。

该流程中,食品加工企业居于核心地位,通过后向一体化将小型种植户、大型种植基地、产地市场等原材料供应商连接起来,通过前向一体化将食品专卖店、超市、酒店等销售商连接起来,形成集生产、加工、冷藏、销售、运输于一体的加工食品冷链物流枢纽。该枢纽主要分为以下两个阶段。

(1) 原材料供应商到食品加工企业阶段

食品加工企业根据原材料需求,前往原材料供应商处进行原材料采购,或同原材料供应商达成合作协议,由原材料供应商定期向食品加工企业供应原材料。由于食品加工企业同原

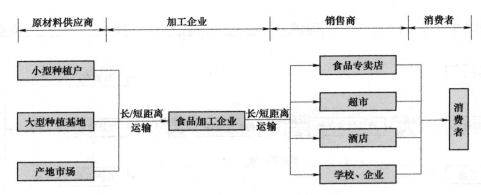

图 5-7 加工食品冷链运输组织流程

材料产地距离远近不一,该阶段运输方式选择具有多样性。为保证加工产品质量,加工企业一般选择在冷藏环境下运输原材料。

(2) 食品加工企业到销售商阶段

食品加工企业根据加工需要,对已购原材料进行分拣、去根、清洗等,然后进行加工、包装,并将产成品入库冷藏。根据销售商需求信息,加工企业将加工食品装车,运输至销售商处。同原材料采购类似,加工企业同销售商间距离远近不一,有多种可行的运输方式。在该阶段,加工企业与销售商往往专注于自身环节的产品质量,管控严格,但忽视运输配送环节管理,导致食品价值受损。

3. 特殊商品冷链运输组织管理

在冷链物流适用范围中,特殊商品包括药品、生物产品、化学产品等。特殊商品不同于一般商品,其研制、生产、经营、使用都有特殊的要求,藏、运、销等过程也需进行严格的管理。特殊商品冷链运输组织流程如图 5-8 所示。

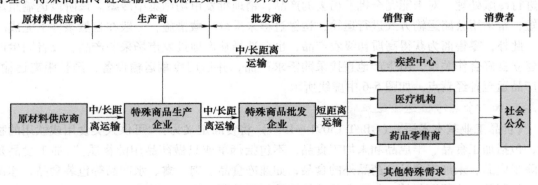

图 5-8 特殊商品冷链运输组织流程

上述流程由原材料供应商、生产商、批发商、销售商以及消费者组成,分为三个阶段。其中,特殊商品批发企业居于核心地位,它是保证整个特殊商品冷链安全有序运行的关键节点。通过后向一体化连接生产企业,实现特殊商品的初步流通;通过前向一体化连接销售商,实现特殊商品的分销。各阶段分析如下。

(1) 原材料供应商到生产商阶段

特殊商品生产企业根据原材料需求,或前往原材料供应商处进行原材料采购,或同原材料供应商达成合作协议，由原材料供应商定期向其供应原材料。由于生产企业同原材料产地地理距离远近不一，该阶段运输方式选择具有多样性，常以公路运输为主。该阶段中无论采用何种运输方式，均用温度监控装置进行温度监控。

（2）生产商到批发商阶段

生产企业对原材料进行冷藏加工、低温包装，然后根据下游批发企业需求，对商品进行分拣、装载，并配送至下游批发企业或疾控中心。该阶段因为运输距离较长，考虑时间因素，常采用较快捷的运输方式，且全程采用温度监控。

（3）批发商到销售商阶段

批发商收到上游配送的特殊商品后，首先将特殊商品进行储存，然后根据下游销售商的需求进行分拣、装载、配送等作业，将特殊商品分销至医疗机构、药品零售商、疾控中心等需求方。该阶段常为短距离运输，常采用公路运输方式。同前两个阶段一样，该过程也采用温度监控。

第三节　冷链配送的基本要素及流程

一、冷链配送的定义及特点

冷链配送是指在经济合理范围内，根据客户要求，在低温环境中对保鲜、冷冻等冷链产品进行拣选、加工、包装、分割和组配等作业，并按时送达指定地点的物流活动。

从配送活动的实施过程上看，冷链配送包括两个方面的活动：

1）"配"，是对货物进行集中、分拣和组配。

2）"送"，是以各种不同的方式将货物送至指定地点或客户手中。

可以对冷链配送归纳出以下几个特点。

第一，冷链配送不是一般概念的送货，也不是生产企业推销产品时直接从事的销售性送货，而是从物流节点至客户的一种特殊送货形式。

第二，冷链配送不是供应和供给，它不是广义概念的组织资源、订货、签约、进货、结算及对物资处理分配的供应，而是以供应者送货到客户的形式进行供应。

第三，冷链配送不是消极的送货、发货，而是在全面配货的基础上，充分按照客户的要求进行服务，它是将"配"和"送"有机地结合起来，完全按照客户要求的数量种类、时间等进行分货、配货、配装等工作。

第四，冷链配送是一项有计划的活动。配送需要根据客户的需要，以及从事配送的企业的能力，有计划地开展送货活动，以满足客户的需要。

配送通常包含短距离、小批量、高频率的运输。如果单从运输的角度看，它是对干线运输的一种补充和完善，属于末端运输、支线运输。它以服务为目标，尽可能满足客户要求。从日本配送运输的实践来看，配送的有效距离最好在 50km 半径以内。冷链配送由于配送对象的易腐性和时效性，配送经济里程的体现更加明显。

配送是以现代送货形式实现资源的最终配置的经济活动，具体包括四点。

第一，配送是资源配置的一部分。

第二，配送的资源配置作用是"最终配置"，因而是接近客户的配置。接近客户是经营战略至关重要的内容。美国兰德公司对《财富》杂志"500强"的一项调查表明，"经营战略和接近客户至关重要"，证明了这种配置方式的重要性。

第三，配送的主要经济活动是送货，这里面强调现代送货，表述了和传统送货方式的区别，即是以现代劳动手段为支撑，依靠科技进步，实现"配"和"送"有机结合的一种方式。

第四，配送在社会再生产过程中的位置，是处于接近客户的那一段流通领域，因而有其局限性。

冷链物流是一项复杂的系统工程，整个过程中的节点多、技术要求高，为降低成本、满足较高服务水平，进而促进销售，需要各环节之间紧密结合、协调优化、统一资源管理等。由于不同冷链货物具有不同的特性要求，冷链物流要针对冷链货物特性提供与之相对应的物流配送，合理的配送服务在冷链供应中起到决定性的作用。冷链物流货物配送与普通物流相比较具有以下特征。

1. 冷链产品的易腐性

冷链物流配送的货物通常比较容易腐坏，在运送的过程中由于各种原因导致冷链产品品质逐渐下降，其中温度是影响其品质最重要的因素。生鲜食品从生产到销售的全过程中，每个环节都有不同的温度要求。通过将食品品质的保鲜最长时间与温度的关系进行量化，以此指导实际运作非常有意义。冷链产业发展较为成熟的美国针对多种食品，调查保存温度和所经过的时间对食品品质所造成的影响，得出"时间-温度变化下的品质耐性"（Time-Temperature Tolerance，T-TT）公式。在现实运作中，可按照该公式估算生鲜食品的品质随时间和温度的改变而下降的情形。

2. 冷链产品的时效性

确保在指定时间内交货是客户最重视的因素，也是配送运输服务的充分体现。冷冻、冷藏食品可保存的时间比较短暂，在运输过程中，运输距离越远，时间越长，就越难以保证食品的新鲜度。对于生命周期短的生鲜食品，由于运送时间增加，从而导致产品新鲜度降低，食品销售量减少，造成一定的经济损失，这些损失应该由物流商承担。因此，生鲜食品销售商为了达到较高的服务水准，在货物到达销售端时，往往会有时间窗的限制，限制运送者必须在事先约定的时段送达。因此，事先规划配送路线，不仅可降低运输企业的运营成本，还可以提高销售商的服务水准，满足客户的需求。

3. 冷链配送的沟通性

配送属于直面客户的末端服务，它通过送货上门服务直接与客户接触，是与客户沟通最直接的桥梁，代表着公司的形象和信誉，在沟通中起着非常重要的作用。所以，必须充分利用配送运输活动中与客户沟通的机会，巩固和发展公司的信誉，为客户提供更优质的服务。

二、冷链配送的基本要素

冷链配送是根据客户的订货要求，在冷库或配送中心等物流节点进行货物的集结与组配，在恰当的温度控制下将货物送达客户的全过程。冷链配送包括以下环节。

1. 集货

集货是将各个客户所需的各种物品按品种、规格和数量从冷库中拣选出来并集中，以便进行运输、配送作业。集货是配送的准备工作或基础工作，它通常包括制订进货计划、组织货源和储存保管等基本业务。

2. 分拣

分拣是将集货形成的物品按配送路线车辆分开，分别堆放到指定的装卸点。它是将货物按品名、规格和温控等要求进行分门别类的作业。分拣是决定配送成败的一项重要的支持性工作。

3. 配货

这是指按客户需要的品种规格、货品温度控制要求及车辆的装载容量组配混装，以装载和配送运输。

4. 配装

配装可以大大提高送货水平，降低送货成本，减少运次，减少交通流量，缓解交通拥堵，降低空气污染。在车辆载重及容量允许的前提下，应尽量把多个客户的货物或同一客户的多种货物装在同一辆冷链运输车辆中。

5. 配送运输

配送运输属于运输中的末端运输、支线运输。它和一般运输形态的主要区别在于配送运输是较短距离、较小规模、较高频度的运输形式，一般使用汽车作为运物工具。

6. 送达服务

要圆满地实现货的移交，并有效地、方便地处理相关手续并完成结算，还应当注意卸货地点和卸货方式等，同时提供一些冷链产品相关的冷藏、冷冻咨询服务。

7. 配送加工

配送加工是流通加工的一种，是按照客户的要求所进行的流通加工。

三、冷链配送的流程

冷链配送的基本作业流程如图 5-9 所示。

（1）划分基本配送区域

为使整个配送有一个可遵循的基本依据，应首先将客户所在地的具体位置做系统统计，并将其做区域上的整体划分，将每一客户囊括在不同的基本配送区域之中，作为下一步决策的基本参考。例如，按行政区域或依交通条件划分不同的配送区域，在这一区域划分的基础上再进行弹性调整，安排配送。

（2）车辆配载

由于配送货物品性各异，为提高配送效率、确保货物质量，必须对温度要求差异大的商品进行分类。在接到订单后，将货物依品性进行分类，以分别采取不同的配送方式和选用不同的运输工具，如按冷冻食品、恒温食品和冷藏食品划分。配送货物也有轻重缓急之分，必须初步确定哪些货物可配于同一辆车上，哪些货物不能配于同一辆车上，以做好车辆的初步配装工作。

（3）暂定配送先后顺序

在考虑其他影响因素，做出最终的配送方案前，应先根据客户订单要求的送货时间对配送作业顺序做概括预计，为后面车辆积载做好准备工作。计划工作的目的是保证达到既定目标。所以，预先确定基本配送顺序既可以有效地保证送货时间，又可以尽可能地提高运作

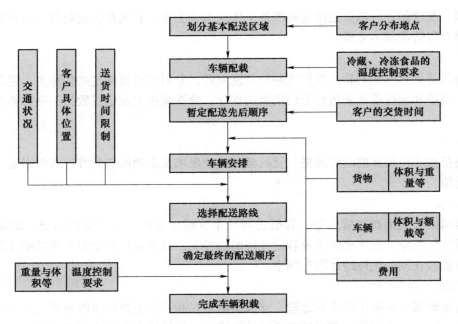

图 5-9 冷链配送的基本作业流程

效率。

(4) 车辆安排

车辆安排要解决的问题是安排什么类型、吨位的配送车辆进行最后的送货。一般企业拥有的车型有限，车辆数量也有限，当本公司车辆无法满足要求时，可使用外雇车辆。

(5) 选择配送路线

知道了每辆车负责配送的具体客户后，如何以最快的速度完成对这些货物的配送，即如何选择配送距离短、配送时间短、配送成本低的线路，就需要根据客户的具体位置、沿途的交通情况等做出选择。除此之外，还必须考虑有些客户或其所在地点的环境对送货时间和车型等方面的特殊要求，如有些客户不在中午或晚上收货，有些道路在某高峰期实行特别的交通管制等。

(6) 确定最终的配送顺序

做好车辆安排及选择最佳的配送线路后，依据各车负责配送的具体客户的位置，即可确定客户的最终配送顺序。

(7) 完成车辆积载

明确了客户的配送顺序后，接下来就是如何将货物装车、以什么次序上车的问题，即车辆的积载问题。原则上，知道了客户的配送顺序后，只要将货物依"先卸后装"的顺序装车即可。但有时为了有效利用空间，可能还要考虑货物的性质（怕震、怕压、怕撞、怕湿等）做出弹性调整。此外，对于货物的装卸方法也必须依照货物的性质、形状、质量和体积等具体决定。

第四节　冷链配送的典型模式及其选择

一、冷链配送的典型模式

（一）自营配送

自营配送模式是指资金实力雄厚的生产或流通企业为了提高配送质量，自行组建冷链物流配送系统，将产品从供应地送达消费者手中。例如，顺丰优选就属于自营配送的典型。自营配送是推进生鲜电商行业发展的关键。但是在这种模式下，冷链配送的成本增加很多，这个成本需要通过到原产地直接进货等途径抵销。

自营配送的优势如下：

1）企业对供应链各个环节有较强的控制能力，易于与生产和其他业务环节密切配合，全力服务于本企业的经营管理，确保企业能够获得长期稳定的利润，对于竞争激烈的产业，企业自营配送模式有利于企业对供应和分销渠道的控制。

2）可以合理地规划管理流程，提高物流作业效率，减少流通费用。对于规模较大、产品单一的企业而言，自营配送可以使物流与资金流、信息流、商流结合更加紧密，从而大大提高物流作业乃至全方位工作的效率。

3）可以使原料采购、配送及生产加工等从战略上一体化，实现准时采购、增加批次、减少批量、调控库存、减少资金占用、降低成本，从而实现零库存。

4）反应快速、灵活。企业自营配送模式下，整个物流体系属于企业内部的一个组成部分，与企业经营部门关系密切，以服务于本企业的生产经营为主要目标，能够更好地满足企业在物流业务上的时间、空间要求。特别是要求频繁配送的企业，自营配送能更快速、更灵活地满足企业要求。

其不足之处为：

1）投资大、成本高。自营配送对供应链各环节有较强的控制权，但由于涉及运输、包装和仓储等环节，需要的资金较多，投资较大，对中小企业而言是比较困难的。企业自营配送普遍只为自身服务，根据企业自身的物流量的大小创建，如果企业自身的物流量小，就难以形成规模效应导致物流成本较高。该模式比较适合连锁经营企业。连锁零售业完成常温物流中心的建设后，纷纷将企业内物流的重心转向低温物流中心及生鲜食品加工中心，如北京京客隆、上海联华、上海农工商和华润万家等。

2）管理困难。生产或流通企业没有物流优势，需要从头做起。要想创建自营配送并经营好它，是个很大的挑战。企业的商业领域涉及什么，物流服务就要涉及什么，基本的物流设施设备和经营团队都要齐全，企业业务范围越大，物流管理压力越大，管理越困难。

3）与第三方物流供应商的关系难以处理。自营物流与第三方物流供应商的竞争关系远大于合作关系，所以如何合理地分配市场、定位市场，让大家能公平竞争、和谐发展，是比较困难的。一旦处理不当，使双方关系破裂，就有可能导致恶性竞争，甚至造成物流市场的混乱。

（二）共同配送

共同配送模式是指多个冷链产品经营企业，在配送网络与服务存在优势互补的情况下，各方基于互相信任、风险共担、利益共享的长期战略合作伙伴关系,通过协作性信息平台,将各方的生鲜加工配送中心、冷链运输部门等相关物流服务部门连接成"虚拟联盟",通过配送要素之间的双向或多向流动、信息共享及一系列决策支持技术来实现各方之间配送业务的统一调度和管理。或者多个客户联合起来共同由一个第三方物流服务公司来提供配送服务。共同配送针对冷链商品配送品种多样化、温度需求多层化、流通渠道多元化的特点,按照不同的温度需求进行冷链配送。共同配送将成为城市配送的主导力量。

共同配送有六大好处:

1) 集约化程度的提高,使人工、设备和设施费用分摊到了很多共享的客户身上,各自成本得以降低。这些零散客户共享所带来的生意量就像大客户所带来的生意量一样,使得物流的规模效应得以发挥,从而节约成本,提高服务水平。

2) 有利于满足客户要求。有很多客户的需求量并不大,但是所需商品种类多、对时间又有较高的要求,只有进行共同配送,才能整合众多客户资源,满足不同客户的要求。

3) 有利于优化资源配置。共同配送整合了所有参与客户的商品资源,整合了客户和第三方物流的车辆和库房资源,同时整合了所有参与客户的配送线路资源。例如在连锁超市行业,目前由于交通堵塞和超市收货排队,车辆的装载率与送货点数形成矛盾。每个店送货量少,而门店又不断增加,如果考虑装载率要把车辆全部装满,还要考虑能否在收货时间内送完,还要考虑驾驶员的在途工作时间,众多因素下只能选择降低装载率以保证完成客户的送货时间要求。

4) 有利于提高运输效率。共同配送整合了大量客户,使冷藏车辆的载重和车辆载货空间得到了有效利用,避免了车辆不满载产生浪费,提高了运输效率。

5) 有利于提高配送科技含量。实施共同配送,有利于配送服务企业提高配送的科技含量。多家企业参与共同配送,不仅有助于共建信息系统与网络,实现信息共享与快速响应,同时也有利于在配送过程中,利用射频技术、GPS(全球定位系统)和传感技术等对配送过程进行全面监控,为客户提供更多的增值服务。

6) 有利于提高社会效益。实施共同配送,大大减少了在途配送车辆,缓解了交通压力,降低了碳排放量,对环境的污染也随之减少。

而在冷链物流领域,这六大好处显得尤为明显:①同一地区的几家冷链配送公司联合,各自负责一定区域的所有签约终端店的冷链配送服务,避免了冷链物流业特有的"网大点散"的状况,有利于降低成本;②专注于服务一个较小的片区,而自己公司的其他任务由离客户更近的其他公司代劳,有利于满足客户对冷链产品的特殊时效需要;③冷链物流设备一般比较昂贵,让中小物流企业负责较小的区域,增加其在该区域的业务量,不仅可以更充分地利用冷藏车等设备,也提高了运输效率;④由于只控制较小区域,车辆需求量将会缩小,不仅减轻交通压力和环境压力,还让企业有资金购买科技含量高的冷藏车等设备。

共同配送实际上是同一地区或不同地区之间诸多企业在物流活动中相互配合、联合运作,共同进行理货、送货等活动的特殊组织形式。

共同配送模式从合作主体间的关系角度来看,可以分为横向共同配送、纵向共同配送和共同集配。

1. 横向共同配送

横向共同配送是指采取共同配送的合作者处于供应链的相同层次。横向共同配送按合作主体的产业归属,可以分为同产业间的共同配送和异产业间的共同配送。

同产业间的共同配送是指相同产业的生产或经营企业为了提高物流配送效率,通过配送中心或物流中心集中配送产品的一种方式。同产业间的共同配送节省了各参与企业对物流设施、设备、人员的巨大投资,同时让企业能够集中精力发展自己的核心业务。这种配送模式有利于实现专业化,配送水平相对较高,提高了运输效率。

异产业间的共同配送是指将从事不同行业的企业生产经营的商品集中起来,通过物流中心或配送中心对客户进行配送的一种形式。与同产业共同配送相比,其商品配送范围更加广泛,涉及的部门更加多样化,属于多产业结合型的业务合作。

2. 纵向共同配送

纵向共同配送是指供应链上游和下游成员建立的合作配送体系,可更加高效地完成配送任务。纵向共同配送常见三种形式:第一种形式是原料供应商与制造商之间的共同配送;第二种形式是零售商与批发商之间的共同配送,即大型零售业主导的共同配送;第三种形式是产、批组合型异产业共同配送,这种形式主要由生产商和批发企业共同出资、参加建立共同配送企业,以实现对便利店等现代零售企业多频度、小单位、统一的配送活动。这种共同配送使产、供、销实现了更紧密的合作,更好地满足了消费者需求。

3. 共同集配

共同集配是将共同配送策略引入城市冷链物流后的进一步深化和发展,它是指以大型运输企业或第三方物流企业为主导的合作型共同配送,包括集货和送货两个部分,即由大型运输企业或第三方物流企业统一集中货物。合作参与企业将商品让渡给指定运输企业,再由各运输企业或第三方物流企业分别向各个地区配送。这种形式既可以依托下游的零售商成为众多零售商的配送、加工中心,又可以依托上游的生产企业成为生产企业,特别是中小型生产制造企业的物流代理。

(三)第三方配送

第三方冷链物流(Third-Party Cold Chain Logistics,3PCCL)是指冷冻冷藏生产经营企业为集中精力于核心业务和节约成本,与专业的冷链物流公司签订合同,在一定期限内将部分(配送)或全部冷链物流活动(仓储、配送、流通加工等)委托给专业冷链物流公司来完成,同时通过信息系统与冷链物流企业保持密切联系,以达到管理控制冷链物流全程的一种冷链物流运作与管理方式。

第三方配送模式有以下几个优点:

1)专业的第三方物流公司将提供专业的物流服务。作为非核心业务,如果投入大量的基础设施和设备、网络及庞大的人力成本,必然会在一定程度上削弱企业自身的核心竞争能力。

2)自己做不到的事情,可以要求其他公司做到,还可以转移各种风险及潜在风险,包括管理风险、人员劳资风险和交通风险等。

3)有利于节约成本。一些连锁超市公司或者是一些大型生产企业自行建设配送中心并组建物流网络,需要投入大量的资金,如果采用委托给第三方物流的方式,就可以节省自行建设配送中心的成本,将其用于开拓新市场和进行技术革新。

4)有利于提高企业效益。随着科技的发展,制造企业的制造量越来越大,紧随其后的便是越来越大的配送量。在许多发达国家,物流自动化程度已经相当高,配送中心也多采用无人自动化仓库，利用自动货架和自动化分拣系统，最大限度地节约成本，提高效率，增加企业效益。

冷链产品生产企业通过把物流业务外包给专业的第三方物流公司，然后专注于打造其核心竞争力，利用第三方物流公司的规模效应来降低自己的物流成本，实现"双赢"。例如，大众交通股份有限公司、锦江集团旗下的上海食品公司与日本三井物产株式会社合资成立了我国第一家专门从事低温食品物流的企业——上海新天天大众低温物流有限公司。他们通过调查发现，上海每天有 6700 万 t 生鲜易腐食品上市，而且冷链食品的年消费增长率在 8% 以上。在超市等大卖场中，冷链食品所占比例达到 20% 以上，有非常广阔的发展前景。

二、冷链配送模式的选择

1. 矩阵图决策法

矩阵图决策法主要依靠矩阵图，如图 5-10 所示，来判断采用哪种配送模式。

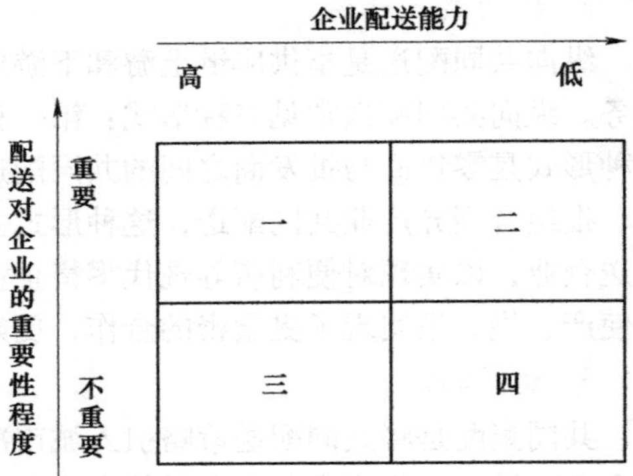

一区：配送对企业重要，配送能力也强，可以自营配送业务。

二区：配送对企业重要，但企业配送能力低，不应该自营，应寻求与其他企业合作建设配送体系或寻求第三方提供配送服务。

三区：配送能力强，与企业需求相比，配送能力可能过剩，可以为其他企业提供配送服务，消化过剩的能力。

图 5-10　矩阵图

四区：配送对企业不太重要，企业本身的配送能力也不强，不考虑自营，如果有一定的配送需求，可以寻求第三方提供服务。

2. 比较选择法

这是指通过比较成本与收益，来确定选择哪种配送模式。

(1) 确定型决策

这种类型的决策问题中，一个配送模式只有一种确定的结果，只要比较结果，就可以确定方案。

【例1】　某企业市场份额扩大，拟完善配送系统，现有三种方案可选，各方案配送模式的成本收益见表 5-2。

表 5-2　各方案配送模式的成本收益

配送模式	成本费用（万元）	销售额预计数（万元）
自营配送模式	8	160
共同配送模式	7	150
第三方配送模式	5	145

解：运用价值分析计算公式解此问题。

$$V = \frac{F}{C} \tag{5-1}$$

式中　V——价值系数；
　　　F——功能价值（销售额预计数）；
　　　C——成本费用。

自营配送模式：$V = \dfrac{F}{C} = \dfrac{160}{8} = 20$。

共同配送模式：$V = \dfrac{F}{C} = \dfrac{150}{7} \approx 21.4$。

第三方配送模式：$V = \dfrac{F}{C} = \dfrac{145}{5} = 29$。

因为第三方配送模式价值系数最大，为29，所以选择第三方配送模式。

一个单目标决策，只要求投资效益最好即可，但如果此类问题要达到的目标是一个目标集，则为多目标决策。

【例2】　某企业在选择配送模式时，有四个要考虑的目标，见表5-3。其中，成本费用、销售额预计数、利润总额、客户满意度的重要性系数分别为0.1、0.3、0.4、0.2。该选择哪种模式呢？

表5-3　各方案配送模式的考虑目标

配送模式	成本费用（万元）	销售额预计数（万元）	利润总额（万元）	客户满意度
自营配送模式	10	220	25	98%
共同配送模式	8	180	17	97%
第三方配送模式	5	140	15	99%

解：用综合价值系数的计算公式解题。

$$V = \sum M_i F_i \tag{5-2}$$

式中　M_i——本项目值/最大值；
　　　F_i——重要性系数。

各配送模式的综合价值系数为：

自营配送模式：$V = \sum M_i F_i = 5/10 \times 0.1 + 220/220 \times 0.3 + 25/25 \times 0.4 + 98/99 \times 0.2 \approx 0.95$。

共同配送模式：$V = \sum M_i F_i = 5/8 \times 0.1 + 180/220 \times 0.3 + 17/25 \times 0.4 + 97/99 \times 0.2 \approx 0.78$。

第三方配送模式：$V = \sum M_i F_i = 5/5 \times 0.1 + 140/220 \times 0.3 + 15/25 \times 0.4 + 99/99 \times 0.2 \approx 0.73$。

综上，由于自营配送模式价值系数最大，所以选择自营配送模式。

(2) 非确定型决策

所谓非确定型决策，是指每种自然状态下的结果不是确定的，而且我们也不知道每种结果发生的概率，也就是说每种配送模式可能出现哪种结果是无法确定的。

【例3】　某企业计划通过革新配送系统来提高客户的满意度，从而稳定现有客户，开发潜在客户，可供选择的配送模式有三种，企业对客户的满意度无法做出准确的预测，只能大体估计出三种情况及相关的成本费用（见表5-4），请问：该问题应如何决策？

表 5-4　各方案配送模式不同满意度对应的成本费用

满意度	不同配送模式的成本费用（万元）		
	自营配送模式	共同配送模式	第三方配送模式
满意度高	100	80	75
满意度一般	70	50	60
满意度低	30	20	30

解法一：

依乐观准则，自营配送模式中成本最小为 30 万元，共同配送模式中成本最小为 20 万元，第三方配送模式中成本最小为 30 万元，比较这三种模式中的最小成本，共同配送模式成本最小，所以选择共同配送模式。

解法二：

依悲观准则，自营配送模式中成本最大为 100 万元，共同配送模式中成本最大为 80 万元，第三方配送模式中成本最大为 75 万元，比较这三种模式中的最小成本，第三方配送模式成本最小，所以选择第三方配送模式。

解法三：采用后悔值法来判断。各方案的后悔值见表 5-5。

表 5-5　后悔值

满意度	不同配送模式的后悔值		
	自营配送模式	共同配送模式	第三方配送模式
满意度高	25	5	0
满意度一般	20	0	10
满意度低	10	0	10

自营配送模式最大后悔值为 25，共同配送模式最大后悔值为 5，第三方配送模式最大后悔值为 10，所以共同配送模式是可选模式。

(3) 风险型决策

可以根据预测得到不同自然状态下的结果及出现的概率进行决策。

【例 4】　某企业通过加强配送效率、提高客户满意度来扩大产品的销售量。现有三种配送模式可供企业选择，配送模式选择见表 5-6。请问：应选择哪种模式？

表 5-6　配送模式选择表

市场需求规模	概率	销售量（件）		
		自营配送模式	共同配送模式	第三方配送模式
大	0.5	1000	1200	1500
一般	0.3	800	700	1000
小	0.2	500	400	300

解：

自营配送模式期望值：$E_1 = 0.5 \times 1000$ 件 $+ 0.3 \times 800$ 件 $+ 0.2 \times 500$ 件 $= 840$ 件。

共同配送模式期望值：$E_2 = 0.5 \times 1200$ 件 $+ 0.3 \times 700$ 件 $+ 0.2 \times 400$ 件 $= 890$ 件。

第三方配送模式期望值：$E_3 = 0.5 \times 1500$ 件 $+ 0.3 \times 1000$ 件 $+ 0.2 \times 300$ 件 $= 1110$ 件。因为第三方配送模式的期望产出最大，所以选择第三方配送模式。

第五节　冷链配送优化

冷链配送的对象通常是生鲜食品，因此对时效性的要求特别强。同时，冷链配送车辆的能耗较常温车辆更大，在运行里程相同的情况下，冷链配送成本的上升尤为明显。因此，优化配送路线，对冷链配送至关重要。

一、车辆路径问题的理论发展及主要类型

车辆路径问题是物流配送领域研究的热点问题，一般可定义为：对一系列装货点和卸货点，组织适当的行车路线，使车辆有序地经过它们，在满足一定的约束条件（如货物需求量、发送量、交发货时间、车辆容量限制、行驶里程限制和时间限制等）下，达到一定的目标（如路程最短、费用最少、时间尽量少、使用车辆数尽量少和车辆利用率高等）。

1. 车辆路径问题的理论发展

车辆路径问题自产生至发展经过了三个理论发展阶段：一是旅行推销员问题（Traveling Salesman Problem，TSP）；二是经典车辆路径问题（Vehicle Routing Problem，VRP）；三是带约束条件的车辆路径问题，包括带时间窗约束的 VRP（Vehicle Routing Problem with Time Windows，VRPTW）、带容量约束的 VRP（Capacitated Vehicle Routing Problem，CVRP）。

2. 车辆路径问题的分类

车辆路径问题按照起点和终点的数量大致可以分为以下三种类型：①相异的单一起点和单一终点；②相同的单一起点和单一终点；③多个起点和终点。

另外，许多学者按空间特性和时间特性的相对重要性将其划分为以下几种：

1）当不考虑时间要求，仅根据空间位置安排路线时，称为经典车辆路径问题（Vehicle Routing Problem，VRP）。

2）当考虑时间要求安排路线时，称为车辆调度问题（Vehicle Scheduling Problem，VSP）。

3）当同时考虑空间位置和时间要求时，称为路径和调度混合问题，也可以将有时间要求的车辆调度问题称为带时间窗约束的车辆路径问题（VRPTW）。

二、基于时间窗约束的冷链配送车辆路径模型

由于冷链配送强调时效性，因此，带时间窗约束的车辆路径问题在冷链配送中非常普遍。时间窗约束是客户需求点对于车辆到达的时间限制，时间窗限制分为硬式时间窗（Hard Time Windows）及软式时间窗（Soft Time Windows）。硬式时间窗 VRP 是指车辆必须在约定时段内到达需求点开始服务，如果提前到达，则必须等到时间窗开启才可以开始服务。硬式时间窗不允许迟到，如果迟到，客户则拒绝接受服务。软式时间窗 VRP 是指如果配送车辆送达时间超过客户规定时间段，则需按照先前的约定加以处罚。

1. 问题的分析

设完成任务 i 需要的时间（装货或卸货）用 T_i 表示，并且任务 i 的开始时间必须属于范

围 $[T_i^z, T_i^w]$ 内，其中 T_i^z 为任务的允许最早开始时间，T_i^w 为任务的允许最晚开始时间。如果车辆在时间 T_i^z 之前到达，则车辆需要等待，如果车辆在时间 T_i^w 之后到达，则任务要延迟进行。求满足货运要求的费用最少的车辆行驶路线。此问题称为时间窗的车辆优化调度问题。

2. 时间窗车辆路径问题的分析

以 G_i 表示车辆到达客户处并开始进行任务 i，一般应有以下关系式：

$$T_i^z \leq G_i \leq T_i^w \tag{5-3}$$

（1）硬式时间窗 VSP

硬式时间窗 VSP 要求每项任务必须在规定时间范围内完成，即必须满足式（5-3）。如果超出这个时间范围，则得不到问题的可行解。

（2）软式时间窗 VSP

软式时间窗 VSP 虽然有时间限制，但是这个限制是柔性的，如果某项任务不能在要求的时间范围内完成，则进行一定的惩罚。具体分为提前到达与延迟到达两种情况。

若车辆在 T_i^z 之前到达客户需求点 j，则车辆不能立刻进行作业，必须在此等候，产生了机会成本损失。

若车辆在 T_i^w 之后到达客户需求点 j，则车辆因为时间延误，服务被延迟，客户会因此产生不满意，必须支付一定的罚金。

（3）关于时间窗宽度的定义

对于时间窗 VSP 的时间特性进行分析，给出以下定义。

定义 1：对于任务 i，要求其在限定时间范围内 $[T_i^z, T_i^w]$ 执行，则时间窗的宽度为：

$$W_i = [T_i^w - T_i^z] \tag{5-4}$$

定义 2：对于任务 i，每项任务均要求在各自的时间窗内执行，m 为总任务数，t_{ij} 表示车辆从点 i 行驶到点 j 的时间，则时间窗系数为平均时间窗宽度与平均行驶时间的比值：

$$\overline{W} = \frac{\sum_{i}^{m} W_i / m}{\sum_{i=1}^{m} \sum_{j=1}^{m} t_{ij} (i \neq j) / m} \tag{5-5}$$

$\overline{W}$ 在不同的范围内时，问题有不同的特征：

1）$\overline{W}=0$，即每项任务有确定的开始时间。

2）$\overline{W} \geq 2$，此时的时间窗约束属于松约束，时间约束在一般情况下均能满足，可能存在时间可行的回路，问题的空间性质处于支配地位，根据位置情况安排线路即可。

3）$0<\overline{W}<2$，此时的时间窗约束属于紧约束，在进行车辆调度时，必须考虑时间约束。在此情况下，问题的时间性质与空间性质相比更可能处于支配地位，时间可行的回路较少或没有。

3. 问题描述模型的建立

一般情况下，非满载 VRP 可描述为：有一个车场，为构造数学模型方便，将车场编号为 0，任务编号为 1，…，l，任务及车场均以点 $i(i=0, 1, …, l)$ 来表示。客户点 i 的需求

为 g_i，车场的车辆载重为 q，客户 i 到客户 j 的单位（成本、距离、时间）为 c_{ij}，M 为一大的正数。

$$y_{ki} = \begin{cases} 1, & \text{点 } i \text{ 的任务由车辆 } k \text{ 完成} \\ 0, & \text{其他} \end{cases}$$

$$x_{ijk} = \begin{cases} 1, & \text{车辆 } k \text{ 从点 } i \text{ 行驶到点 } j \\ 0, & \text{其他} \end{cases}$$

在不考虑时间窗的情况下，此类问题的目标函数通常表示为

$$\min z = \sum_i \sum_j \sum_k c_{ij} x_{ijk} \tag{5-6}$$

在有软式时间窗约束的情况下，若不能按要求时间完成任务，则要加以惩罚。以 c_2 表示车辆在任务点处的等待单位时间的机会成本，c_3 表示车辆在要求时间后到达单位时间所处以的罚值。

若车辆在 T_i^z 之前到客户需求点 j，则产生成本 $c_2(T_i^z - G_j)$。

若车辆在 T_i^m 之后到达客户需求点 j，则处以罚款 $c_3(G_j - T_i^m)$。

用罚函数法（一种数学优化技术）处理时间窗约束，将软式时间窗 VSP 的目标函数表示为

$$\min z = \sum_{i=0}^{l} \sum_{j=0}^{l} \sum_{k=1}^{m} c_{ij} x_{ijk} + M \sum_{k=1}^{m} \max(\sum_{i=1}^{l} g_i y_{ki} + q_y, 0) + \\ c_2 \sum_{j=1}^{l} \max(T_j^z - G_j, 0) + c_3 \sum_{j=1}^{l} \max(G_j - T_i^w, 0) \tag{5-7}$$

s. t.

$$\sum_k g_j y_{ki} \leq q \; \forall k \tag{5-8}$$

$$\sum_k y_{ki} = 1 \quad i = 0, 1, \cdots, l; \forall k \tag{5-9}$$

$$\sum_i x_{ijk} = y_{jk} \quad j = 0, 1, \cdots, l; \forall k \tag{5-10}$$

$$\sum_j x_{ijk} = y_{jk} \quad i = 0, 1, \cdots, l; \forall k \tag{5-11}$$

$$x_{ijk} = 0 \text{ 或 } 1 \quad i, j = 0, 1, \cdots, l; \forall k \tag{5-12}$$

$$y_{ki} = 0 \text{ 或 } 1 \quad i, j = 0, 1, \cdots, l; \forall k \tag{5-13}$$

目标函数（5-7）表示配送的总成本，第一项表示配送活动发生的成本，第二项表示车辆违反载重吨惩罚成本，第三、四项表示车辆违反时间窗约束产生的成本。其中，第三项表示车辆提前到达产生的机会成本，第四项表示车辆延迟到达产生的惩罚成本。约束（5-8）是车辆载重约束，约束（5-9）即每个需求点服务车辆唯一性约束，约束（5-10）和约束（5-11）为到达某个客户的车辆唯一性约束，约束（5-12）表示车辆 k 是否由客户 i 到客户 j，约束（5-13）表示客户 i 的任务是否由车辆 k 完成。

复习思考题

1. 各种冷链运输方式有何优缺点？
2. 描述冷链配送的相关环节。

3. 简述冷链配送的三种模式及特点。
4. 简述矩阵图决策法的原理。
5. 简述比较选择法的三种情况及原理。

扩展阅读

京东的冷链物流

京东物流于 2017 年 4 月 25 日成立，基于过去十余年电商行业积累的丰富行业管理经验，同时基于投入的大量研发和基础设施建设，采用互联网手段来降低传统社会物流成本，通过自建物流来提升商业效率并改善用户体验，突破性地在全国主要城市实现"当日达"配送服务。京东物流在开放、包容、共生的理念下，逐步衍生了越来越多的产品形态，通过搭建平台、整合上下游资源来实现共赢的目的。京东物流先后推出了京东供应链、京东快递、京东快运、京东冷链、京东跨境、京东云仓等在内的全新产品体系，提供了领先于行业的先进的完整产品解决方案，而冷链物流便是其中最具代表性的一个。

在消费升级的背景下，生鲜电商行业的高速发展使得中国的冷链物流行业到达一个前所未有的发展关键点。消费者对生鲜产品的要求已不再仅仅是"新鲜"那样简单，在激烈的竞争中满足消费者高品质、高要求、个性化的需求，是冷链物流企业获得竞争优势、赢取胜利的关键点。在十多年发展的基础上，京东冷链物流已成为全国冷链物流企业的"龙头"，作为中国最大的冷链平台，京东一直致力于以信息智能化的标准来发展冷链物流。针对冷链物流时效性强、源头把控难等要点，京东物流以其先进强大的科技智能化优势、供应链优势构建了冷链物流的基础建设平台，促进了冷链物流行业发展的标准化，改变了其以往粗放式发展的现状。同时，在信息智能化背景下发展的冷链物流，不仅能使消费者获得更好的服务体验，也推动了整个生鲜电商行业的发展。

京东利用自己的科技优势，打造出了属于自己的冷链物流智能化作业体系。该体系是仓配一体、全场景覆盖的一体化、智能温控、全流程可视的智能化，以及多地入仓、社会化协调的网络化。京东已在全国建立了深冷、冷冻、冷藏、控温、常温五大温层，不同温层的温度基本可以满足来自全球不同品类的生鲜产品的储存需求。京东目前使用的智能保温箱就是其科技研发部门自主研发的，该保温箱已升级成第四代，集合了当前最先进的人工智能技术和物联网技术，解决了传统保温箱保温时间短、温度不可调节等问题。京东对于冷链物流的一系列基础建设体现了其对于冷链配送的高标准、严要求，保证了生鲜产品食品安全，为消费者提供了高品质的物流保障。

京东冷链物流目前的业务模式共有四种，分别是纯配服务、仓配服务、原产地生鲜产品服务以及 B2B（企业对企业）服务。

（1）纯配服务

纯配服务的业务模式分为四个步骤。如图 5-11 所示，从客户到终端客户，这中间会经过分拣和站点配送员派件两个环节。京东冷链物流最大的亮点是全年无休、上门接货。另外

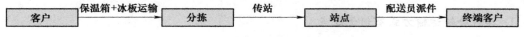

图 5-11 纯配服务业务模式

产品享受专属保障,四重增值服务,而生鲜品类产品独立操作,享有优先中转和配送的权利。

客户在和消费者达成订单以后,京东配送员会上门取货,将客户生鲜产品通过保温箱加冰板的方式运输,并结合京东高效的分拣系统装车运输到就近的配送站点,并根据消费者选择的最佳配送时间上门送货。整个过程生鲜产品都会保存在恒温的最佳环境,在冷库中会有专用货架、托盘,运输过程中的冷藏车能维持−18~10℃的适宜环境,配送员在派件过程中全程使用智能保温箱,通过严格的控温标准来进行温控检测,保证各温层生鲜商品在流转过程中能保持最大的生鲜度。

(2) 仓配服务

仓配服务的优势在于提前备货,如图5-12所示,供应商只需要将商品提前转运到就近的仓储地,就可通过京东内部仓储部门的物流调配来实现全国发货,供应商也不需要担心生鲜销售到终端消费者过程中的商品转运等问题。京东通过多仓运营,结合历史销售数据进行大数据分析,综合计算出可压库商品量,达到时效最优,保证生鲜食品最大的新鲜度。同时通过一地收货,京东可以通过严格的出入库品控管理,保障商品在进入京东冷链物流体系前就是一个最佳的状态。

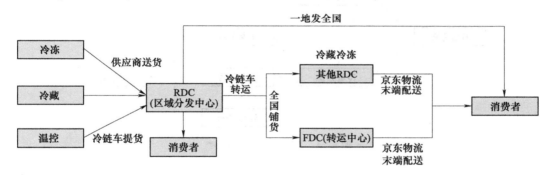

图5-12 仓配服务业务模式

这里以京东配送为例,消费者在选购下单生鲜产品后,平台会根据消费者所在地就近的仓储库进行分拣,如果库存不足,在规定的范围内会就近调度,最大限度满足多仓的灵活性。仓配服务通过提前备货、共享库存、降低存储和运输成本,实现综合成本的最小化,提高配送效率,解决商家全国配送业务问题。同时,京东因为自身冷链温控标准严格,从冷库到冷藏车,再到最终的保温箱,都有领先于行业的标准,更能保证品控。基于此,供应商更愿意将生鲜商品依托京东平台来进行销售,一方面解决了物流问题,另一方面解决了品控问题。

(3) 原产地生鲜产品服务

原产地生鲜产品服务思路的出发点是"就近原则",即将京东物流仓库直接建到合作方的周边。如此一来,当供应商有产出,或者消费者产生订单时,可以在第一时间进行采摘或者捕捞,减少从生产到销售的环节扭转,确保生鲜产品能以最快的速度送达消费者手上。目前来说合作的案例有很多,比如阳澄湖大闸蟹、潜江小龙虾、烟台大樱桃、茂名荔枝等。这些案例都充分发挥了原产地生鲜服务的优势,第一时间和供应商取得合作,并且根据实际情况结合空运/陆运等方式,将商品直接送达消费者或者通过生鲜门店进行售卖,如图5-13

所示。

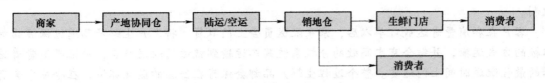

图5-13 原产地生鲜产品服务业务模式

（4）B2B服务

B2B服务的主要模式是冷链城配，能发挥其现有自建仓储的优势，发挥冷库更多的存储价值，通过搭建物流平台，充分利用自有物流车辆、商家车辆、外包车辆的运力，来满足部分商家对冷链运输的强烈需求，补充市场的空缺。比如大型连锁饭店，往往对生鲜食品有着大量的需求，同时对品质要求较高，B2B模式的出现恰恰满足了市场的需求，能借助平台的力量发挥更大的价值，提供多场景的冷链服务，满足商户点到点、点到多点的冷链运输需求，如图5-14所示。

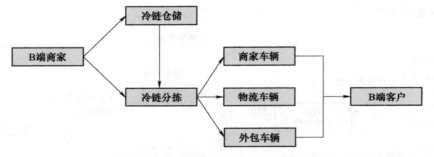

图5-14 B2B服务业务模式

京东冷链物流的业务组织架构采用事业部架构。京东集团设立冷链物流运营体系负责人岗位，对京东的冷链物流全部业务负责。在运营体系总负责部门分设运营管理部及办公室两大核心业务职能部门。运营管理部下分别设立：物流开放业务部，负责京东冷链物流业务的市场销售；物流规划发展部，主要负责对当前冷链物流的发展情况以及未来趋势做出京东冷链物流的发展战略规划；仓储物流部，主要与京东冷链采购业务部门和运输部门对接，负责生鲜商品的仓储业务；配送部，负责生鲜商品的派送服务，主要有"次日达""极速达"等模式。办公室下设：客服部，负责与消费者沟通，解答消费者疑问，向售后部反馈消费者问题，维护公司与消费者关系；售后部，负责处理生鲜商品的售后服务；运营研发部，是京东冷链物流增设的新部门，负责运用人工智能和大数据等科技加强京东冷链物流在科技创新上的优势。

2017年4月京东宣布成立京东物流子集团，打造以供应链为核心的物流一体化服务。以生鲜行业为例，生鲜商品具有品类多、短保、易损腐的特性，这些特性决定了它对仓储、运输时效、温度、湿度等保存条件都提出了更为苛刻的要求。京东冷链物流的不断改进与发展，使得京东在冷链物流行业一直处于领先地位。

第六章

冷链运输货物标准与条件

第一节　冷链物流各环节作业标准

中华人民共和国商务部提出《易腐食品控温运输技术要求》（GB/T 22918—2008），冷链运输货物必须满足相应的条件和标准。

一、运输基本要求

1）易腐食品必须符合国家有关食品卫生相关要求。

2）不同热状态的易腐食品不应在控温运输工具的同一控温空间内运输。在同一控温空间内运输的易腐食品，一般限运同一品名。不同品名的易腐食品，货物性质允许混装的，如在控温运输工具内保持或要求的温度上限（或下限）差值不超过3℃时，可同一控温空间内拼装运输；有特殊气味的易腐食品，不能与其他食品在同一控温空间内运输。

3）控温集装箱应符合系列1：集装箱的技术要求和试验方法（GB/T 7392—1998）的规定，铁路冷藏车应符合铁道货车通用技术条件（GB/T 5600—2018）的规定，控温汽车应符合保温车、冷藏车技术条件（QC/T 450—2000）的规定。

①控温运输工具应能满足运输条件的要求，严禁使用不能保证货物质量的运输工具。

②控温运输工具必须安全、无害，应保持清洁卫生，防止污染食品。

③控温运输工具应配备能连续记录并输出内部温度且不可更改的温度记录仪。

④应保持控温运输工具的设备工作正常，隔热、密封状况良好。

⑤控温运输工具的内壁板宜附设凸条，地板宜附设离水格子。

4）托运易腐食品时，易腐食品的承运质量、温度应符合规定。

5）容器和包装材料的卫生应符合相关标准的规定食品接触用塑料材料及制品，包括但不限于食品安全国家标准-食品接触用塑料材料及制品（GB 4806.7—2016）等规定，其包装标志应符合运输包装收发货标志（GB/T 6388—1986）的规定。

6）经过预冷的控温运输工具装载时，应采取措施保持运输工具内部温度。在装（卸）作业中应使用不会损坏设备的工具，且不得挤碰设备，上层货物与顶板之间应留出适当的空隙，满足气流组织的要求。开关门时，严禁乱砸硬撬。采取隔热、防寒、防湿等措施时，严禁以钉钉等方式损坏控温运输工具。

7）应防止易腐食品在装载、运输途中、卸货和转运过程中遭受冷害和冻害。

二、装载要求

1）除隔热车（箱）外，使用控温运输工具运输易腐货物时，装载前应对运输工具内部空气初始温度进行调控，温度适宜时方可装载。在环境温度高于运输温度时，运输工具内部空气初始温度应至少调整为运输温度范围的上限；在环境温度低于运输温度时，运输工具内部空气初始温度应至少调整为运输温度范围的下限，如无法达到，运输工具应提前加热或预冷，且温度偏差应不超过3℃。

2）如有封闭式月台，冷藏库操作人员可适当提前将待装运的货物从冷藏库内运送到月台上，控温运输工具操作人员将控温运输工具停靠在冷库月台靠近易腐货物处，控温运输工具门对准封闭式月台的门套，并调整好连接高度；如无封闭式月台，宜用活动式连接器将冷库门与运输工具门对接。

3）装载前应检查控温运输工具的卫生状况，查看有无异味、有无外来污染物等；检查控温运输工具的制冷/加热设备，应能正常工作；检查控温运输工具的隔热壁是否正常，门的密封是否完好；检查控温运输工具内的温度应符合待运易腐食品的温度要求，最大温度偏差应不超过3℃。

4）交接双方确认易腐货物的名称、重量、数量、包装等信息无误后，应尽快将易腐食品从冷藏库月台装入控温运输工具。如无封闭式月台应尽量缩短装货时间，装好后关闭控温运输工具的门。

5）装载过程中易腐食品温度变化应不超过3℃。

6）装载时宜使用叉车和托盘，冷藏库宜建造封闭式月台。

7）装载过程中应轻拿轻放，装载不稳固的，应采取加固措施。

8）装载过程中应实时监控运输工具内部温度．如温度高于允许值，应停止装货，并对运输工具进行检查，如仍无法维持其内部温度，应更换控温运输工具。

三、运输途中要求

1）在运输途中，控温运输工具应按规定保持内部温度。

2）在外部环境温度较高时，应优先使用调温的控温运输工具运输；在运输时间较短且外部环境温度允许时，可采用隔热车（箱）运输，但运输途中货物温度变化应不超过3℃。

注1：当控温运输工具内部空气温度与外部环境温度存在15℃以内温差时，在充分保温或预冷的条件下，运输时间少于12h的，可用隔热车（箱）保温运输易腐货物；当控温运输工具内部空气温度与外部环境温度存在15~30℃温差时，运输时间少于6h的，可用隔热车（箱）保温运输易腐货物；当控温运输工具内部空气温度与外部环境温度存在30℃以上温差时，运输时间少于3h的，可用隔热车（箱）保温运输易腐货物。

注2：城市内的多点配送运输宜使用调温的控温运输工具。

3）控温运输工具在运输易腐货物的途中，应尽量保持平稳，减少起伏和震动。

4）运输未冷却水果或蔬菜时，应根据货物性质选择适当的时机进行通风换气。

5）最低要求每2h记录一次控温运输工具内部温度，并进行实时控温。

6）装有易腐货物的控温运输工具，在运输途中不宜长时间停留、积压。遇有特殊情况需要停留时，应立即采取转运或就近妥善处理措施。

7）控温运输工具操作人员应做好隔热围护结构和系统装置的日常维护保养，并做好记录。控温运输工具发生故障不能继运时，应尽快抢修，不能及时修复时，应立即采取转运或就近妥善处理措施。

四、卸货要求

1）易腐货物交接双方应预先明确卸货的相关信息，包括时间、地点、货物名称、货物重量和数量、货物包装、货物在控温运输工具内部的堆放形式、测温记录等。

2）交接双方确认信息无误后，应尽快将易腐食品由控温运输工具卸至冷藏库的月台上，尽快装入冷藏库。如无封闭式月台应尽量缩短卸货时间。

3）控温运输工具操作人员将控温运输工具停靠在冷库月台靠近货物处，如有封闭式月台，使控温运输工具门对准封闭式月台的门套，并调整好二者的连接高度；如无封闭式月台，宜用活动式连接器将冷库门与运输工具门对接。

4）卸货前应检查易腐货物的卫生、品质状况，包括有无异味、有无外来污染物等；检查控温运输工具的制冷/加热设备，应能正常工作；检查控温运输工具的隔热层是否正常，门的密封是否完好；检查控温运输工具内部温度是否符合所运易腐食品的温度要求，宜在控温运输工具的前、中、后处分别抽样测试。

5）卸货过程中货物温度变化应不超过3℃。

6）卸货后应及时将控温运输工具清扫干净。装过水产类、肉类及被其他易腐食品污染的控温运输工具，应进行彻底洗刷除污，必要时进行消毒，控温运输工具内不得残留污水、秽物。洗刷除污、消毒后通风，晾干并关门。

7）卸货时宜使用叉车和托盘，冷藏库宜建造封闭式月台。

8）卸货过程中测得的货物温度高于允许值时，应尽快采取措施维持规定的温度。

五、转运接驳要求

1）转运接驳时，应先按卸货要求1）操作。

2）控温运输工具双方就近停靠，按卸货要求4）操作。

3）除隔热车（箱）外，装载前应调整待装控温运输工具内部空气初始温度，按装载要求1）操作。

4）装载前，按装载要求3）操作。

5）交接双方确认易腐货物的名称、重量、数量、包装、堆放形式、测温记录等信息无误后，应尽快利用叉车和托盘将易腐货物由待卸控温运输工具转至待装控温运输工具。

6）转载过程中宜采取遮阳防雨措施。

7）转载过程中易腐货物温度变化应不超过3℃，且易腐货物暴露在常温环境的时间应不超过0.5h。

8）转载完成后应及时清扫控温运输工具，按照卸货要求6）操作。

第二节　冷链设施设备性能标准

全国物流标准化技术委员会冷链物流分技术委员会（SAC/TC269/SC5）（以下简称"冷标委"）由国家标准化行政主管部门批准成立，在全国物流标准化技术委员会（以下简称"物标委"）业务指导下负责冷链物流领域内的国家标准、行业标准、团体标准的制定、修订与推广工作，与中国物流与采购联合会冷链物流专业委员会（以下简称"中物联冷链委"）合署办公。中物联冷链委参与制定、修订标准涵盖冷链物流分类、服务能力、追溯、人才、餐饮、肉制品、水产品、海产品、生鲜、冷库、冷藏车、交接规范等方面。《中国冷链物流标准目录手册》收集了我国已颁布的现行农副产品、食品冷链物流国家标准、行业标准，共计348项。主要标准见表6-1。

表6-1　主要标准

标准号	标准名称	发布日期	实施日期	规定范围
GB/T 24400—2009	食品冷库HACCP应用规范	2009-09-30	2010-03-01	本标准规定了食品冷库建立和实施HACCP体系的总要求以及文件、良好操作规范（GMP）、卫生标准操作程序（SSOP）、标准操作规程（SOP）、有害微生物检验和HACCP体系的建立规程等要求
GB/T 28009—2011	冷库安全规程	2011-12-30	2012-12-01	本标准规定了冷库设计、施工、运行管理及制冷系统长时间停机的安全要求。本标准适用于以氨、卤代烃等为制冷剂的直接制冷系统及间接制冷系统的冷库。其他类型的冷库和制冷系统可参照执行。本标准不适用于作为产品出售的室内装配式冷库
GB/T 31080—2014	水产品冷链物流服务规范	2014-12-22	2015-07-01	本标准规定了水产品冷链物流的基本要求、接收地作业、运输、仓储作业、加工与配送、货物交接、包装与标志要求和服务质量的主要评价指标。本标准适用于鲜、活、冷冻和超低温动物性水产品流通过程中的冷链物流服务
GB/T 27638—2011	活鱼运输技术规范	2011-12-30	2012-04-01	本标准规定了活鱼运输的术语和定义，基本要求和充氧水运输、保湿无水运输、活水舱运输和暂养管理技术的要求。本标准适用于商品鱼的活体流通运输、亲鱼、鱼种和鱼苗的运输可参照执行
GB/T 29568—2013	农产品追溯要求　水产品	2013-07-19	2013-12-06	本标准规定了水产品供应链可追溯体系的构建和追溯信息的记录要求。本标准适用于水产品供应链中各组织可追溯体系的设计和实施
GB/T 36192—2018	活水产品运输技术规范	2018-05-14	2018-12-01	本标准规定了活水产品运输的基本要求、运输工具、运输管理和暂养。本标准适用于活鱼、活虾、活贝、活蟹的运输，其他活水产品可参照执行
GB/T 34767—2017	水产品销售与配送良好操作规范	2017-11-01	2018-05-01	本标准规定了水产品销售操作的基本要求、批发要求、配送要求、零售要求和人员管理。本标准适用于水产品销售与配送活动的质量控制

第三节　运输包装与装载条件

易腐货物的装载必须保证货物的运输质量，同时兼顾车辆载重量和容积的充分利用。

冻结货物必须实行紧密堆码，尽可能不留间隙，减少货物在单位时间内散失的热量。对于自身不发热的冷却货物，也可采用较紧密的装载方式，但不应过于挤压，以免造成机械损伤。对于有热量散发的冷却、未冷却货物，如水果、蔬菜必须采用稳固装载、留通风间隙的装载方法，通过冷空气循环使货物的呼吸热及时排出。货物不应直接接触车底板和车壁板。

常用的留风间隙装载方法有品字形、井字形、"一二三、三二一"装车法、筐口对装法，具体见表6-2。

表6-2　易腐货物装载方法

装载号	装载方法	说　明	图　例
a	品字形	奇数层和偶数层货件交错，骑缝装载	"品字形"装载法示意图 注：空隙值 $a = 2 \sim 3$cm $b = 5 \sim 7$cm $c = 2 \sim 3$cm
c	井字形	货箱侧板之间留空隙，端板之间紧靠，奇数层装法相同，偶数层装法相同。奇数层与偶数层交叉堆放形成井字	"井字形"装车法示意图 注：空隙值 $a = 2 \sim 3$mm $b = 2 \sim 3$mm

（续）

装载号	装载方法	说 明	图 例
d1	筐口对装法一	底层两侧的箩、篓、筐等大筐口朝下，中间的大筐口朝上，第二层则方向相反	"筐口对装法一"装载法示意图
d2	筐口对装法二	第一层大口与小口的朝向两两互相错开，第二层与第一层相反。奇数层同第一层，偶数层同第二层。本方法装运叶菜、葱蒜类和水生菜时，筐内可加通风筒或夹碎冰	"筐口对装法二"装载法示意图
d3	筐口对装法三	第一层及奇数层全部大筐口朝上，第二层及偶数层全部大筐口朝下	"筐口对装法三"装载法示意图

第四节　运输温湿度及气体成分条件

对于冻结的食品，国际上通行的储藏温度为-18℃以下，考虑到运输环境的复杂性，允许温度略微上升，但不能超过-15℃；对于新鲜的水果和蔬菜，根据具体品类保持在适宜的温度范围内。水果和蔬菜通常以内包装的形式进行密封，以提高相对湿度，通常情况下的相对湿度控制在90%以上。适当控制储运环境的气体成分，有利于延长蔬菜水果的货架期。采用冷藏与气调相结合的方法，可使新鲜水果蔬菜保鲜时间大大延长。常见果蔬的气调条件见表6-3。

表 6-3 常见果蔬的气调条件

果蔬名称	冷藏温度/℃	相对湿度（%）	O_2 含量（%）	CO_2 含量（%）	储存期/天
苹果	0	90~95	3	2~3	150
梨	0	85~95	4~5	3~4	100
樱桃	0~2	90~95	1~3	10	28
桃	-1~0	90~95	2	2~3	42
李子	0	90~95	3	3	14~42
柑橘	3~5	87~90	15	0	21~42
哈密瓜	3~4	80	3	3	120
香蕉	13~14	95	4~5	5~8	21~28
胡萝卜	1	81~90	3	5~7	300
花椰菜	0	92~95	2~3	0~3	40~60
芹菜	1	95	3	5~7	90
黄瓜	14	90~93	5	5	15~20
马铃薯	3	85~90	3~5	2~3	240
生菜	1	95	3	5~7	10
香菜	1	95	3	5~7	90
西红柿	12	90	4~8	0~4	60
蒜薹	0	85~90	3~5	2~5	30~40
菜花	0	95	2~4	8	60~90

因为食品释放的乙烯以及排放的其他气体（香烟烟雾或其他烟雾）可能聚集在封闭的运输车辆中，造成食品过快成熟，所以不建议把乙烯生产率较高的农产品和对乙烯高度敏感的农产品进行混合储存运输。产生乙烯的农产品和对乙烯敏感的农产品见表 6-4。

表 6-4 产生乙烯的农产品和对乙烯敏感的农产品

产生乙烯的农产品	对乙烯敏感的农产品
苹果、鳄梨、西番莲、桃、梨、柿子、梅子、木瓜、番茄、杏、香瓜、樱桃、蜜瓜、猕猴桃、油桃、番木瓜	猕猴桃（未成熟）、绿叶蔬菜、生菜、豌豆、辣椒、菠菜、西瓜、香蕉（未成熟）、青花菜、白菜、胡萝卜、花椰菜、黄瓜、茄子

复习思考题

1. 运输的基本要求是什么？
2. 冷链包装的基本要求是什么？
3. 运输包装过程中的注意事项有哪些？

扩展阅读

为切实防止新冠病毒通过冷链物流渠道传播，2020 年 8 月 26 日，交通运输部发出《关于进一步加强冷链物流渠道新冠肺炎疫情防控工作的通知》（以下简称《通知》）。《通知》

冷链物流

就进一步加强冷链物流渠道新冠疫情防控工作，通知相关部门严格运输装备消毒，坚决防止病毒通过交通运输渠道传播。《通知》说，要深刻认识做好冷链物流渠道疫情防控工作的重要性。2020年6月以来，北京、辽宁、安徽、福建、江西、山东、广东、重庆、陕西、云南等10多个省份在进口冷链食品或包装物检出新冠病毒核酸阳性，进口冷链食品疫情传播安全风险增大。《通知》要求相关单位，充分认识冷链物流疫情防控形势的严峻性、复杂性，加大疫情防控工作投入力度，指导和督促各有关冷链物流运输企业、港口码头、货运场站等经营单位加强从业人员防护、严格运输装备消毒、落实信息登记制。《通知》要求，强化部门协同联动，防范冷链食品新冠病毒污染风险。各单位要积极配合卫生健康、海关、市场监管等部门开展对国产和进口冷链食品采集相关样本、冷链货物运输车辆及冷链物流从业人员的核酸检测工作；配合做好冷链食品追溯管理、应急处置、环境消杀等工作，推动建立冷链物流供应链全链条、可追溯、一体化管理体系，切实防范冷链物流新冠病毒传播风险。同时，要密切配合海关部门开展进口冷链食品查验工作，强化口岸通关查验管理。《通知》强调，严格运输装备消毒，坚决防止病毒通过交通运输渠道传播。《通知》说，各单位要切实强化国际冷链集装箱运输管理，全力做好冷链货物运输船舶、车辆等运输装备消毒工作。从事冷链物流运输的厢式车辆，在每次重新装载货物前均要对厢体内外部进行重新消毒。同时，各地交通运输主管部门要充分依托本地疫情防控工作机制，加强与卫生健康、海关、市场监管等部门的沟通协调，推动实施跨境冷链物流道路货运司机在口岸点、作业点、居住点的闭环管理，鼓励采用跨境甩挂运输等新组织模式，严防境外疫情输入。《通知》最后要求落实信息登记制度，为冷链物流疫情防控追溯提供有力支撑。

第七章

食品冷链物流安全与风险管理

第一节　食品冷链物流安全和风险管理的内涵

安全性作为食品最主要的特性之一,世界卫生组织(WHO)将其解释为"对食品按照其原定用途进行制作和(或)食用时不会使消费者受害的一种担保"。随着科学技术的不断进步和研究手段的提高,在一些曾被认为绝对安全、无污染的食品中也发现有某些有毒有害物质,而许多被认为有毒的化学物质,实际上在环境和食品中都被发现以极微量的形式广泛存在,并在一定范围内对人体健康有益。因此,食品安全性又分为绝对安全性与相对安全性两种不同的概念。绝对安全性是指确保不可能因食用某种食品而危及健康或造成伤害的一种承诺,也就是食品应绝对没有风险;相对安全性被定义为一种食物或成分在采取合理食用方式和正常食量的情况下不会导致对健康损害的实际确定性。由于客观上人类的任何一种饮食消费甚至其他行为总是存在某些风险,绝对安全性或零风险是很难达到的,安全食品并不是没有风险的食品,而是在提供最丰富营养和最佳品质的同时,力求把可能存在的任何风险降至最低限度。

食品物流安全是指食品在生产、加工、储藏、运输、配送以及直至抵达消费者的全过程中不使消费者受到损害的一种担保。食品物流安全定义与一般物流安全定义有三个不同点:①充分考虑了最终消费者的利益;②涉及食品的生产和消费过程;③食品在物流过程中的安全范畴较广。

因此,食品冷链物流安全定义为在食品冷链物流过程中不使消费者健康受到损害的一种担保,其有以下含义:

1)食品物流过程中必须有冷链提供技术支撑,由于冷链的不完善或操作不当等,可能导致食品不符合卫生要求。

2)研究的范围限于冷链物流过程中的食品品质安全,设备安全、人员安全、信息安全不在研究范围之内。

3) 强调以消费者的健康作为食品冷链是否安全的评价标准,而不是设备是否正常运作。

另外,按照物流服务对象的不同,还可以将物流安全分为一般货物物流安全和特殊货物物流安全,这里的特殊货物包括易燃、易爆、易腐和有毒货物。显然,易腐食品物流属于特殊货物物流范畴。易腐食品物流与一般物流存在着本质的区别:

1) 它更加注重物流过程中食品本身的安全水平。
2) 大部分易腐食品需要冷链平台支撑。
3) 易腐食品物流作业环节比一般物流复杂。
4) 易腐食品本身的特性决定了它比一般货物物流对时效性要求更高。

从物流的基本作业环节分类,可以将易腐食品物流安全分为储存安全、运输安全、包装加工安全三类;从作业环境的角度分类,易腐食品物流安全包括易腐食品"软安全"和"硬安全"两类,"软安全"包括信息安全、操作人员安全、设施设备标准的匹配程度、操作规程的完善程度;"硬安全"主要是指设施设备安全,包括载运工具安全、冷库安全和装卸搬运机械安全等;从物流服务辐射范围角度,可以将易腐食品物流安全分为区域内和跨区域两类;从物流服务形态看,可以将易腐食品物流安全分为供应物流安全和销售物流安全两类;从物流组织主体类型角度,可以将易腐食品物流安全分为自营物流安全和外包物流安全两类;从物流作业环节角度,可以将易腐食品物流安全分为运输、装卸、配送、包装加工、仓储等子安全系统。

"风险"是与"安全"相对应的概念,是指由于客观存在的各种因素和人们对事物及其规律认识的不确定性,导致的非期望后果发生的潜在可能性。风险主要有不确定、客观、复杂和可测等特征。当风险因素增加到一定的程度,遇到适宜的条件时,就可能引发风险事故。风险事故导致损失的可能和控制风险事故的程度决定风险结果的大小。这种具有不确定性的损失即为风险,当风险成为现实,损失即成为事实。风险的存在不等于事实的损失,是可能的损失。食品安全和食品风险管理是相辅相成的。对于食品生产和流通企业而言,安全管理的重点就在于管理和控制风险,而食品风险管理在控制风险的同时也保障了食品安全。易腐货物对于流通时间和条件要求很高,但国内物流业还处于粗放式发展阶段,冷链物流体系非常落后,这就导致物流风险很高。至今,对于冷链物流系统风险分析和评价还没有形成一套行之有效的技术和方法。

风险管理相关术语定义如下:

1) 风险:事故发生频率和后果严重性的乘积。事故发生频率通常划分为极少、很少、经常和频繁,实际操作时赋予量的范围。后果严重性分为轻微、显著、严重和灾难性等,实际操作中可以通过不同的角度进行量化,例如从易腐货物损失量(设备和人为)、污染量、腐烂变质量等方面进行量化,风险被赋予了量化的定义,就具有可度量性以及可分析性。

2) 风险分析:指对可能存在危害的预测,并在此基础上采取规避或降低危害影响的措施,是由风险评估、风险管理和风险交流共同组成的一个过程。

3) 风险评估:在特定条件下,当风险源暴露时,将评估其对人体健康和环境产生不良效果的事件发生的可能性。风险评估过程包括:危害识别、危害描述、暴露评估和风险描述。

4) 风险描述:在危害识别、危害描述和暴露评估的基础上,定量或定性估计在特定条件下相关人群发生不良影响的可能性和严重性。

5）风险管理：根据风险评估的结果，对备选政策进行权衡，并且在需要时选择和实施适当的控制，包括管理和监控过程。

6）风险交流：在风险评估人员、风险管理人员、消费者和其他有关的团体之间就与风险有关的信息和意见进行相互交流。

7）危害：是指易腐食品污染、损坏、遗失和腐烂的潜在可能。

8）事故：是指涉及易腐食品损耗、设施设备故障、财产损失、环境污染等意外事件。

第二节　食品冷链物流的安全管控体系

食品安全体系包括食品安全管理体系和食品安全保证（控制）体系。其中，食品安全管理体系包括食品安全管理机构、食品安全法律法规、食品安全标准、食品认证制度、食品安全可追溯制度等。食品安全保证（控制）体系包括 GMP（良好作业规范）、SSOP（卫生标准操作程序）、HACCP（危害分析关键控制点）、ISO 22000（食品安全管理体系）和安全监测检验体系等。

一、食品冷链物流安全管理体系

1. 食品安全管理机构

国际食品安全管理机构为国际食品法典委员会（Codex Alimentarius Commission，CAC），由联合国粮农组织（FAO）和世界卫生组织（WHO）共同建立，其宗旨是保障消费者的健康和确保食品贸易公平，通过制定推荐的食品标准及食品加工规范，协助各国的食品标准立法并指导其建立食品安全体系。自1961年第11届粮农组织大会和1963年第16届世界卫生大会分别通过了创建CAC的决议以来，已有174个成员加入该组织，覆盖全球99%的人口。CAC下设秘书处、执行委员会、6个地区协调委员会、21个专业委员会（包括10个综合主题委员会、11个商品委员会）和1个政府间特别工作组。

1984年，中华人民共和国正式成为CAC成员，并由农业部（现农业农村部）和卫生部（现国家卫生健康委员会）联合成立中国食品法典协调小组，秘书处设在卫生部，负责CAC中国协调；联络点设在农业部，负责与CAC相关的联络工作。1999年6月新的CAC协调小组由农业部、卫生部、国家质量技术监督检验检疫总局（现国家市场监督管理总局）等10家成员单位组成。

根据《国务院关于进一步加强食品安全工作的决定》〔国发（2004）23号〕（以下简称《决定》），我国的食品安全管理按照一个监管环节由一个部门监管的原则，采取分段监管为主、品种监管为辅的方式。农业部门负责初级农产品生产环节的监管；质检部门负责食品生产加工环节的监管；工商部门负责食品流通环节监管；卫生部门负责餐饮业和食堂等消费环节的监管；食品药品监管部门负责对食品安全的综合监督、组织协调和依法组织查处重大事故。

2. 食品安全法律法规

食品安全法律法规指的是由国家制定的适用于食品"从农田到餐桌"各个环节的一整套法律法规，其目的是保证食品安全，保障公众身体健康和生命安全。我国目前已基本形成了由国家基本法律、行政法规和部门规章构成的食品安全法律法规体系。

我国主要的食品安全法律法规主要包括：《中华人民共和国食品安全法》《中华人民共和国产品质量法》《食品安全生产加工企业质量安全监督管理办法》《食品添加剂卫生管理办法》《保健食品管理办法》《食品卫生行政处罚办法》《学生集体用餐卫生监督办法》《中华人民共和国海关法》《中华人民共和国进出口商品检验法实施条例》《中华人民共和国进出境动植物检疫法》《中华人民共和国进出境动植物检疫法实施条例》《中华人民共和国国境卫生检疫法》《中华人民共和国国境卫生检疫法实施细则》《出口食品生产企业卫生要求》《出入境口岸食品卫生监督管理规定》《新资源食品卫生管理办法》《有机食品认证管理办法》《绿色食品—农药使用准则》《绿色食品：食品添加剂使用准则》《农业转基因生物安全评价管理办法》等。

3. 食品安全标准

《中华人民共和国食品安全法实施条例》第二条：食品生产经营者应当依照法律、法规和食品安全标准从事生产经营活动，建立健全食品安全管理制度，采取有效管理措施预防和控制食品安全风险，保证食品安全。食品生产经营者对其生产经营的食品安全负责，对社会和公众负责，承担社会责任。因此，食品安全标准是强制执行的标准。

我国的食品安全标准按级别分为：国家标准、行业标准、地方标准、企业标准。从法律级别上讲，国家标准高于行业标准，行业标准高于地方标准，地方标准高于企业标准。从标准的内容来讲，一些企业标准的技术要求往往严于地方标准、行业标准和国家标准。

截至目前，我国已制定公布了乳品安全标准、真菌毒素标准、农兽药残留标准、食品添加剂和营养强化剂使用标准、预包装食品标签和营养标签通则等303部食品安全国家标准，覆盖了6000余项食品安全指标。

针对食品安全标准工作，原国家卫生和计划生育委员会还专门组建了食品安全国家标准审评委员会，由食品污染物、微生物、食品添加剂、农药残留、兽药残留等10个专业分委员会，共350多位医学、农业、食品、营养等方面权威专家组成，负责标准审查工作。

4. 食品认证制度

国家市场监督管理总局发布的《食品生产许可管理办法》第二条规定：在中华人民共和国境内，从事食品生产活动，应当依法取得食品生产许可。第四条规定：食品生产许可实行一企一证原则，即同一个食品生产者从事食品生产活动，应当取得一个食品生产许可证。

从事食品生产加工的企业，必须具备保证食品质量安全必备的生产条件，按规定程序获取食品生产许可证，未取得食品生产许可生产的食品不得出厂销售。具体包括生产许可证制度和市场准入标志制度。

生产许可证制度是指国家对于具备某种产品的生产条件并能保证产品质量的企业，依法授予许可生产该项产品的凭证的法律制度。根据《中华人民共和国工业产品生产许可证管理条例实施办法》，国家对生产重要工业产品的企业实行生产许可证制度，任何单位和个人未取得生产许可证不得生产列入目录⊖产品。任何单位和个人不得销售或者在经营活动中使用未取得生产许可证的列入目录产品。

5. 食品安全可追溯制度

食品安全可追溯制度是指为了确保食品质量安全，由生产者、加工者以及流通者分别对

⊖ 实行生产许可证制度的工业产品目录。

食品生产销售过程中可能影响食品质量安全的信息进行详细记录、保存并向消费者公开的制度。

食品安全可追溯制度的构建目标是建立一个覆盖食品从初级产品到最终消费者的信息库，当发现食品质量问题时，可以快速查询出问题食品的来源，缩小问题食品的范围，减少损失，并根据信息识别出问题产生的根本原因，实行产品召回或撤销，及时有效地解决问题，追究责任。其主要功能包括反应功能、责任功能、事先验证功能。反应功能即出现食品安全问题时，在整个食品供应链自下而上溯源，找出问题所在的功能。责任功能主要是指来自生产不安全食品这一违法行为造成的财产损害（包括法律惩罚、企业声誉的损害和品牌资本的损失）对企业形式的威胁，这会迫使企业主动实施食品安全可追溯。事先验证功能是指消费者通过在食品标签上标明的食品安全、动物福利等相关信用品特性，可以很方便地进行质量验证。

通过食品安全可追溯制度，可以提高食品冷链的透明化程度，增强食品冷链不同利益方之间的沟通和合作，保障食品安全。当今，物联网技术的兴起为食品安全追溯提供了更广泛、更先进的平台。

二、食品冷链物流安全保证体系

食品生产和加工领域的质量安全控制已有成熟的理论与技术，并形成较为完善的管理体系，这些管理体系和控制技术包括 GMP、SSOP、HACCP、ISO 22000，以及绿色食品、有机食品以及 QS（质量安全）认证等。从理论上来说，这些安全控制理论和管理体系同样适用于食品冷链物流领域。但在食品冷链物流过程中，由于涉及的环节较多，一条完整冷链往往跨越多个产业、多个企业、多个管理部门，造成上述质量安全控制的方法与技术在食品冷链物流中的应用更加复杂。因此，食品冷链物流的管理和技术人员更加有必要掌握这些原理和技术，并将其应用于具体的食品物流安全管理。

1. GMP

GMP（Good Manufacturing Practice，良好作业规范）是一种特别注重在生产过程中实施对产品质量与卫生安全的自主性管理制度，也是一套适用于制药、食品等行业的强制性标准。它要求企业从原料、人员、设施设备、生产过程、包装运输、质量控制等方面按国家有关法规达到卫生质量要求，形成一套可操作的作业规范，帮助企业改善卫生环境，及时发现生产过程中存在的问题，并加以改善。

食品 GMP 是指食品生产企业应具备良好的生产设备、合理的生产过程、完善的质量管理和严格的检测系统，确保最终产品的质量（包括食品安全卫生）符合法规要求。食品 GMP 所规定的内容，是食品加工企业必须达到的最基本条件。目前除美国已立法强制实施食品 GMP 外，其他国家如日本、加拿大、新加坡、德国、澳大利亚等均采取鼓励方式推动企业自动自发实施。

食品 GMP 是一套由表及里、由浅入深、点面结合的食品安全管理的系统模式和方法。在其严格规范下，可以降低食品生产过程中的人为犯错，防止食品在生产过程中遭到污染或品质劣变，建立健全的自主性品质保证体系。因此，在食品行业实施 GMP 具有重大的经济和社会意义。

食品 GMP 管理体系的管理重点有四个方面，简称"4M"，分别是：人员（Man），即要由适合的人员来生产与管理；原料（Material），即要选用良好的原材料；设备（Machine），即要采用合适的厂房和机器设备；方法（Method），即要采用适当的工艺来生产食品。

食品 GMP 的实施要求包括以下内容：①生产加工每个操作环节布局合理；②生产加工的硬件设施装备先进科学；③操作流程连续化、自动化、密闭化；④包装、储存、配送系统运行优质安全；⑤生产环节卫生、营养、质量等控制系统完备；⑥卫生、营养、质量检测体系健全；⑦员工操作规程管理制度严格；⑧产品质量的可追踪监管。

2. SSOP

SSOP（Sanitation Standard Operating Procedure，卫生标准操作程序）是食品加工厂为了保证达到 GMP 所规定的要求，确保加工过程中消除不良的因素，使其加工的食品符合卫生要求而制定的，用于指导食品生产加工过程中如何实施清洗、消毒和卫生保持的操作规定。在某些情况下，SSOP 可以减少 HACCP 计划中关键控制点的数量。实际上，危害控制是通过 SSOP 和 HACCP 关键控制点的组合来实现的。

一般来说，涉及食品本身或某一工艺、步骤的危害是由 HACCP 来控制的，而涉及工作环境或人员等有关的危害通常由 SSOP 来控制。在有些情况下，并不需要针对每个食品冷链物流操作都制订一个特定的 HACCP 计划，这是由于危害分析显示没有显著危害，不过所有的冷链运营商都必须对卫生状况和操作进行监测。建立和维护一个良好的卫生计划是实施 HACCP 计划的基础和前提。无论从人类健康的角度来看，还是从食品国际贸易要求来看，都需要食品的生产经营者建立一个良好的卫生条件。通过实行卫生计划，企业可以对大多数食品安全问题和相关的卫生问题实施最强有力的控制。事实上，对于导致产品不安全或不合法的污染源，卫生计划就是控制它的预防措施。

我国食品生产和流通企业都制定了各种卫生规章制度，对食品生产和物流环境、加工的卫生、人员的健康进行控制。为确保食品在卫生状态下生产和流通，充分保证达到 GMP 的要求，企业应针对产品或生产场所制定并且实施一个书面的 SSOP 或类似文件。实施过程中还必须有检查、监控环节，如果实施不力，还要进行纠正。这些卫生方面的要求适用于所有种类的食品零售商、批发商、生产加工和物流企业，贯穿食品物流的全过程。

3. HACCP

HACCP（Hazard Analysis Critical Control Point，危害分析关键控制点）是一种简便、合理而专业性又很强的先进的食品安全质量控制体系，设计这类体系是为了保证食品生产系统中任何可能出现危害或有危害的环节得到控制，以防止危害公众健康的问题发生。HACCP 是一个预防体系，但不是零风险。

HACCP 体系最早出现在 20 世纪 60 年代，美国 Pillsbury 公司在为美国太空计划提供食品期间率先应用 HACCP 概念。该公司认为，以往对产品的质量和卫生状况的监督均是以最终产品抽样检验为主，当产品抽验不合格时，已经失去了改正的机会；即使抽验合格，由于抽样检验方法本身的局限，也不能保证产品 100% 合格。确保安全的唯一方法，是开发一个预防性体系，防止生产过程中危害的发生。

HACCP 包括七个方面的内容：①进行危害分析；②确定关键控制点；③确定各关键控制点的关键限值；④建立各关键控制点的监控程序；⑤建立当监控表明某个关键点失控时应采取的纠偏行为；⑥建立证明 HACCP 等有效运行的验证程序；⑦建立有关以上原则和应用方面各项程序和记录的档案。

HACCP 相关术语定义及解释见表 7-1。

表 7-1 HACCP 相关术语定义及解释

编号	定义	解释
1	关键控制点（CCP）	食品安全危害能被控制的，能预防、消除或降低到可以接受水平的一个点、步骤或过程
2	控制点（CP）	能控制生物的、物理的或化学的因素的任何点、步骤或过程
3	关键限值（CL）	与关键控制点相联系的预防性措施必须符合的标准
4	CCP 判断树	用一系列问题来确定一个控制点是否是 CCP
5	操作限值（OL）	比关键限值更为严格的，由操作者使用来减少偏离的风险标准
6	纠偏行动	当关键控制点从一个关键限值偏离时采取的行动
7	HACCP 计划	在 HACCP 原理基础上编制的文件，描述必须遵守的程序，来确保某一特定加工或程序的控制
8	危害	可能引起食品不安全的生物、化学或物理的因素
9	显著危害	可能发生的不可接受的健康风险

HACCP、GMP、SSOP 在食品质量与安全控制中所起的作用各不相同，所控制对象和处理方法也有所不同，三者比较具体见表 7-2。

表 7-2 HACCP 与 SSOP、GMP 的比较

项目	GMP	SSOP	HACCP
控制对象	通用卫生要求，通常包括厂房、设施、设备、人员、加工工艺、原辅料、卫生管理等	关键卫生要求，一般涉及整个加工设施或一个区域，因产品而异，其八项内容[①]可增减	特定的加工工艺步骤
涉及危害	食品加工过程可能存在的大部分危害	与食品加工环境和人身有关的危害	与产品本身或加工工艺步骤有关的显著危害，SSOP、GMP 无法消除
方法	静态，通过产品检验判定是否符合要求	动态，包括确定对象、监控、纠偏、记录、验证	动态，包括确定 HACCP、监控、纠偏、记录、验证

① SSOP 的八项内容为：水和冰的安全；食品接触表面的卫生；防止交叉污染；洗手，手消毒和卫生设施的维护；防止外来污染物造成的掺杂；化学物品的标识，存储和使用；雇员的健康状况；昆虫与鼠类的扑灭及控制。

HACCP 体系已经被世界范围内许多组织，如联合国的食品法典委员会（CAC）、欧盟，以及加拿大、澳大利亚、新西兰、日本等国认可。目前，HACCP 正在我国食品全行业推广，包括生产商、加工商、运输、储存及分销等方面。对大多数使用 HACCP 成功的人来说，它可用于"从农场到餐桌"的任何环节。在农场上，可以采用多种措施使农产品免受污染。例如，监测好种子、保持好农场卫生、对养殖的动物做好免疫工作等。在食品加工环节，做好加工过程中的卫生工作。当食品离开工厂时，还应做好运输、储存和分发等方面的控制工作。在销售环节，确保合适的卫生设施和冷藏条件。在餐馆、食品服务机构和家庭厨房等地方也应做好食品的储藏、加工和烹饪工作，确保食品安全。

事实上，在食品物流的终端，消费者甚至可以在家中实施 HACCP 体系。通过适当的储存、处理、烹调和清洁程序，从去商店购买肉和家禽到将这些东西摆上餐桌的整个过程中，有多个保障食品安全的步骤。例如，对肉和家禽进行合适的冷藏、将生肉和家禽与熟食隔离

开、保证肉类煮熟、冷藏和烹饪的残留物不得有细菌滋生等。

4. ISO 22000

国际标准化组织（ISO）已发布了国际标准——ISO 22000：2005。ISO 22000 是在食品部门专家的参与下开发的，联合国粮农组织与世界卫生组织联合成立的食品规范委员会也参与了工作，它在一个单一的文件中融合了 HACCP 的原则，包含了全球各类食品零售商关键标准的要求。此举将使全世界的组织更加容易地以统一的方法执行关于食品卫生的 HACCP 体系，不会因国家或涉及食品的不同而不同。

食品通过供应链到达消费者手中可能经过了许多不同类型的流通组织，可能跨越了许多国家，一个环节有缺陷就可能导致食品不安全，如果发生这样的事，就有可能对消费者产生严重的危害，对食品链供应者的损失也是相当大的。由于食品安全危害可以在任何阶段进入食品供应链，所以进行全过程控制是必需的。保证食品安全是食品供应链中的所有参与者的共同责任，需要他们共同努力。

ISO 22000 的目的是让食品供应链中的各类组织执行食品安全管理体系，其范围从饲料生产者、食品初级生产者、食品制造商、运输和仓储工作者、转包商到零售商和食品服务环节以及相关的组织，如设备、包装材料的生产者，以及添加剂和配料的生产者。ISO 22000 受到全世界广泛的支持，它提供了一个在世界范围内唯一的解决方案。

第三节　易腐食品冷链风险管理原理与方法

风险管理是指在项目、企业或组织的决策过程中，对潜在的风险进行识别、评估、分析，从而有效地控制风险，用最经济的方法来综合处理风险，以实现最佳安全保障的科学管理方法。风险管理的内容主要包括风险识别、风险评估、风险控制。

一、食品冷链风险识别

1. 概述

风险识别一般发生在风险事故产生之前，是通过风险识别的方法对可能发生的风险进行系统、全面的搜索和判断，并对引起风险发生的原因和风险内容进行归类和分析。风险识别是风险管理体系中的第一个环节，也是对风险进行管理的基础，只有全面地、准确地识别出系统或项目的风险，才能有针对性地对风险情况进行分析并控制。

食品冷链风险识别是食品冷链风险管理的基础，即在食品冷链物流过程中，通过识别其存在的风险源和风险因素，对其进行研究、分析和归类。在食品风险管理体系中，正确处置食品风险的前提是明确食品风险的存在，估计食品风险发生的损失程度，制定和选择食品风险应对方案。而且，风险识别不是一次性的，必须在整个食品冷链运营过程中周期性地反复进行。

食品冷链成员所面临的风险有内部因素和外部因素。内部因素主要包括食品冷链运作流程、食品质量安全管理体系、聘用员工的素质、培训方法及激励机制等。外部因素主要包括社会、政治、经济、文化等环境因素。因此，食品冷链风险识别需要对食品冷链成员自身的经营状况、所在市场的情况，以及所处法律、社会、政治和文化环境有深入的认识和了解，同时要求食品冷链成员有明确的经营战略，能识别促使战略成功的因素，以及那些威胁战略目标实现的因素。

2. 食品冷链风险识别的原则

在进行食品冷链风险识别时,要求遵循以下原则。

1)面向对象原则。不同的食品风险识别对象、不同的食品风险等级往往对应着不同的应对措施、不同的管理工具。在进行食品冷链风险识别之前,应充分了解识别对象,详细了解可能存在的各种风险事件发生的概率与相应的损失以及食品风险扩散导致的衍生灾害。

2)专家参与原则。由于食品冷链的复杂性,在风险识别时需要专家参与。专家能够解释食品冷链风险识别的结论和科学数据,识别其所基于的假设和主观判断,能够解释食品冷链风险识别过程中的不确定性,使食品风险管理者及有关各方能清晰地了解食品风险。

3)科学平衡原则。食品冷链风险识别的目的在于规避食品风险损失,以最小的成本投入获得最大限度的食品安全保障。在食品冷链风险识别过程中,不同的食品冷链成员应根据自身的企业规模和财务状况,合理选择食品冷链风险识别的目标,采取分层次、分步骤的科学决策方式,实现食品冷链风险识别成本与自身经济实力之间的科学平衡。

4)定量分析原则。食品风险的动态性和复杂性决定了食品冷链风险识别必须应用严格的数学理论方法,在综合考虑各种风险因素的基础上,对可能存在的食品风险事件发生概率和损失程度进行量化,通过相对精确的定量分析,给出食品冷链风险识别的结果和相应的控制措施。

5)动态性原则。为了应对食品冷链外部环境的动态变化和风险的传播蔓延,食品冷链风险识别的对象、措施和过程也应该进行动态调整,形成一种立体的、多维的、螺旋式上升的食品冷链风险识别结构。

6)系统性原则。食品冷链风险识别是一项系统性、综合性极强的工作,不仅在于食品风险的成因复杂,后果严重,而且在于食品冷链风险识别的准确性直接影响着食品风险评估、预警和控制的效果。因此,要科学准确地识别可能存在的食品风险因素,必须采取系统性原则,运用系统科学的方法进行调查分析,揭示各种食品风险的成因和后果,以保证食品冷链风险识别准确。

7)透明性原则。为了使食品风险管理者和相关人员都能接受食品冷链风险识别的结果,要求整个过程必须是透明的,除非出于法律原因需要保密(如专利信息或数据)的。食品风险中的透明性必须体现在食品冷链风险识别过程的公开性和可提供有关审议两个方面。

3. 食品冷链风险识别的方法

食品冷链风险识别的方法很多,可以分为宏观领域中的决策分析(供应链分析法、市场环境分析法等)和微观领域的具体分析(流程分析法、风险追溯分析法等)。以下是一些常用的食品冷链风险识别方法。

1)供应链分析法。食品冷链是一个复杂的过程,它贯穿于整个食品供应链,因此,食品冷链风险识别就应该贯穿于"从农田到餐桌"的整个食品供应链。从每一个食品供应链成员中采集和分析风险信息,准确地描述食品安全状况,描述存在的潜在食品风险特性。

2)市场环境分析法。由于食品的特性,许多食品风险直接来自于消费者,在给消费者带来健康危害后才被发现,因此,面向市场环境的食品冷链风险识别非常重要。食品风险管理人员经过实际的市场调研,对相关食品在市场环境中的状况进行检测、分析,发现其潜在风险,并及时做出预警。

3）流程分析法。流程分析法强调根据不同的流程，对每一阶段和环节逐个进行调查分析，找出食品风险存在的原因，从中发现潜在风险的威胁，分析食品风险发生后可能造成的损失和对全部食品冷链过程造成的影响。

4）风险追溯分析法。食品风险追溯体系的建立，更加强调食品安全的全过程管理，以及依赖于关键环节的管理。风险追溯分析法需要以标准化和信息化为基础，从而进行潜在风险识别。

5）专家调查列举法。由食品风险管理人员逐一列出食品冷链企业或食品供应链可能面临的风险，并根据不同的标准进行分类。

6）背景分析法。对食品生产和经营过程中获得的各类食品检测数据，采用食品微生物预测技术，应用曲线和图表的形式描述食品状态的变化趋势，以研究引起有关风险的关键因素及其后果，以及当温度或时间等因素发生变化时又将出现怎样的风险、其后果如何。背景分析法主要用于考察食品风险的范围及事态的发展，并对各种情况做对比研究，选择最佳的食品风险管理方案。

7）分解分析法。首先将食品冷链风险分解为经济风险、技术风险、资源风险、人员风险、环境风险等不同要素，然后对每一种风险因素做进一步的分析。

食品冷链风险识别方法还有失误树分析法、事故分析法等。不过没有任何方法是万能的，因此在食品冷链风险识别时必须综合应用各种方法进行分析。

二、食品冷链风险评估

1. 食品冷链风险评估的概念

食品冷链风险评估是利用现有的科学技术和科学资料，鉴定某些因素的暴露对人体健康产生的不良后果，并对其进行确认和定量分析，做出风险特征描述的过程。在完成食品冷链风险识别之后，还需要对可能潜在的风险进行评估，评估风险可能造成的损失，并以此作为风险管理和控制的基准。在食品冷链风险评估过程中，应该尽可能包括科学准确的定量信息。

2. 食品冷链风险评估的原则

在进行食品冷链风险评估的过程中，应当遵循以下原则。

1）标准性原则。食品冷链风险评估理论模型的设计和具体实施，应该依据国内外相关的标准进行。只有在一定的标准之上进行评估，才能保证评估的准确性。

2）规范性原则。食品冷链风险评估的过程以及过程中涉及的文档应该具有很好的规范性，以便进行跟踪和控制。

3）可控性原则。在食品冷链风险评估过程中，应该按照标准的项目管理方法对食品冷链企业或食品供应链的人员、组织、项目进行风险管理和控制，以保证食品冷链风险评估过程中的可控性。

4）整体性原则。在评估的过程中，应从管理和技术两个角度对食品冷链企业或食品供应链进行评估，保证评估的全面性。

5）最小化影响原则。食品冷链风险评估工作对食品企业或食品供应链正常运行的影响应尽可能小。

6）保密性原则。食品冷链风险评估过程应该与冷链企业签订相关的保密协议，以承诺对食品冷链企业内部信息进行保密。

3. 食品冷链风险评估常用方法

除HACCP外，食品冷链风险评估方法还包括层次分析法（AHP）、模糊综合评价法（FCE）、灰色关联度分析法（GRA）、神经网络分析法（ANN）、事故树分析法（FTA）、蒙特卡罗法、综合安全评价方法（FSA）、解释结构模型法（ISM）等。

（1）层次分析法

层次分析法（Analytic Hierarchy Process，AHP）是基于多目标决策方法，将目标系统分解为若干个子目标，将定性指标进行模糊量化处理后，计算各层次权重的多目标优化的系统方法。在应用过程中，有学者通过层次分析法对冷链物流风险评价体系中各个指标的权重进行计算，从而分析冷链物流中的风险情况。也有很多学者在应用层次分析法过程时，引入专家意见以计算系统中各指标的权重。使用层次分析法计算冷链物流风险时，需要尽量减少人为因素对指标权重计算的影响，以更加客观地计算和分析冷链物流系统中各指标间的关系。但层次分析法应用过程中，主观因素对指标权重计算的影响过大，进而在很大程度上影响了后续冷链物流的评估结果。

（2）模糊综合评价法

模糊综合评价法（Fuzzy Comprehensive Evaluation，FCE）是一种基于模糊集合的综合评价法，是一种基本的模糊数学方法。模糊综合评价法可以较好地体现被评价系统的评价标准和影响指标的模糊性，并在此基础上结合评价者的认知、专家的专业知识和经验，让评价的结果建立在现实基础上。模糊综合评价法是一种将主观性强的定性问题客观化的方法，它使难以量化的问题有了较为客观的解决方法。但模糊综合评价法计算量较大、难度较大，在实际应用过程中需要有一定的算法能力，同时在指标权重矢量确定过程中，主观性较大。

（3）灰色关联度分析法

灰色关联度分析法（Grey Relational Analysis，GRA）是判断因素相关程度的一种方法，以灰色系统理论为基础，它根据各因子值得到的几何曲线吻合程度来判断各研究对象和影响因素之间的发展变化趋势，它可以利用系统内统计数列的几何关系的分析比较，衡量系统中各因素之间的相似度。该方法是一种对系统变化发展态势进行定量描述和比较的系统分析方法。灰色关联度分析法的最大特点在于思路明确，能够降低由于信息不对称造成的损失，且该方法对样本数据量的要求不高，工作量较少，因此其在科学、经济管理等许多领域应用广泛。灰色关联度分析法的主要缺点在于信息不完整、模糊性较强，依靠主观性很难确定因素间的主次关系。

（4）神经网络分析法

神经网络分析法（Artificial Neural Network，ANN）是一种基于神经科学和应用数学，模拟人脑神经信息处理和记忆方式的分布式并行分析的方法。神经网络模型具有自学能力和良好的容错能力，它通过不断学习，根据训练数据来不断调整内部节点之间的关系，可以从未知模式的海量复杂数据中找出规律，预测今后一段时期内的数据变动趋势，神经网络方法能够摆脱人为因素的影响。随着人工智能的迅速发展，神经网络的应用也更加广泛，在冷链风险评估上取得的效果比较明显，在经济领域也比较受欢迎。但其缺点也较为明显，要获得一个适用性强的神经网络结构，需要耗费大量人力和时间成本进行人为随机调试，算法复杂，较难掌握，且其随机性较强，泛化能力差，对于多目标的评价不太适用，而且当神经网络样本增多、规模较大时,训练时间需要很久。

(5) 事故树分析法

事故树分析法(Fault Tree Analysis,FTA)是在系统安全工程中广泛应用的重要的安全分析方法之一。"树"的分析技术属于系统工程的图论范畴,是一个无圈的连通图。事故树是一种利用布尔逻辑关系从结果到原因表示事故发生过程的逻辑树图。事故树分析法可形象明了地反映出事故发生的因果关系,它既可以用于事故后的原因分析,又可以用于系统危险性评价与辨识;既可以用于定性分析,又可以用于定量分析。由于这种分析方法形象直观、思路清晰、逻辑性强等,因而得到了广泛的应用。

(6) 蒙特卡罗法

蒙特卡罗法(Monte Carlo Method)也称随机模拟法或统计模拟法。它是以概率论为基础的风险预测方法。蒙特卡罗法的分析结果是建立在大量的随机试验的基础上的,因此必然受到试验手段和计算量的限制。直到20世纪40年代计算机出现,大量的随机抽样试验能够利用计算机快速模拟,使得蒙特卡罗法具有了实现的可能。第二次世界大战期间,冯·诺依曼(Von Neumann)等人利用计算机进行中子行为随机抽样模拟,通过大量的随机抽样模拟分析有关参数。这一方法取得了相当好的效果。因为战时保密的原因,这个方法被称为蒙特卡罗法。近几十年来,蒙特卡罗法得到了广泛的应用,其中的一项应用就是风险分析,它是一种随机模拟数学方法。该方法用来分析评估风险发生可能性、风险的成因、风险造成的损失或带来的机会等变量在未来变化的概率分布,其实质就是利用服从某种分布的随机数来模拟现实系统中的随机现象,因此只有模拟次数足够多才能得到有意义的结论。

蒙特卡罗法的操作步骤如下:

1)量化风险。将需要分析评估的风险进行量化,明确其度量单位,得到风险变量,并收集历史相关数据。

2)根据对历史数据的分析,借鉴常用建模方法,建立能描述该风险变量在未来变化的概率模型。建立概率模型的方法有很多,例如差分和微分方程方法、差值和拟合方法等。这些方法大致分为两类:一类是对风险变量之间的关系及其未来的情况做出假设,直接描述该风险变量在未来的分布类型(如正态分布),并确定其分布参数;另一类是对风险变量的变化过程做出假设,描述该风险变量在未来的分布类型。

3)计算概率分布初步结果。利用随机数字发生器,将生成的随机数字代入上述概率模型,生成风险变量的概率分布初步结果。

4)修正完善概率模型。对生成的概率分布初步结果进行分析,用实验数据验证模型的正确性,并在实践中不断修正和完善模型。

5)利用该模型分析评估风险情况。

正态分布是蒙特卡罗法中使用最广泛的一类模型。通常情况下,如果一个变量受很多相互独立的随机因素的影响,而其中每一个因素的影响都很小,则该变量服从正态分布。在自然界和社会中大量的变量都满足正态分布。

(7) 综合安全评价方法

综合安全评价方法(Formal Safety Assessment,FSA)是一种工程运营管理中用于制定合理的规则和提供风险控制的综合性、结构化和系统性的分析方法,其主要目的就是降低事故发生的概率和减轻事故后果。

FSA 方法有如下五个基本步骤。

1）危险识别。识别的目的就是对所评估的系统可能存在的所有风险进行识别，并按照危险程度粗略分类和有序排列。

2）风险评估。风险评估的主要目的就是确定风险分布并识别和评估影响风险水平的因素，一般有定性分析、半定量分析和定量分析等形式。

3）提出风险控制方案。

4）成本与效益评估。估算和评估所提出的各种风险控制方案产生的成本和效益。

5）提出决策建议。

风险坐标图是 FSA 体系中常用的风险度量和评估方法，它把风险发生可能性的高低、风险发生后对目标的影响程度，作为两个维度绘制在同一个平面上（即绘制成直角坐标系），对风险发生可能性的高低、风险对目标影响程度的评估有定性分析、半定量分析和定量分析等方法。如图 7-1 所示，定性分析方法直接用文字描述风险发生可能性的高低、风险对目标的影响程度，如风险发生的频率可分为"极少""很少""可能"和"经常"，而后果严重程度可分为"不明显""轻微""严重""较严重"等。定量分析方法是对风险发生可能性的高低、风险对目标影响程度用具有实际意义的数量描述的方法，如对风险发生可能性的高低用概率来表示，对目标影响程度用损失金额等指标来表示；半定量分析方法综合定量分析和定性分析的界定思想，介于两者之间。

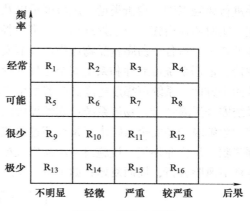

图 7-1 风险坐标图

（8）解释结构模型法

解释结构模型法（Interpretative Structural Modeling，ISM）是基于美国 J. 华费尔教授于 1973 年分析复杂的社会经济系统有关问题的一种方法而开发的。其特点是把复杂的系统分解成若干个子系统（要素），利用人们的实践知识和经验，以及计算机的帮助，最终将系统构成一个多级递阶的结构模型。

ISM 属于概念模型，它可以把模糊不清的思想、看法转化成直观的具有良好结构关系的模型。而且，它的应用面也比较广泛，从能源问题等国际性问题到地区经济开发、企事业单位甚至个人范围的问题等，都可以应用 ISM 来建立结构模型，并依据此进行系统分析。它特别适用于变量众多、关系复杂而结构不清晰的系统分析，也可以用于方案的排序等。

实施 ISM 的工作程序有以下几个步骤：

1）组织 ISM 小组。

2）设定问题。

3）选择系统的构成要素。

4）根据要素明细表构思模型，并建立邻接矩阵和可达矩阵。

5）将可达矩阵分解后建立结构模型。

6）根据结构模型建立解释结构模型。

三、食品冷链风险控制

1. 控制机理

食品冷链风险控制是指依据在食品风险识别、评估和预测基础上获得的风险信息而制定预防性对策,并采取一定方法控制食品冷链风险的过程。它是食品冷链风险管理体系中的关键环节,包括食品风险规划制定、食品风险解决方案编制、食品风险监控计划生成、食品风险跟踪和纠正等活动。

食品冷链物流风险控制机理如图7-2所示。第一步为风险分析阶段,即从具体作业环节入手进行风险识别、辨析类型、风险度量以及确定风险控制措施。风险控制措施涉及事前控制措施、实时监控措施、应急处理措施、事后控制措施等多个方面。通过冷链物流安全风险分析,能够初步分析各个易腐食品物流作业环节安全风险的特征和水平。第二步为物流系统安全水平评价,依据系统可靠性和系统安全工程理论,包括物流系统可靠性评价和物流系统安全风险评价两个方面。系统可靠度越高意味着发生事故的概率越小,系统安全水平就越高。相对于物流系统安全风险评价,物流系统可靠性评价的周期要短。通过物流系统安全水平评价结果判断现有的生鲜农产品安全风险水平是否超过系统内部主体可接受水平,如果超过,转入安全风险控制步骤,从作业环境、设施设备和操作人员等方面入手,采取安全措施,进而再次进行物流作业环节风险分析,周而复始;如果没有超过,则转入物流系统全流程实时监控。

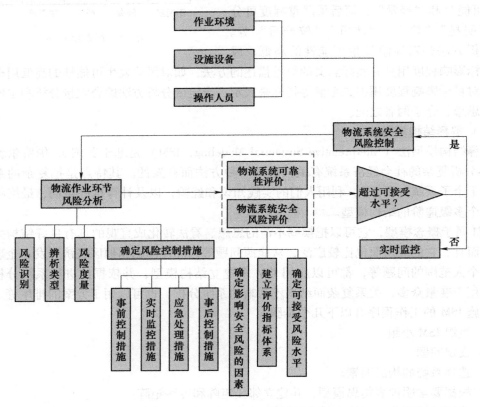

图7-2 食品冷链物流风险控制机理

可见，易腐食品物流系统安全控制是一个复杂的系统工程，涉及全流程的实时监控和物流安全风险的分阶段周期性控制。依据易腐食品物流安全控制的基本框架，将易腐食品物流安全控制的基本步骤和内容归纳在表7-3中。

表7-3 易腐食品物流安全控制的基本步骤和内容

序号	步骤名称	基本内容
1	物流安全风险分析	①从易腐食品角度分析物流安全风险类型和影响因素 ②从系统角度统计分析物流安全事故的发生概率和后果严重程度
2	物流安全风险评价	①从作业环节角度分析和总结影响易腐食品物流安全的主要因素；建立易腐食品物流安全风险评价指标体系 ②从运筹学、模糊数学和系统工程等角度实际评价区域易腐食品物流安全水平 ③从安全系统工程和可靠性理论角度评价系统总体安全可靠水平
3	物流安全风险控制	①本着事前预防的原则，从易腐食品影响因素角度，系统地建立物流安全风险监控体系和平台 ②依据具体系统或具体环节的安全事故分析，有针对性地提出应对措施

2. 控制模型

易腐食品风险控制的核心问题是实现对风险发生的自然因素和人为因素的合理调控，因此，可以用控制论来建立描述控制食品风险的数学模型。

首先将影响易腐货物冷链物流安全的各自然因素用集合 $X(P, t)$ 表示，它是随空间点 P 和时间 t 而变化的，其中，X 由 m 个分量 $X_i (i = 1, 2, \cdots, m)$ 组成，分别代表 m 个自然因素。即

$$X(P, t) = [X_1, X_2, \Lambda, X_m]^T$$

然后将人为因素用变量 $Y(P, t)$ 表示，它是一个 n 维向量，其分量由 $Y_j (j = 1, 2, \cdots, n)$ 组成，分别代表 n 个人为因素。即

$$Y(P, t) = [Y_1, Y_2, \Lambda, Y_n]^T$$

这些人为因素直接或间接地作用于自然变量 $X(P, t)$ 上，从而改变 $X(P, t)$ 的演变过程，于是自然因素 X 的演变，同时由自然及人为因素决定，这种演变过程的规律性由偏微分方程制约，即

$$\frac{\partial X}{\partial t} = L(X, Y, t)$$

以上偏微分方程的初始条件 $X|_{t=t_0} = X^{(0)}(P)$，边界条件 $\Lambda(X, Y, t) \partial \Omega = G$。其中，$t_0$ 为研究该自然因素的起始时刻，$\partial \Omega$ 为所研究的自然因素空间 Ω 的边界，因此，$X^{(0)}$ 和 Ω 为已知函数，而 L 和 Λ 为某些算子。

显然，人类对自然因素的实际调控活动受其自身能力（如技术、经费等）限制，假设 C 为限制常数，则：

$$\|Y\| \leqslant C$$

另外，人类要求改变后的自然因素与期望的自然因素条件 X_P 之间的差距较小，即

$$\|X - X_P\| \leqslant D$$

其中 D 也为某限制常数。因此，食品冷链风险控制就是要在满足上述公式的条件下，寻找一种合理或最优的人为活动 Y，使得风险控制效益最优。

3. 易腐食品冷链风险控制技术系统

在易腐食品风险管理体系中，控制技术系统是一个以食品风险分析技术为基础，借助食品风险识别、食品风险评估和食品风险预测所获得的相关数据进行食品风险控制的技术体系。因此，一个食品风险控制技术系统主要由食品风险监控技术、食品风险预警技术、食品风险全程控制技术、食品规范标准技术等组成（如图7-3所示）。这些技术是相互影响、相互作用的，在整个食品冷链的生产、加工、运输、销售过程中的作用越来越大。

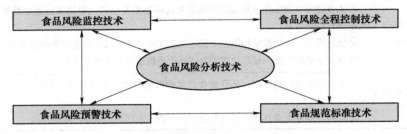

图7-3　食品风险控制技术系统

复习思考题

1. 食品冷链物流安全的含义是什么？
2. 简述安全管理和风险管理的关系。
3. HACCP 与 SSOP、GMP 的关系是什么？
4. 易腐食品风险管理的内容及其相互关系是什么？
5. 请简述易腐食品冷链物流的风险控制机理。
6. 影响食品冷链物流安全的主要因素有哪些？

扩展阅读

生鲜农产品物流系统安全性调查分析

1. 调研对象、方法和目的

本次调研对象为庄河市光明山镇草莓。庄河市光明山镇是全市草莓大镇，草莓保护地温室大棚达8000多个，生产规模达10000亩（1亩≈666.667m^2），年产量可达1320万kg，产值超亿元，草莓生产已成为光明山镇农民增收的主导产业。为了打通销售渠道，保证草莓卖上好价钱，把光明山镇打造成为庄河草莓的集散地，通过深入开展调研走访，多方征求意见建议，决定筹资建设镇农贸集散中心，解决草莓销售的瓶颈问题。光明山镇农贸集散中心现已投入使用，草莓种植户统一销售、整体批发，使草莓的销售成规模、上档次，销售范围除本地区需求外，可延伸至整个辽南地区，在辽南地区树起光明山草莓品牌。

本次调研主要采用问卷调查以及座谈相结合的方式。问卷调查及座谈的对象主要包括庄河市光明山镇草莓种植户、庄河市大型批发市场商贩、庄河市水果批发公司员工以及超市、零售店员工。具体调研内容见表7-4。

第七章 食品冷链物流安全与风险管理

表7-4 具体调研内容

调研对象	调研形式	调研内容	调研数量
草莓种植户	座谈、问卷	采收损耗率、草莓供应渠道	15家
批发市场人员	座谈	批发市场各设施情况、外地草莓供应情况、草莓批发模式以及库存损耗率、事故率	10人
草莓批发商	座谈、问卷	外地草莓跨区域物流作业模式；装卸、长途运输等环节的冷链情况及事故率	18家
批发公司员工	座谈、表格	草莓冷藏运输率；运输时间；各作业环节事故率和损耗率	18人
超市卖场责任人	座谈、表格	草莓供应和销售情况、冷库储存情况	7人
超市卖场运营商	座谈、表格	草莓采购模式、短途装卸作业时间以及相关作业环节的事故率和损耗率	5家

本次调研主要目的是掌握异地草莓的物流作业模式、影响草莓物流安全的因素和物流各作业环节的损耗率和事故率，并以庄河市光明山镇草莓做典型统计分析。

2. 调研结果分析

依据实际调研结果分析，选取庄河市光明山镇草莓生产基地草莓通过庄河市水果批发公司进入大连市内的物流渠道进行典型分析。相比于完全基于冷链的生鲜农产品物流系统，现有的外地水果物流作业环节相对较少，例如一般没有产地预冷和水果批发公司冷藏两个关键作业环节。庄河市水果批发公司到草莓生产基地进行采购，这一过程一般由公司自有车辆或租赁大型货车在产地采购装车。庄河市水果批发公司冷库面积很小，而且没有达到标准化运作，运载草莓的冷藏车到公司后一般不进入冷库，不进行装卸，主要是因为草莓在0℃和90%~95%的相对湿度下能储藏一周，冷藏虽然能推迟果实的不良变化，但是草莓从冷库中取出后，腐烂速度比未经冷藏的还要快。草莓是一种耐高二氧化碳的果实，用气调方法储藏和运输可延长草莓的采后寿命，气调储藏期为一周。对于品种较好的草莓，公司往往进行包装，这样能以较高的价位售出。草莓的包装一般采用小包装，选用塑料透明食品盒，然后再把这些透明塑料盒装入较大的塑料箱或纸箱进行运输，这样能保证果品外观，便于销售和短时间储存。

本次调研着重统计分析了来自辽宁大连庄河市光明山基地的草莓物流运作模式（如图7-4所示）和各环节损耗率。

图7-4 草莓物流系统运作模式

通过调研，长途运输大型货车平均载重量10t，超市生鲜卖场平均采购量为250kg，因此，从产地到批发市场的各个环节月平均作业时间按照10t的标准统计，从批发市场到超市货架的各个环节月作业平均时间按照 250 kg 标准统计。损耗率=某项作业造成的损耗量/作业量,按照重量统计,单位为千克;事故率=月内发生事故次数/月内各环节作业总次数,主要的事故类型包括草莓腐烂变质、丢失、损伤等。损耗率是目前统计的平均损耗率,它是批发商和零售商可以接受的损耗率,各环节发生事故是指相关作业造成的损耗超过了预期或可接受的水平。

本次调研着重分析零售层次的超市环节,统计分析超市生鲜卖场外地草莓采购模式、物流作业模式和相关损耗指标。本次统计分析的草莓物流体系中,相关作业时间、损耗率和事故率的统计数据见表 7-5。

表 7-5 物流各环节指标统计

作业环节	采收(1)	产地包装(2)	装车(3)	短途运输(4)	卸车(5)
平均作业时间	1	2.5	2.5	0.6	2
损耗率(%)	2	2	3	0.9	5
事故率(%)	2	2	3	1	4
作业环节	储藏(6)	装车(7)	长途运输(8)	卸车搬运(9)	上架销售(10)
平均作业时间	12	0.2	30	0.5	14
损耗率(%)	0.4	0.5	7	5	2.5
事故率(%)	1.2	3	4	2	1.6

3. 冷链物流安全风险分析

风险坐标图法对系统风险水平进行评价首先需要得到各个环节的风险水平,而根据实际调研结果可以得到各个环节的损耗率和事故率,这些数据为各个作业环节一个月内统计的平均值,这里将风险水平定义为各个环节损耗率与事故率的乘积,结果见表 7-6。

表 7-6 各环节风险水平

作业环节编号	采收(1)	产地包装(2)	装车(3)	短途运输(4)	卸车(5)
风险度水平	0.0004	0.0004	0.0009	0.00009	0.002
作业环节编号	储藏(6)	装车(7)	长途运输(8)	卸车搬运(9)	上架销售(10)
风险度水平	0.000048	0.00015	0.0028	0.001	0.0004

根据风险水平计算结果,所得数值均在 0~10% 之间,可以借助风险坐标图法定量分析各物流环节的风险水平,事故率即为事故发生的频率,而损耗率是度量事故发生后果严重程度的重要指标,依据风险度的定义,计算得出各个草莓物流作业环节的风险水平,并按照风险度高低排序。由表 7-6 可知,长途运输(8)及卸车(5)风险度较高,而短途运输(4)等环节的风险度最低。

经过计算,风险坐标图如图 7-5 所示,横坐标为损耗率,纵坐标表示事故率,将横坐标均分为四个等级:0~2%、2%~4%、4%~6% 和 6%~8%。纵坐标同样分为四个等级:0~1%、1%~2%、2%~3%、3%~4%。R_1、R_2、$\cdots$、R_{10} 表示按照作业先后顺序排列的各个物流环节,仅占据 16 个网格中的 8 个。为了便于分析,将这 10 个环节依据事故率和损耗率的不同分为四大类:①事故率低,损耗率低;②事故率高,损耗率低;③事故率低,损耗率高;④事故率高,损耗率高。

实际运作过程中，划分事故率高低的分界点即为物流运作主体可以接受的事故率水平，而划分损耗率高低的分界点即为可以接受的损耗率水平。在实际操作过程中，第一类环节的安全风险是可以忽略的，而第四类作业环节是重点控制对象；对于第二类作业环节，要注重生鲜农产品物流作业的实时监控；对于第三类作业环节，要注重具体作业内容和环境的控制与监管。

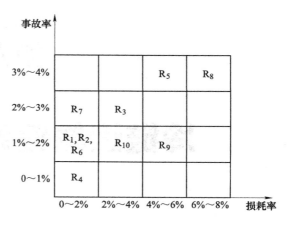

图7-5　风险坐标图

从结果可知，长途运输环节风险度最高，而且在风险坐标图中属于第四大类，因此要注重运输过程中的全程监控，规范实际操作流程；产地到公司的短途运输环节的风险度很低，而且属于第一大类，可以投入较少的人力物力进行非重点监管。在实际调研中了解到产地到公司的短途运输环节一般采用冷藏运输，而从公司到超市运输过程中大都不采用冷藏运输，因此采用冷藏条件可以降低环节系统风险。

第八章

冷链运输信息技术与应用

近年来，以人为本向以心为本的需求核心转变都在驱动着冷链物流技术向智慧化、智能化升级，如大数据云计算技术、柔性供应链技术、物联网技术、AI（人工智能）技术和区块链技术等成为冷链物流技术的重要组成部分。越来越多的消费者希望知道易腐货物原料的来源、能量值、储存温度、生产及销售的日期、最佳食用期等，因此对冷链物流进行信息管理可以满足顾客的需求。通过冷链物流信息化，对易腐食品的来源、生产、包装、检验、监管、运输、消费等环节全程连接，建立食品安全信息数据库，打造"从农田到餐桌"的全产业链条，可实现食品安全地从终端到源头的全透明和可追溯。同时，对冷链过程中的信息进行管理、存储、汇总、分析，从而得到易腐货物生产间、物流服务商等相关信息，为生产经营、市场管理、政府决策提供服务。从某种意义上说，生鲜食品冷链物流信息化对于食品安全的保障有着重要的意义。

第一节 冷链运输信息化技术

一、数据采集及识别技术

（一）条形码技术

条形码是一组粗细不同、深浅两色（通常为黑白）且按照一定规则排列的条码。其中"条"是指深色区域对光线反射率较低，"空"是指浅色区域对光反射率较高，通过物理光学原理将光信号转换成电信号，并通过特定设备将条形码翻译成二进制或十进制数据信息。目前市面上有一维码和二维码两种，一维码已经非常普及，但二维码以其大容量的信息、广范围的编码、可靠的保密性及强大的容错能力正在快速充斥市场。条形码结构如图8-1所示。

条形码是物流信息系统的基础，它像产品说明书一样可以将冷链物品从生长到消费者手中的物流信息记录在内，是一切工作的开端。同样，条形码也是所有信息的来源，在物流各

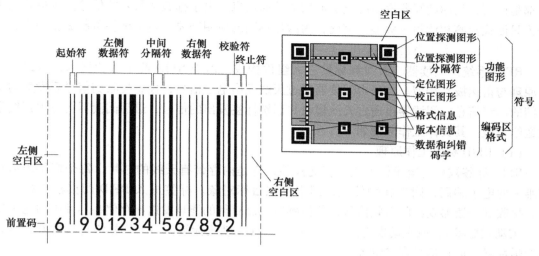

图 8-1 条形码结构

个环节中都可通过条形码专用读取设备获取有用信息，随时掌握产品的性能及运输位置等动态信息。

（二）RFID 技术

1. RFID 基本组成

RFID（射频识别）系统由电子标签、读写器应用系统等构成电子标签（Tag），又称射频标签，用于存储被识别物品信息，内含专用芯片和天线，每个电子标签内设有独一无二的电子产品编码，附着在被标识物体上，是需要识别数据的真正载体，可以看作条形码的升级版本。RFID 系统流程如图 8-2 所示。

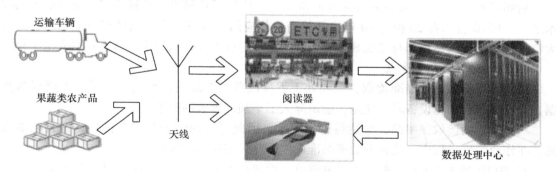

图 8-2 RFID 系统流程

电子标签有多种分类方式，常见的方法是按工作频率的不同分为低频、高频和超高频标签，不同频率的电子标签的成本和与读写器的距离不同。低频电子标签的识别距离一般小于 1m，常见的高频电子标签工作频率在 13.56MHz，识别距离一般小于 1.5m，电子标签的超高频段常见是 860~960MHz。超高频电子标签与读写器的距离一般在 4~7m，最远能达到 10m。

电子标签按获取能力方式的不同分为有源电子标签与无源电子标签。有源电子标签内置电池，可以提供电子标签工作所需的全部能量，无源电子标签内部没有电池，且一般工作频率都是低频，利用读写器发出的电磁波供电传递信息；电子标签按写入的信息能否更改又可分为只读式标签和读写式标签。因此，为满足不同的应用需要，电子标签可制成多种样式。

2. RFID 技术工作原理

RFID 系统由阅读器、天线和标签三大组件构成。由于 RFID 源于雷达技术，所以其工作原理与雷达极其相似。首先由阅读器通过天线发出电子信号，标签接收到信号后发射内部存储的标识信息，阅读器再通过天线接收并识别标签发出的信号，最后阅读器再将识别结果发送给主机。其具体工作原理如下。

（1）RFID 标签工作原理

RFID 标签被称为电子标签或者智能标签，它是内存带有天线的芯片，每个标签内部存有唯一的电子编码，附着在物体上，用来标识目标对象。标签进入 RFID 阅读器扫描场以后，接收到阅读器发出的射频信号，凭借感应电流获得的能量发送出存储在芯片中的电子编码（被动式标签），或主动发送某一频率的信号（主动式标签）。RFID 标签持久性好，信息的穿透性强，而且信息存储量大。

（2）RFID 阅读器工作原理

RFID 阅读器与电子标签之间的通信方式是通过无接触耦合，根据时序关系，实现能量传递和数据交换。阅读器分为手持式与固定式两种。阅读器包括发送器、接收仪、控制模块、收发器。收发器和计算机系统连接从而实现它的沟通功能。

RFID 技术的数据传输与处理是通过阅读器接收标签发出的无线电波信号接收并读取数据，然后发送给解读器，解读器把它转化成相应的数据传输至计算机控制系统进行进一步处理，处理后形成的可解读信息显示在计算机系统中，并由工作人员对相关工作进行管理与控制。

3. RFID 技术优势

射频识别（Radio Frequency Identification，RFID）应用是发展前景最好、潜力最大的技术之一。RFID 技术在 20 世纪 90 年代开始商业化应用，目前在多个领域有所应用。它的最大特点便是通过读写器和与之配套含有天线的芯片进行无线数据交换，从而省去人工干预。

RFID 同时具备几大优点。

1）RFID 标签无须瞄准读取，只要处于识读设备所形成的磁场之内便可以准确提取数据，方便参与自动化设备联合使用，能消除人工干预而导致的误差。

2）RFID 的读取频率高，可达每秒上千次，因此可以同时处理多个标签，并且精准度高，在作业管理过程中，能提升效率与准确度，并且实现管理透明化。

3）RFID 标签载入的数据可以反复修改，形成标签重复使用、循环使用，这样在企业内部进行循环使用的 RFID 标签可以分摊转化长期成本，为企业节约资金，并且还可以降低企业采用该技术的风险。

4）RFID 标签识读不依赖可见光，此特点可以替代条形码技术，在条形码技术无法适应的高粉尘污染以及野外等环境恶劣地区使用，扩大其使用价值。

5）RFID 技术与条形码技术互不干扰并且可以联合使用，能有效降低企业成本。

利用两种技术各自的优点分别应用于系统中适合的部分，辅以计算机网络、互联网以及局域网和广域网等相关技术，使整个流程能够无缝对接，处于管理者的严密监控中，实现节能、环保以及投资效益最大化。

二、动态实时跟踪技术

(一) 北斗卫星导航系统

北斗卫星导航系统（Beidou Navigation Satellite System，BDS，又称为 COMPASS，以下简称北斗系统）是我国着眼于国家安全和经济社会发展需要，自主建设运行的全球卫星导航系统，是为全球用户提供全天候、全天时、高精度的定位、导航和授时服务的国家重要时空基础设施。

北斗系统提供服务以来，已在交通运输、农林渔业、水文监测、气象测报、通信授时、电力调度、救灾减灾、公共安全等领域得到广泛应用，服务国家重要基础设施，产生了显著的经济效益和社会效益。基于北斗系统的导航服务已被电子商务、移动智能终端制造、位置服务等厂商采用，广泛进入我国大众消费、共享经济和民生领域，应用的新模式、新业态、新经济不断涌现，深刻改变着人们的生产生活方式。我国将持续推进北斗应用与产业化发展，服务国家现代化建设和百姓日常生活，为全球科技、经济和社会发展做出贡献。

北斗系统是我国自行研制的全球卫星导航系统，也是继 GPS（全球定位系统）、GLONASS（格洛纳斯卫星导航系统）之后的第三个成熟的卫星导航系统。北斗系统和美国 GPS、俄罗斯 GLONASS、欧盟 GALILEO（伽利略卫星导航系统）是联合国卫星导航委员会已认定的供应商。

北斗系统由空间段、地面段和用户段三部分组成，可在全球范围内全天候、全天时为各类用户提供高精度、高可靠定位、导航、授时服务，并且具备短报文通信能力，已经初步具备区域导航、定位和授时能力，定位精度为分米、厘米级别，测速精度 $0.2m/s$，授时精度 $10ns$。

(二) 全球定位系统

全球定位系统（Global Positioning System，GPS）是由通信卫星、用户接收端及地面监测站组成的对目标车辆或物品进行定位或路线追踪的动态系统。为了全天候、高精准、连续实时测量物体三维位置，每次至少需要观测 4 颗卫星，用户接收端是通过无线通信软件及计算机硬件组合而成的信号接收机，地面监测站由观测站、主控站、注入站共同负责卫星的监控、气象数据采集、将导航文件注入卫星并检测其正确性及是否将导航电文发给用户。

GPS 可以提供全球性、全天性不间断的导航性能，1s 内可多次取得位置信息，这种几乎实时的导航能力，对于对物流车辆的监控及产品不间断传输数据高要求的用户来讲具有很大意义。

(三) 地理信息系统

美国联邦数字地图协调委员会（FICCDC）将地理信息系统（Geographic Information System，GIS）定义为：解决诸如数据的采集处理、分析、建模及反馈等复杂的规划及综合管理问题的系统。地理信息系统主要由软硬件系统、地理空间数据、用户及开发人员、应用模型构成。

GIS 除拥有数据采集处理、存储、交换、分析统计、产品演示及二次开发等基础功能外，目前在森林土地资源管理、野生动植物保护、水资源地理分布、城市区域规划、重大自然灾害预警等方面也有较为广泛的应用。

（四）电子数据交换

电子数据交换（Electronic Data Interchange，EDI）是 20 世纪 80 年代新兴的电子贸易工具，旨在标准化数据处理规范下不同企业或贸易组织间利用计算机系统或现代通信手段传输订单、发票、报关凭证、货物属性等作业文件的电子化工具。采用 EDI 技术可以减少文件传输过程的错误、遗失、破损等问题，保证文件的完整性，为贸易节省时间，提高效率。同时，EDI 通过信息加密手段大大加强了信息的安全性。

EDI 在汽车制造业、超市零售、物流信息系统、安全预警等领域都有广泛的应用。农产品物流 EDI 是指供货方（生产基地、农户、批发商）、收货方（超市、零售商）和第三方企业或组织间通过 EDI 进行物流信息的交流，并以此为工具来维持正常农产品物流活动的运转。图 8-3 是三个主体通过 EDI 组成的简单物流信息系统文件传输模型。

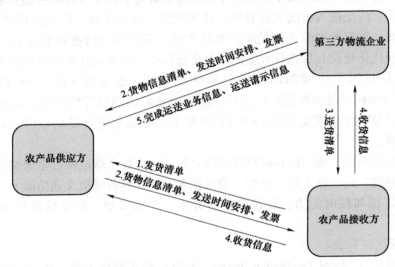

图 8-3　物流信息系统文件传输模型

三、物流数据分析处理技术

大数据是指海量的数据，这些数据具有不同的表示形式和来源，如商业交易系统、移动应用程序、网站、客户数据库、机器生成的数据和物联网环境中使用的传感器生成的实时数据等。大量的数据通过可横向扩展的软件进行处理。广义上，"大数据"被认为是一种社会经济现象，与在一些问题领域出现的分析大量数据的技术能力以及由此产生的变革效应相关联。大数据处理流程有：对采集来的数据进行预处理、存储、清洗、查询分析和可视化展现。大数据市场的增长率比全球信息技术市场的增长率高 3 倍以上，每年约为 5%。这一领域如此高的增长率是因为近年来对大数据的投资给投资者带来了可观的利润。大数据技术被广泛用于搜索引擎、运输和物流、数据存储、视频和图片分析、电信、网络和社交媒体、医药和医疗保健、科学和研究以及社会生活等。

（1）数据采集和预处理

数据采集和预处理阶段吸收从各种来源大量生成的原始数据。这些原始数据是分散的，操作和维护也比较困难，并且可能会因异常而混乱，包括值损坏、格式不良和不适合大数据应用程序使用。将分散的数据整合在一起并写入数据仓库，便是数据采集的过程。此类数据需要经过过滤和清理、重新格式化和结构化、删除重复数据、移除非法值和数据压缩，这些预处理步骤对于将数据转换到适合或有价值的分析水平至关重要。

（2）数据存储

HDFS（Hadoop 分布式文件系统）是 Hadoop 的重要组件之一，是完全面向文件的系统，用于存储底层文件。它具有许多副本，可以轻松获取数据并快速返回。将数据存储在 HDFS 中取决于其文件系统和一个称为 Hbase 的非关系数据库。它能够支持查询分析、交互式分析、迭代计算、键值存储、详细列表查询等应用场景。HDFS 的性能可以影响到它往上的所有大数据系统以及应用。

Hbase 是一个完全非关系的、开源的、基于 Hadoop 的分布式数据库。它是面向列的键值对数据库，其解决了 HDFS 在随机读写中存在的劣势，可用于低延迟执行。它可以提高表的更新速率，也可以支持水平分布的集群。Hbase 表被称为 Hstore。Hbase 拥有许多的特性，例如实时查询、自然语言搜索、线性、模块化、自动和可配置的表共享访问。

Redis 是一种很迅速的非关系数据库，能够将存储在内存的键值对（key-value pair）数据持久化到硬盘。通过复制可提高读性能，用客户端分片可提高写入性能。

当存储数据，相关的数据表可达数千列甚至更多，还包含多种烦琐的查询时，可考虑用列存储方法对数据进行压缩。如 ORC 便能够很好地进行压缩，大大缩减占据的磁盘空间。

（3）数据清洗

MapReduce 已经成为处理大规模数据的无处不在的工具，它是一个分布式并行计算软件框架，位于数据分析开发堆栈的核心。MapReduce 的优势之一是能够在数以千计的商用服务器上横向扩展到大量数据，其拥有易于理解的编程语义，以及高容错率。MapReduce 可以拆分大文件然后将其发布到多个节点，以进行并行式处理，结束之后再对其归纳。

当相关业务的数据量越来越多，需清理和调整的数据也更加复杂时，则需用 Azkaban 或 Oozie 等任务调动器进行更换和看管重要工作。

Sloth 是一种用于流计算任务的处理平台，它易于使用，实时且可靠，可节省用户在开发、运营和维护上的投资成本，满足各种产品对流计算需求越来越大的现状。

（4）数据查询分析

数据分析阶段是对海量数据的价值进行提炼的关键。数据分析阶段为收集的数据注入相关性和意义。这是一个复杂的进化过程，通过比较数据特征来进行模式识别，并根据领域知识或经验进行修正。分析结果旨在帮助用户了解当前状态，做出预测和明智的决策。

Hive：数据仓库的基础架构，可提供数据汇总，适用于长期查询和基于 HDFS 的大型数据集分析。可用 Hive 执行数据改动操作，Hive 处理过的数据集用 Impala 对其执行快捷的数据分析。

Hadoop 和 Spak 是目前国内外在大数据的相关数据分析处理中，最具有代表性的分布式并行计算框架，主要用于数据存储以及并行计算。Spark 具有与 Hadoop、MapReduce 相同的功能。它可不读取 HDFS，因为其在内存中存储了中间 Job 的输出。Spark 不仅可进行交互式查询，也能够改进迭代工作的负载。

（5）数据可视化

大数据的可视化主要用到了四项技术：数据简化、任务并行化、管道并行化、数据并行化。微软在 Azure 上的可视化平台以有向无环图和数据流图的形式向用户提供大数据分析任务，并取得了良好的效果。阿里巴巴的"御膳房"是国内的数据可视化平台的代表之一。目前由于内存技术的局限性，大数据可视化工具还面临着许多技术困难，如尚不完善的可扩展性、功能性和响应时间等。

第二节 冷链物流信息管理系统

冷链物流信息管理系统是计算机信息管理系统在冷链物流领域的应用。广义上讲，冷链物流信息管理系统应包括冷链物流过程的各个领域的信息管理系统，包括运输、仓储等，是由计算机和其他科技设备通过全球通信网络连接的系统。狭义上讲，冷链物流信息管理系统只是信息管理系统在冷链物流企业中的应用，即企业用来管理冷链物流的系统。在此基础上，我们可以将冷链物流信息管理系统定义为一个以收集、加工和提供冷链物流信息服务为目的的系统，即能够收集、输入、处理数据，存储、管理和控制冷链物流信息，向用户报告物流信息，辅助决策，使之达到预定的目标。

冷链物流信息管理系统架构如图 8-4 所示。

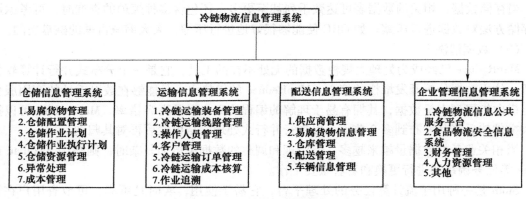

图 8-4 冷链物流信息管理系统架构

一、冷链物流仓储信息管理系统

在物流领域中应用的仓储管理以及仓储作业管理系统一般称为仓储管理系统（Warehouse Management System，WMS）。随着客户对易腐货物需求的种类和数量的增加，易腐货物的产成品结构越来越复杂，整个市场对易腐货物的个性化要求也越来越高。鉴于易腐货物自身敏感的特质，如何有效地存储易腐货物、确保其可追溯性、设定合适的库存水平以及充分利用仓储空间，成为关键挑战。如何安排冷库之间、从产地到销售点之间的无缝衔接，并优化装卸作业流程，以确保整个冷链运输过程中"不断链"，也成为关键挑战。

先进的冷链仓储信息系统通过设计针对现场作业状态实时调整作业计划，可以有效地提供一类解决方案。生成计划主要考虑的因素有：冷库作业面积、储位及储位分配情况，易腐货物特性（是否对存储和搬运装卸有特殊要求）、设备运行状况、作业时间限制以及客户等待时间、操作人员数及操作人员的训练程度等。另外，某些 WMS 系统采用了 Rulebase 或

Knowledgebase 技术,将人们在实际仓储作业中的优秀经验进行整合,使系统能够充分整合现有的仓储资源,从而达到最佳的冷链操作效率。

冷链仓储信息管理系统是结合入库、出库管理、库内移动运输、库内冷藏监控、库存监控及补退和数据库管理等功能,集批次分类、质量保证和云端数据库等功能于一体的信息管理系统。其流程如图 8-5 所示。

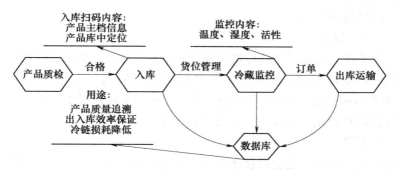

图 8-5 冷链仓储信息管理系统流程图

具体功能如下:
(1) 易腐货物管理
易腐货物管理根据冷链物流的仓储业务特点定位于以下几个方面。
1) 易腐货物的属性与分类管理。
一种方法是采用代码继承式分类,这种方式通过代码分段方式建立易腐货物的属性分类。主要代表性编码方案有国际物品编码协会的 UCC(Uniform Code Council,国际物品编码协会)代码、UNSPSC(United Nations Standard Products and Services Code,联合国标准产品和服务分类代码)等。其优点是相同属性的易腐货物在排序上归为一类,容易管理。其缺点是随着易腐货物的种类增多会造成代码过长、管理不便、浪费存贮资源。

另一种方法是采用属性结构表方式进行物料属性的定义。通过首先定义物料的分类及其分类属性,然后再定义属性值。典型的分类法是 Nato Auslang。这种金字塔型结构的分类方法可以做到物料代码的编撰与物料属性无关,分类可以无限增加。在统一数据库系统中表达不同属性描述类别,不存在字段过多的情况。

2) 易腐货物的存储描述。存储描述包括存储地区、低温仓库、低温仓库内的存储区域以及货架储位。易腐货物的存储信息包括物料的存储库存和在途库存。

(2) 仓储配置管理
易腐货物的存贮条件需要进行配置,先进的仓储管理能够对仓储实体进行参数配置,实现对仓储资源的识别和管理,需要配置的信息主要有仓储编号、仓储面积、储位编号、储位面积以及储位存储规则等。通过仓储配置,企业可以根据实际作业需求制定优化的仓储作业计划,实现对仓储环境的高效利用,使有限的人力物力、仓储面积得到充分利用。

(3) 仓储作业计划
仓储作业计划是通过采集易腐货物订单以及系统中的仓储配置数据,结合系统中已经设定的作业规则,在规定的时间内完成仓储的计划,包括易腐货物的收货上架、拣货、补货、月台或码头装载等。

同时，冷链系统要求及时配送、顺畅流动以及全程质量管理。为实现这一要求，需要连续补货计划、供应商库存管理等现代物流管理技术。连续补货计划是利用及时准确的销售数据，根据零售商的库存信息和预先规定的补货程序确定补货数量和补货时间，以小批量多频率方式进行易腐货物的连续配送，提高库存周转率。供应商库存管理是冷链生产由企业对零售商等下游企业的流通库存进行管理和控制的供应链管理技术，利用供应商库存管理可以提高冷库利用率，降低冷链总成本。

（4）仓储作业执行控制

仓储作业执行控制是对易腐货物冷链作业计划生成以后执行情况的管理。在作业执行方面，很多 WMS 系统都有比较先进的解决方案和相应的产品，如 EXE 公司（一家做仓储管理软件的公司）的 Exceed、ES/LAWM 等系统，其中 ES/LAWM 还提供了基于打印工作指令的执行管理系统以适应自动化水平较低的仓储作业环境。

（5）仓储资源管理

仓储资源除易腐货物外，还包括仓储结构、设备以及作业人员等。其主要功能体现在：仓储结构合理配置，提高场地利用率；合理组织仓储作业人员，合理安排工序，使作业效率最大化；合理调配仓储设备，通过设备检修计划提高设备完好率。

（6）异常处理

在实际操作过程中，由于易腐货物的特性和客户小批量、多品种的需求，冷链物流的仓储管理非常复杂。在仓储管理中，存在各种突发事件以及异常交易作业，因此需要设计一个完善的 WMI 系统来处理这些异常情况。

（7）作业成本管理

易腐货物的冷链物流仓储信息管理系统的主要目标是优化仓储作业管理，实现低成本化、效率最大化。WMS 系统的主要管理对象是易腐货物，主要通过关注仓储作业活动实现作业成本的可控和优化。而一般企业里采用的 ERP（Enterprise Resource Planning，企业资源计划）系统是以物料成本为中心展开的成本控制管理活动，二者的实现手段不一样。随着第三方冷链专业物流服务形式的出现，专业、先进的 WMS 系统将提供更加全面的基于作业的成本管理功能，以便更好地进行优化管理，控制成本并提高效率。

二、冷链物流运输信息管理系统

冷链物流运输信息管理系统功能图如图 8-6 所示。

冷链物流运输信息管理系统具体功能如下：

（1）冷链运输装备

冷链运输装备主要包括铁路、公路、航空及水路冷链运输工具。其中要管理的元素有运输能力（包括装载体积、重量）、运输速度、能源消耗计量等。运输业务包括外包服务，因此冷链运输资源还要包括冷链运输服务提供商的管理。

（2）冷链运输线路管理

冷链运输线路管理的主要目的是建立冷链运输服务区域数据库，可分为区域型、线路型和混合型。运输线路的通畅是进行优化的基础，需要考虑站点之间的路径流量、高峰时间流量、站点之间发生事故的频率以及运输工具等因素。

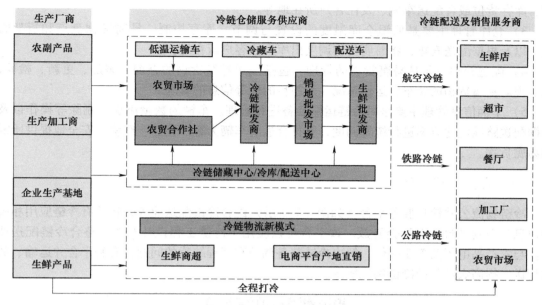

图 8-6 冷链物流运输信息管理系统功能图

（3）操作人员管理

因为易腐货物的在途运输会遇到许多意外情况，因此，要综合考虑驾驶员的技能、操作经验值与人力资源成本之间的关系，合理定岗。

（4）客户管理

冷链运输管理的需求主要来自物流公司的运输需要、厂家送货需求以及客户提货需求。冷链物流公司主要是指第三方物流公司，包括货代企业。因此，冷链运输管理系统主要针对不同的用户需求分别提供不同的运输服务。

（5）冷链运输订单管理

冷链物流运输信息管理系统根据用户的不同需求产生不同的运输订单，提供合理、成本最低的运输方案。根据运输订单运行运输的组合作业，可以提高运输效率。由此制订的运输计划安排的结果要最大限度地保证时效性、经济性及安全性。

（6）冷链运输成本核算

冷链运输管理主要关注可变成本中的能源消耗的影响因素，如路径长度、道路通畅能力、驾驶员操作技术以及气候原因等因素。

（7）作业跟踪

在实际的冷链运输作业中，作业跟踪主要通过运输订单的回单收集、手机短信、GPS 实现合理安排运输计划，减少空车营运，提高异常事件的处理应对能力。

三、冷链物流配送信息管理系统

冷链物流配送信息管理系统主要包括以下方面：

1）供应商管理包括供应商名录更新，供应产品更新，以及对应查询等。

2）易腐货物信息管理主要是对采购或承运易腐货物的管理，包括易腐货物相关信息更新、库存货位或者配送车辆、发往客户所在地等。

3）仓库管理主要是低温仓库温度的设置与调节、库存控制、易腐货物盘点和货架管理，以及根据配送安排，将易腐货物调度出库发往客户所在地。

4）配送管理主要是易腐货物的管理，包括配送易腐货物的查询、添加、更新、检验，以实现对易腐货物的装车、运输情况、发往目的地等信息的管理。

5）车辆信息管理主要是对冷链运输装备进行管理。车辆的数量添加、删除等操作以及根据配送路线优化方案进行统筹调度，安排合适的车辆为客户快速、经济、安全地提供所需的易腐货物。

四、其他信息系统

冷链物流公共信息服务平台（如图 8-7 所示）配合冷链配送业务，将所有冷链应用相关的信息公布到平台上对社会开放。该平台可以应用于冷链工程设计开发，整合冷链配送业务。与农产品电子商务于一体，解决冷链装备调控和回程缺货的问题，有利于合并运输、共同配送，提高农产品的冷链物流效率。

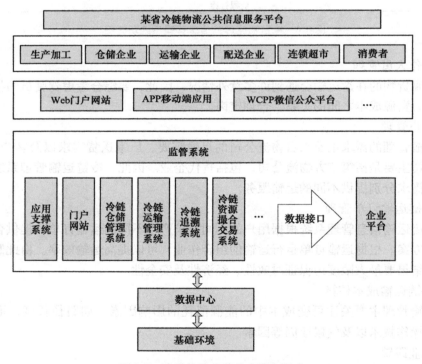

图 8-7 冷链物流公共信息服务平台

食品物流安全信息系统，可实现食品信息的可追溯性，保证食品从原料采购到送达消费者手中的全过程信息（如原料产地、加工配料、包装、储运温度及有关作业信息）可追溯透明，也包括相关的知识库、辅助决策支持系统及食品物流安全事故应急预案。

利用 RFID 先进的技术并依托网络技术及数据库技术，实现信息融合、查询、监控，为每一个生产阶段以及分销到最终消费领域的过程提供针对每件货品安全性、食品成分来源及库存控制的合理决策，实现食品安全预警机制。RFID 技术贯穿于食品安全始终，包括生产、加工、流通、消费各环节，全过程严格控制，建立了一个完整的产业链的食品安全控制体系，形成各类食品企业生产销售的闭环生产，以保证向社会提供优质的放心食品，并可确保供应链的高质量数据交流，让食品行业彻底实施食品的源头追踪以及拥有在食品供应链中提供完全透明度的能力。

五、冷链物流信息管理系统应用

（一）丹麦的 MAERSK（马士基）公司旗下的马士基航运

易腐货物在"从农场到餐桌"的整个运输过程中，通常需要穿越多个节点和国界。在这个精细的过程中，每一步和每一次交接都存在风险。温度可能会波动，单证可能丢失，意外事件可能会导致延误，这些都会影响货物质量并增加成本。

马士基的冷链管理（CCM）是一项综合性服务，既提供运输或存储等有形服务，也提供实现真正端到端供应链管理的数字功能。作为托运人，可以将供应链管理委托给可靠的合作伙伴，依赖他们来优化和实施物流计划。

马士基的独特平台为冷藏货物提供了更优越的可控性、灵活性和可见性，全程确保无缝、不中断的冷链管理，还可以全天候清晰了解冷藏货物的总成本和状态，从而提高透明度和可预测性。

马士基的 StarCareTM 专利冷藏货物集装箱可设置 $-25 \sim 25$℃ 的温控范围，确保货物永保新鲜。马士基的远程集装箱管理平台 Captain Peter 提供有关集装箱内部状况（如二氧化碳和湿度水平）的数据，可以全天候监控货物状态。

（二）丹麦的 Ellab（意莱博）公司

意莱博推出了创新冷链温度监控解决方案，该方案利用先进的运输系统进行实时监控。运输系统既可以作为一个独立的传输系统，也可以集成到意莱博的环境监测体系中，还可与现有的 Hanwell Pro 或 Hanwell IceSpy 系统一起使用。运输系统通过无线技术将关键的冷藏运输数据实时传送至中央数据库，从而确保数据采集的高效和准确性。

意莱博运输系统的技术特点有：
1) 与现有的 Hanwell Pro 或 Hanwell IceSpy 系统一起使用，或用作独立的传输系统。
2) 温度范围为 $-30 \sim 50$℃。
3) 无线记录长达 1 天或 4 天。
4) 消除与温度硬件交互所花费的时间。
5) 协助降低潜在危险的异常情况的风险。
6) 24×7 全天候查看、共享实时数据和警报并与之交互。
7) 可在现场或工厂进行定期校准。

第三节　冷链温度监控

温度监控和跟踪能够让用户知道易腐货物在冷链流通中所处的条件和位置。监控设备监视冷藏/冷冻设备（比如冷藏卡车、低温仓库）的运行性能，以及易腐货物在运输过程中不同环境下的温度。监视跟踪易腐货物能够获得产品的整个温度历史记录，包括产品中转和在途运输。监视冷藏/冷冻设备的一个附加好处是能够及时发现冷藏/冷冻设备的运行问题,比如储存空间温度偏离设定值,并及时进行解决。

下面介绍用于冷链温度监视、跟踪和控制的各种设备,包括简单的低成本的电子记录器和复杂的设备控制器。

1. 货物监视设备

(1) 手持温度检测器/传感器

这种手持仪器是冷链中应用最多的基本设备。它们具有各种各样的形式,包括使用热电偶的无线探测器和一些新型电子温度计。它们需要手工操作来获取数据,包括将探头插入货物中或者手工打开电子温度计。这些设备具有准确、易用、相对便宜、购买方便等特点。

(2) 圆图记录仪

圆图记录仪发明于100多年前,通常被称为帕罗特图。设备记录在图纸上显示数据曲线并定期存档。这是采集和存储数据的简单方法,因为原图记录仪可以被设计到各种各样的设备里面。这种方法的缺点是经常需要人手动更换纸笔,设备记录须妥善保存,自动化程度不高,有时会出现机械故障并导致记录不准确。

(3) 电子温度记录器

电子温度记录器有多种类型,包括单个构造和具有硬接线的探头设备。一些设备可以利用机械、模拟或者电子手段与控制系统连接。大多数设备利用可以感应温度的热电偶,然后用各种各样的方式进行存储和显示。有一些记录器可直接在本地设备上显示温度,而另外一些则将数据传送到远程显示设备。不过这些设备通常也会存储数据,并提供计算机程序的数据读取接口。

(4) 货物温度记录器

在冷链中使用最广泛的是货物温度记录器。这些记录器很小,由电池提供能量,可以跟随货物记录温度。它们具有多种存储容量,可根据具体需求进行选择。用户在货物装载出发的时候,将温度记录器装在运输空间或者和货物包装在一起。在运输过程中超出温度设置时,警报器会发出警报。温度记录器的时间/温度数据可以通过数据接口和桌面软件下载到计算机。还可以用一些网络软件对数据进行处理以适应多种站点的应用。货物温度记录器的准确度较高:冷藏时误差是0.6℃,冷冻时误差为1.1℃。大多数设备使用的不是一次性电池,而电池寿命取决于具体使用情况(例如记录和下载频率),一般在1年左右。一些制造商销售一些一次性产品,这些产品的电池是不可更换的,通常具有更好的精度和电池寿命,能够适应一些要求较高的货物,比如药品。这种一次性货物温度记录器使用完毕后,由厂家提供回收服务。

(5) 产品温度记录的射频识别标志(RFID)

射频识别标志和条形码技术比较相似。它由连接在微处理器上的天线构成,里面包含了唯一的产品识别码。当用户激活标志的感应天线时,标志将返回一个识别码。和条形码不同的是,射频识别可以容纳更多的数据,不需要可见的瞄准线(Line-of-sight Visibility)即可读取数据,并允许写入计算机。使用射频识别标志的最大问题是成本,制作每个射频识别标志大概需要5美分。也有一些新的制造技术,例如AlienTechnology公司的FSA(液体自动分布式)封装工艺能够在很大程度上降低成本,射频识别技术还面临着可读性的挑战。含有金属和水的产品射频波会减弱,导致数据不可识别。2.4GHz波段的射频识别标志不适合在水分较多的环境里使用。因为水分子在 2.4GHz 的时候发生共振，并且吸收能量，导致信号减弱。大多数射频识别是简单的被动标志。因为射频识别标志的主要目的是产品管理和跟踪，所以并不需要能量去操作温度传感器或者进行远程通信。

1）半被动温度感应射频识别标志。半被动温度感应射频识别标志保持休眠状态，被阅读器激发后会向阅读器发送数据。和主动温度感应射频识别标志不一样，半自动温度感应射频识别标志具有较长的电池寿命，且不会受到太多的射频频率干扰。另外，数据传输有更大的范围，对半被动温度感应射频识别标志来说可以达到 10~30m，而被动温度感应射频识别标志则只有 1~3m。

2）主动温度感应射频识别标志。主动温度感应射频识别标志同样有电池，不过跟半被动温度感应射频识别标志不一样的是，它们主动地发送信号，并监听从阅读器传来的响应。一些主动温度感应射频识别标志能够更好改变程序，从而转变成半被动温度感应射频识别标志。

(6) 利用射频识别技术的冷链监视

主动温度感应射频识别标志能够用来提供更为自动化的冷链监视程序。它可以贴在托盘上或者货物的包装箱上（使用何种方式由成本决定），保存的温度记录在经过阅读器时被下载。阅读器可以放置在冷链运输的开始及中间的一些交接站。主动温度感应射频识别标志为冷链温度监视提供了能够 100% 保存数据的解决方案。

2. 冷链温度监控

为了维持高效、完整的冷链，需要在储藏、处理和运输全过程进行温度控制，在低温存储设施和加工配送中心都需要安装温度监视系统。在监视之外，这些系统需要提供数据采集和警报等一些功能，以确保货物能够一直处在合适的温度环境中。

(1) 自动型温度监视系统

自动型温度监视系统包括中央监视系统和网络数据记录系统。中央监视系统在各设备上装有远程感应器，组成一个网络并与输入设备连接。定制系统通常要满足特定的监视和记录功能需要，可以和远程监视、警报和报告系统整合在一起。另外一种类型是网络数据记录系统，这种类型的系统具有高度的分布式程度。多个数据记录器与各个设备相关联，每个记录器都有自己的感应器、存储器、时钟和电池，独立地记录各个设备的数据，并与计算机网络相连。这些网络的规模和配置都非常灵活，能让操作员简单地添加记录器或者将一个记录器从一个位置移动到另外一个位置，同时实现中央监视、报警和数据采集功能。

(2) 监视和数据采集

实时数据采集的能力（容量和速度）反映了一个监控系统的监控能力和对故障反应的及时性。一些标准和认证也对数据的采集容量和速度进行了规定。同时，管理设备的职员也需要能够实时地获取这些信息，以确保冷链的完整性，并在故障发生时能够迅速维护。许多先进的系统和硬件能够同时允许本地监视和远程监视，本地监视通常简单地通过与 PC（个人计算机）连接而实现，远程监视则常常利用有线或者无线网络。

(3) 温度控制规程

温度监控系统需要一个合适的规程来进行温度控制。这些系统都需要利用温度读取设备来读取冷藏或冷冻区域的温度。除这些温度的监视和记录设备本身以外，还需要按照规程整合所有的温度记录。这些规程规定温度监控不仅包含产品的温度记录，还要记录运输工具（包括拖车、货车、容器以及有轨车等）的温度。规程还要求记录产品从一个处理环节转换到另一个处理环节的时间,例如从运输车到零售商或者其他物流中心的时间。这些步骤对保证冷链的完整性非常重要,一旦出现问题,能够迅速找到问题发生的时间和地点。

这些规程还规定,操作员需要定时对温度计或者其他设备进行校准,并对这些校准操作进行记录。校准记录包括所有的设备并能查到每次的校准时间。通常使用冰水对温度计进行校准,这个时候读数应该是0℃。

(4)温度与湿度测量采样布置

合理的温度与湿度测量采样布置能够准确地反映货物所处的环境或者冷藏设备所处的工作状态。

当设计这个方案的时候,操作人员需要首先查明关键的布置区域。在很大的开放式冷冻/冷藏区域中,有几个区域温度特别容易波动。比如,距离天花板或者外墙很近的空间容易受到外界温度的影响,当冷藏门打开时,外界温度会对门附近的区域造成很大影响。棚架、支架或者集装架子区域,因为阻挡了空气循环,可能会有较高的温度点。上述重要区域需要使用设备进行监视。同时,为了进行对比,在冷藏/冷冻区域的出口区域、外部区域和冷藏/冷冻区域的不同高度区域都需要使用设备进行测量监视。许多设备的设计者还建议在蒸发器的回风处放置温度计,这样能够比较准确地反映室内空气的平均温度。在出口设置温度计的读数,通常比回风口低2~3.5℃。

在冷藏库中,一般推荐操作人员每隔900~1500m的直线距离放置一个监视设备。如果冷库由小的冷藏/冷冻室单元组成,应该在每个单元里面都放置监视设备。温度监视设备一旦安装,应该尽可能多地取样,以避免激烈的温度变化,但是这种取样也不能过于频繁,以免带来大量多余的数据。一般来说,每15min进行一次采样是比较合理的。

第四节 物联网与区块链追溯技术

一、物联网技术

物联网(Internet of Things)本质是通过物联网的相关技术,把世界上的所有物体,用互联网连接起来,最终实现对万物的管理、控制等。凯文·阿什顿(Kevin Ashton)教授早在1999年研究RFID技术时就提出物联网这个概念。物联网的核心包含两方面,一方面物联网的核心还是互联网,另一方面就是人与人、人与物、物与物之间的交互。

物联网的本质功能就是让所有物体变"聪明",实现万物互联。当前对物联网结构体系的研究,大多采纳物联网由三层架构组成(如图8-8所示)。三层架构从低到高分别是:感知层、网络层和应用层。三层之间相互关联,每层都有相关的关键技术支撑,以实现物联网整体结构的运行。

(1)感知层及关键技术

对于物联网整体架构来说,感知层类似于人体接受刺激的器官,在刺激的过程中,完成收集数据、识别物体等任务。感知层的关键技术包括二维码技术、RFID、摄像头、GPS和传感器技术等。通过感知层的相关技术,我们可以收集任何想要获得的数据。感知层收集信息一般包括两个步骤:第一步是使用传感器、数码相机和其他设备从外部物理世界收集数据;第二步就是短距离的传输数据,可以通过RFID、二维码、蓝牙和其他技术来完成这个

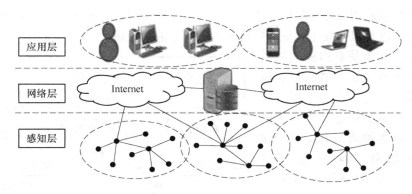

图8-8 物联网层次架构

任务。经过以上两步，即完成数据收集。RFID是一种通信技术，由标签、阅读器和天线组成，俗称电子标签。在不超过其覆盖范围内，物品上的电子标签和识别系统无须接触，识别系统即可得到电子标签中包含的物品的详细信息。传感器，即传递感受，是一种检测装置。传感器就是将感受到的信息以特定的方式，即按照传感器自身的设置，传递表达出来，实现传递信息、自动控制等功能。传感器、射频识别技术在冷链物流配送中对生鲜农产品实时监控、获取相关信息具有重大作用，例如通过温湿度传感器可获取冷链物流配送中冷链品所处的温湿度的详细信息，RFID在生鲜农产品食品安全溯源上有较大价值。

（2）网络层及关键技术

在感知层的说明中，把感知层类比于人体接受刺激的器官，那么，网络层就类比于人体的神经系统和大脑。在人体中，神经系统就是传递感知获得的信号给大脑，大脑对信号进行反应，得到处理结果，网络层执行一样的功能。网络层需要和感知层连接起来，这样才能传输信息。网络层的主要技术有长距离传输的4G/5G等技术，有短距离传输的Zigbee、蓝牙等技术。现阶段，我国正在大力发展5G技术，5G与4G相比，其优点是更快、更高、更强。随着5G技术的不断发展，将5G技术应用于物联网网络层中，可以快速将感知层收集的信息传送至应用层，更加高效。

（3）应用层及关键技术

应用层位于物联网整体架构的顶端，构建应用层的目的是结合自身实际需求，对有用的信息进行分析和处理，最后做出决策。应用层的设计需要考虑它的用途、面对的对象是谁、要实现怎样的功能等，所以应用层的构建尤为复杂。应用层的构建，依赖于云计算、大数据、人工智能等技术。

应用层是物联网整体架构中面向前端的，客户能进行具体操作，与人们的生活接触也最为紧密，但就目前的发展情况来看，应用层不及感知层与网络层发展得好，不管在技术上还是在重视程度上都不如感知层和网络层，所以应用层还存在着巨大的发展空间。

二、区块链追溯技术

由于食品安全和质量问题，企业、政府和消费者对食品追溯信息的需求显著增加。追溯信息可以从企业的业务和物联网设备（如射频识别、蓝牙、二维码和近场通信）采集。虽然信息可以实时收集，但信息共享依赖于集中的平台控制，并不能防止数据被篡改。区块链技术可以建立信息透明和安全的信任机制,实现可追溯管理过程中价值信息的交换。区块链的透明性、可追溯性以及安全认证等特性非常适用于追溯领域。

一般来说,物流信息追溯区块链架构(如图8-9所示)由数据层、网络层、共识层、激励层、合约层、应用层组成,其中数据层包含多种区块链底层技术,例如物流交易记录哈希值的数据区块和非对称加密算法(ECDSA)等;网络层包含基于P2P网络的物流信息传播机制和物流信息追溯区块链准入机制;共识层包括了工作量证明(PoW)、权益证明(PoS)、委托权益证明(DPoS)等共识机制;激励层将订单收益获得与分配、信息服务商对运输商的激励机制融入区块链系统中,主要包括区块链的价值创造分配机制和发行机制等;合约层主要包括各种Script脚本、智能合约和算法机制,其中在物流信息追溯区块链上发生的合同信息都会以智能合约方式自动签订,双方或多方约定协议内容实现后自动履约。智

图 8-9 区块链技术架构

能合约是利用哈希算法、Go语言和非对称加密算法实现物流信息追溯系统可编程化,在去信用的计算机环境下实现承运人、运输商、信息服务商之间契约的签订等;应用层则代表区块链在物流、医疗、知识产权等行业的应用案例。在这个追溯机制中,带有时间戳的链式机构、物流信息追溯区块链中的收益分配模式、节点之间的分布式共识机制是区块链技术中最具创新性的特点。

1. 物流信息追溯区块链数据层

(1) 狭义区块链

狭义区块链即去中心化的物流信息追溯系统中各节点同步的数据存储账本。物流信息追溯系统中的每个节点都可以通过SHA-265算法和Merkle根数据结构,把一笔交易从生成、运行到结束的过程中的所有交易信息与哈希值嵌入某一具备自动生成时间戳功能的区块中,每笔物流交易区块接到主链上,形成最新的物流信息追溯区块链。整个物流信息追溯区块链的形成过程需要数据区块、链式结构、哈希算法、Merkle树和时间戳等计算机技术共同运作才能得以实现。

(2) 数据区块结构

数据区块结构是指物流信息区块是一种被包含在区块链里的聚合了物流交易信息的容器数据结构。它由一个包含区块基本数据的区块头和紧跟其后的一长串交易数据组成的区块体构成。其中区块头包括物流信息追溯技术的软件版本、前一笔物流交易区块(以时间戳为

准）的哈希值、物流信息区块交易记录的哈希值即 Merkle 根、物流信息区块共识机制要调用的解随机数和时间戳。某一区块的物流需求即目标哈希值可以依据不同的物流场景（快递的配送时间、生鲜配送的过程温度、物流运输的价格）进行参数设置，理论上任何物流服务信息都可以转换成哈希值在区块结构上表示。区块体涵盖当前物流信息区块的交易量，以及区块从创立到验证通过的过程中生成的所有物流交易记录。物流交易记录最终形成 Merkle 根封存在区块头中，便于数据存储和调用。

（3）链式结构

区块链式结构是指已被 DPoS 共识算法验证通过的当前区块链接到前一区块，形成主链。各个区块一个接一个，形成从创世区块到最新区块的一条区块主链，随之存储整个区块链的所有交易记录信息，实现区块链存储信息的可追溯和不可篡改，任意区块记录的数据都可以通过链式结构在各个分布式节点实现追溯，且不通过任何中心节点。

（4）Merkle 树

Merkle 树（如图 8-10 所示）又称为哈希树，是一种二叉树，由一个根节点、若干中间节点和一组叶节点组成。最底层的叶节点存储数据，在它之上的一层节点为它们对应的 Hash 值，中间节点是它下面两个子节点的 Hash 值，根节点是最后顶层的 Hash 值，这个一般称为 Merkle 根。Merkle 树的每个叶子节点都存储着一笔物流交易信息的哈希值（①托运内容部分：托运物品名、数量、重量、体积。②支付方式：寄方付、收方付、记账；个性化服务：保价、定时达。③费用：件数、业务类型、计费重量、运费、实际重量、费用合计。）它是一种用作快速归纳和校验大规模数据完整性的数据结构。物流交易信息经过哈希运算后成为哈希值，前一组哈希值作为第二组的输入，之后循环往复进行哈希运算，最后形成这类二叉树。一般来说"树"在计算机科学中常用来描述具有分支结构的数据过程，但"树"往往被倒置显示，"根"（Merkle 根）在图的上部，同时"叶子"（原始记录和数据、哈希值）在图的下部。

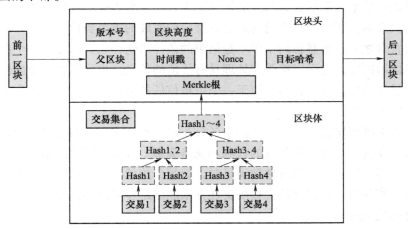

图 8-10　Merkle 树

在区块链中，Merkle 树是被用作归纳一个区块中所有交易，同时生成哈希值封存到区块头上的标签，且为查验区块是否存在某交易数据提供了快速途径。此外，相较于原始数据和交易记录，Merkle 树存储大小的降低使其能够适应更为广泛的应用环境。生成一颗完整

Merkle 树需要递归地对原始数据和记录进行哈希计算，之后对哈希节点进行哈希计算，同时把新产生的交易哈希值嵌入 Merkle 树中不断重复此步骤，直到最终仅存一个交易哈希节点，即 Merkle 根嵌入区块头。

2. 物流信息追溯区块链共识层

区块链作为一个分布式系统要想达成全面、普遍的共识是其最重要的特点之一。类似于"民主"和"权力"的对立关系。决策权分散的系统达成的决策效率越低，但其系统的稳定性和满意度较高，决策权集中的系统达成的决策效率更高，但更容易出现不稳定的现象。区块链的核心优势在于能够在权力高度分散的分布式系统中达成各节点决策的共识并记录下来。

物流信息追溯机制中信息服务商、监管方、运输商代表作为股份授权共识机制中的表决方能够保证节点在线时长，确保物流信息追溯区块链能够快速达成交易，将基于区块链技术的物流信息追溯机制仍然运行在政府监管和法律规制中。此外，信息服务商和监管方不直接参与交易运行，但需要对交易过程和达成的结果负责。

3. 物流信息追溯区块链合约层

"智慧合约"（Smart Contract）一词起源于 20 世纪 90 年代中期，由跨领域法律学者尼克·萨博（Nick Szabo）提出，定义如下："智慧合约是一份以计算机语言形式定义的承诺，包括合约效力约束各方，可以在合同上自动落实一套约定的协议。"定义中"一套约定"是指合约参与方对相互之间的权利和义务达成一致，这些承诺确定合同的内容和目标。智慧合约与纸质合同的不同之处在于，以基于区块链技术的物流信息追溯机制为例，发货人承诺信息服务商的运费，信息服务商承诺发货人的运输服务，它们都以代码形式将承诺转变成计算机可以处理的语言，只需参与双方达成协定，智慧合约明确的条款是由计算机网络自动执行的。

在区块链技术出现之前，智慧合约由于没有合适的、可信的应用场景，一直没有得到有效的运用。区块链技术为智慧合约的发展提供了平台，并为当前不被信任的人际关系、欺诈现象提供了解决方案。区块链社会的到来是智慧合约发展的重要契机。

在区块链背景之下，智慧合约不单单是结束的条件语句，它可以作为一个参与方自动对接收到的信息做出回应，它可以接受和处理具有价值的信息，也可以在某个条件触发的过程之下向外自动发送消息。智慧合约类似于一个可被信任的节点，它可以按照事先明确的条件进行自动的回应和操作。

在物流信息追溯区块链中，智慧合约是各分布式节点达成一致的工具，合约包含信息服务商、运输商、发货人和收货人各自的权利和义务条款、承诺实现的时间节点、惩罚条例、各方的电子签名等，当合约上的条件被满足时，智慧合约就会自动执行下一步的任务。当合约上的条件无法实现时，智慧合约会提醒责任方未能满足要求的具体后果，发货人同时也会收到货物状态的变更通知。

复习思考题

1. 冷链物流信息技术发展现状如何？
2. 冷链物流信息化主要包括哪些技术？
3. 简述区块链技术在冷链物流中的作用和意义。

第八章 冷链运输信息技术与应用

> 扩展阅读

RFID 条形码技术在苏宁超市果蔬产品冷链全程管理中的应用

一、条形码技术在苏宁超市果蔬冷链全程管理中的应用

顾客通过手机商店下载苏宁易购 App,进入首页可以很直观地了解到苏宁当季热销的产品。App 会直接定位当前地址,判断附近有无门店,顾客也可以自行搜索附近有无苏宁旗下的苏宁小店。在右下角点击"我的"完成注册。顾客完成注册登录后,完善收货地址,可根据自己的喜好将果蔬产品加入购物车,系统会自动选择最近门店。顾客通过 App 可以看到下单后门店是否接单,以及订单在备货环节还是在配送环节。苏宁超市通过手机 App 进行线上产品销售,人们足不出户就可以吃到新鲜的果蔬,各门店的销售业绩也大大提高了。

1. 条形码技术在苏宁超市果蔬冷链全程监控中的应用

苏宁超市果蔬冷链供应链总体框架如图 8-11 所示。

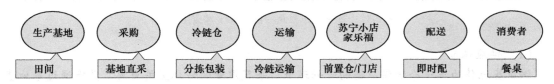

图 8-11 苏宁超市果蔬冷链供应链总体框架

首先,苏宁从源头保障果蔬产品品质,向原产地果蔬产品生产商确认标准并提供质量把控。苏宁与原产地农商通过基地直采完成采购,苏宁运用"买手"体系搭建买手供应链。在基地直采时,使用条形码技术可以有效降低成本,买手在进行采购的时候,将果蔬的基本属性信息录入条形码,在后面的环节只要扫描条形码就可以得到果蔬的有效信息,既节省了时间,又降低了成本。

其次,在分拣、包装环节,苏宁通过自有的仓储物流与冷链技术,在仓储物流环节通过大型冷藏库进行持续保鲜。坚持"早上采摘,晚上餐桌"的原则,要求由厂家直供果蔬到店。在分拣中,车间划分功能齐全,业务员扫描条形码,根据得到的信息将同种果蔬或需要同一温度的果蔬分在一起,确保分拣加工的高品质与高效率。在包装上,工作人员只需扫描果蔬上的条形码,就可以根据得到的信息对果蔬进行包装加工。

再次,运输、配送实现快速、准确和即时。由于果蔬具有易腐性、及时性、损耗大等特点,在物流成本中所占比重较大,因此对现代物流基础设施、冷链物流配送中心的作业效率提出了更高的要求。在运输途中,工作人员通过扫描包装箱上的条形码,得到果蔬的运输温湿度范围,通过调节车厢的温湿度控制鲜果的运输环境,让果蔬随时处于新鲜状态,不会腐烂变质。

最后,苏宁小店连锁销售。苏宁将整箱大包装的果蔬升级为小包装,分放在低温冷藏箱中供消费者挑选购买。在连锁门店里,给每一个小包装都制作一个包含果蔬从采摘到门店每一环节所有信息的条形码,消费者在购买时扫描二维码就可以了解果蔬的各种信息,实现安全溯源,从而让消费者可以放心购买,安全食用,从而加大果蔬的销售力度,提高门店的经

济效益。新冠疫情期间,既要保障消费者吃到新鲜的果蔬,又要尽量避免病毒传播,苏宁采用"线上下单,线下取货"的形式,用户每天晚上9点前通过苏宁小店App下单,第二天早晨7点即可到社区小店就近提货,货都是提前装好的,到店取走即可,避免了任何接触和逗留。

2. 条形码技术在苏宁超市果蔬冷链管理中的优化

条形码技术在苏宁超市果蔬冷链管理中的应用环节,如图8-12所示。

图8-12 苏宁超市果蔬冷链条码技术应用图

(1) 供应环节

供应基地作为苏宁冷链供应链的开始环节,果蔬质量的好坏至关重要。苏宁通过基地直采,利用RFID技术对果蔬进行实时质检管理,达到要求则可送至加工、包装环节;反之,采取其他方法解决不合格的产品。供应基地通过二维码将果蔬的生长特性按照严格标准录入后台数据系统。在生长阶段定期扫描果蔬上的二维码,得到现阶段该果蔬所需改变控制的农药浓度、温湿度等要求。

(2) 加工环节

果蔬的入库标志着基地直采环节的结束,在大仓门口安装传送带,果蔬筐里的果蔬被送到大仓里的传送带上,运到分拣区,工作人员通过果蔬附带的RFID标签得到果蔬的大小、颜色和质量等相关信息并自动分拣到不同的传送带通道。苏宁将同一类别同一品种的果蔬作为一个批次进行编码,再装进纸箱里,连同RFID标签一起封装,标签粘贴在包装箱上。RFID标签通过网络实时将温湿度等信息传输到云仓,可登录企业数据共享系统实时监测果蔬的环境信息。

(3) 储运环节

在仓储中,苏宁云仓根据不同产品对温湿度的要求设置不同类型的仓库,对果蔬分开存储。在每个货物的包装箱或托盘上贴上RFID标签,当货物进出库时,通过RFID标签了解实时状况,当库存不满足最低库存时,上传后台系统,做出即时补救措施。温湿预警系统严格要求产品储存的温湿度,一旦温湿度达不到规定标准,温湿预警系统便会自动报警。在运输途中的车上安装手持读写设备,并与车内温湿度传感器相结合。通过RFID技术从供应商供货开始粘贴标签,果蔬从源头开始详细记录相关信息。一旦产品出现问题,便可在后台问责各环节的管理人员,责任到人。

在流通过程中,RFID标签接受阅读器的指令,并按要求反馈所携带的EPC编码(电子产品代码)和温湿度传感器的测量参数。阅读器获取标签传送的信息并解码后,通过无线局域网或 GPS、4G、5G 等无线广域网传回云仓控制中心，完成信息的采集。在运输途中，温湿度传感器实时记录车厢内的温湿度值，并以折线图的形式呈现在车载系统上。当车厢内温湿度高于果蔬存储温湿度限度时，车载系统上的折线图颜色会发生变化，提醒司机调整制冷装置以满足低温产品最佳存储温度要求。

（4）销售环节

当果蔬到达零售店时，销售人员在水果上架销售前会通过手持终端扫描查询果蔬在之前各环节的温湿度信息、产地信息、相关作业信息等，确认合格后，开始入库，如果不合格则放入退货区。运输人员使用读写器通过运输包装读取箱内果蔬数量与采购计划、发货记录并进行核对，信息核对无误后，销售门店的库存管理信息系统自动更新库存信息，将信息整合处理后保存到数据库中，替换标签上相关的折包、上架等作业信息并上传到销售子系统中，系统通过定位器确认 RFID 发出的信号将果蔬信息上传到销售企业的系统中，销售子系统和企业系统将上述所有信息一并保存到企业的本地数据库中。

苏宁小店/家乐福店内除智能购物车外，还专门为部分果蔬配备可实现区块链溯源的扫描系统，消费者拿起带有二维码标识的水果，扫描软件便可自动扫描感应，将果蔬的原产地、品种、口感、溯源等信息展示在机器上。

（5）追溯环节

生产基地运用物联网技术温湿度检测、植保无人机、安装高清摄像头等信息化、智能化手段，在前期耕种、树苗菜苗生长、后期收割等过程中都采用北斗卫星导航系统来实现监测，构建了一套完整的果蔬及产地溯源体系。最终的追溯信息以二维码的形式展示在消费者面前，消费者通过扫描二维码可以查看、果蔬地环境、果蔬生产环境、生产信息、加工信息、仓储信息、流通信息、质检报告等，信息公开透明，从源头上为消费者保障食品安全，从而使农产品安全问题得到有效解决。

（6）监管环节

对于果蔬的质量安全问题，消费者可以向监管部门打电话投诉，监管部门现场调查解决。根据国家相关要求，食品经营者应建立健全食品安全管理制度，采取有效管理措施，保证食品安全。关于果蔬农残、腐烂等问题，也可以向苏宁提出退换货，苏宁会对退货果蔬进行二次验收，对不合格果蔬现场销毁。

二、从苏宁超市果蔬冷链管理看条码技术的推广及创新应用

（1）二维码+手机 App 应用

二维码+手机 App 应用可以更深入地挖掘消费者的需求，同时还可以满足消费者对产品安全追溯以及销售商门店货源的需求补给等功能。

（2）RFID 技术+追溯

在运送果蔬的冷藏货车中，利用 RFID 技术可以实时掌握在途冷藏车内温湿度变化。当系统检测到温湿度出现问题时，管理人员第一时间与司机联系，及时采取补救措施，保证果蔬到达收货点时是新鲜和安全的；另外，RFID 标签储存大量货物相关信息，包括货物的名称、数量、果蔬加工的时间地点、交付标准、注意事项、收货人等信息，能提高工作效率。

在追溯方面，区块链商品溯源系统基于智慧零售生态场景，联合果蔬种植基地、检验检疫机构、线上平台、线下门店、物流等，共同对果蔬从种植到销售的各个环节跟踪记录，实现全产业链资源整合。

第九章

冷链运输实例

生鲜易腐产品指未经过烹调、研制等深加工过程，只是对其进行简单的包装整理上架的初级食品，主要是指人们生活中所需的农副产品，包括肉类、果蔬、水产品等，以及面包、熟食等现场加工品。

我国人口众多，生鲜食品市场庞大，对生鲜的需求量也十分可观，人们对生鲜易腐产品的新鲜度要求逐渐提高，生鲜商品的物流配送与普通商品有着明显区别，主要体现在严苛的运输条件和时效上。本章将介绍几类大宗易腐食品的冷链运输实例。

第一节 肉类易腐食品的冷链运输实例

一、肉类产品发展现状

我国肉类产品的发展大致经历热鲜肉、冷冻肉和冷却肉三个阶段。热鲜肉，通常在小作坊加工而成，当天宰杀当天售卖，宰杀时肉的中心温度在41℃左右，这样的肉容易滋生细菌，且口感不佳，人体难以安全吸收营养物质。冷冻肉是将肉分割好后在-23℃冷库中快速冻结，再在-18℃以下的空间内保存的方法，这种方法保存时间长，但解冻后容易导致大量营养物质流失，肉质和口感较差。冷却肉在加工和保藏期间始终处于4℃左右的低温状态，不仅能有效控制微生物，还能较好地保留新鲜的肉质和口感，经过排酸、钙激活酶等工艺，形成了游离氨基酸及风味物质，肉香浓厚，并保留了大量营养物质，易于人体消化。因而，冷却肉目前已替代原先的热鲜肉和冷冻肉，逐渐成为我国生肉主流产品。

二、冷却肉生产技术

（一）加工工序

冷却肉生产处理程序是：通过宰前兽医检验的牲畜，可采用三点式麻电、二氧化碳致晕等手段进行宰杀，将其胴体放置在2℃左右的存储空间内1~2天，达到排酸的效果，而后完成分割剔骨、包装保存，进入流通售卖环节，如图 9-1 所示。

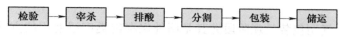

图 9-1 冷却肉的加工工序

在加工过程中，还有一些值得注意的事项对保证肉的品质至关重要。第一，在屠宰工序开始前，对牲畜采取静养模式，让牲畜降低不良应激反应。第二，用电击致晕时，须控制电压和电频，研究认为高压低频为最佳；如采用气体致晕，可采取二氧化碳及氩气混合气体，此种处理方式比仅用二氧化碳气体抑制牲畜呼吸的效果更佳，并能降低二次处理的概率。

（二）减菌工艺

（1）热水喷淋

该种生产处理手段通过 82℃ 左右的热水喷淋来减少细菌数量。但采用高温这种处理方式时，需要控制水温，温度过高会影响胴体体表的色泽。

（2）蒸汽消毒

该项技术可实现对整个胴体的清理，有效杀死胴体寄生的微生物，并不会降低肉的品质。

（3）辐照技术

辐照保鲜技术是一种利用电子射线或电离辐射产生的射线对肉品进行辐照，从而达到保鲜效果的保鲜技术。这些高能带电或不带电的射线与微生物发生反应，使它们的生长发育和新陈代谢受到抑制，从而杀灭食品表层微生物，延长肉的储藏时间。

（4）超高压技术

通过压力延长肉品货架期的技术主要为超高压技术。超高压技术是一种新兴的食品加工技术，也被称为液态静高压技术或高压技术，一般是指使用 100MPa 以上（一般为 100～1000MPa）的压力通过介质在室温或者特定温度下对食品物料进行处理，从而达到改变物料性质和理化反应速率、灭菌等效果。

（三）肉类产品的包装和冷链运输

运用冷链物流设施进行肉类产品的运输、储存，在保持肉类新鲜度的同时还可以减少由于肉类腐败变质等带来的损耗，降低经营成本。随着消费者对冷却肉的逐渐青睐，肉类冷链物流也逐渐从屠宰、加工、运输、销售等环节一直延伸至普通消费者家庭。肉类生产消费过程中，任何不适当的操作和储运都可能造成肉类的腐败变质，从而危害人们的身体健康。冷链物流是肉类运输中抑制微生物生长繁殖的重要手段之一。肉类冷链物流运输，是指在肉类屠宰、分割加工、包装、储藏、运输、销售直至最终消费过程中，使肉保持在 0～4℃ 的冷藏条件下，包括冷链物流的中间周转冷库或冰柜临时储存等全程温度控制系统。

（1）生鲜肉的包装

生鲜肉的包装主要解决肉类在消费流通环节的安全保质问题。猪、牛等活体屠宰后的鲜肉会产生一系列的生物化学变化，从僵硬期到成熟期结束，肉的质量也在不断变化着，如不采取科学的包装保质技术，生鲜肉会很快腐败变质。

1）真空包装。真空包装技术是一种用于延长冷鲜肉货架期和肉品质量的常用包装技术，采用高阻隔性复合包装材料，降低鲜肉周围的空气密度，从而抑制肌红蛋白和脂肪的氧化，以及好氧微生物的生长。真空包装技术具体分为真空收缩包装、真空热成型包装和真空贴体包装。

2）气调包装。气调包装是现阶段尤其是国外保存肉类广泛使用的方法。气调包装是将包装中的气体替换成适合食品保鲜的气体，从而抑制微生物生长，减缓氧化反应速度，并且防止酶促反应，进而延长产品货架期。冷鲜肉气调包装的基本原理是利用高阻隔性的材料（塑料托盘和封盖膜）使包装中难以进入外界空气。常用的气调包装气体有 N_2、O_2 和 CO_2，适当浓度的 O_2 可以保持肉的鲜红色，并且抑制厌氧微生物的生长，延长货架期，但过高浓度的 O_2 会使肉品嫩度降低；反之，低浓度 O_2 的肉品大部分呈现暗红色，但可抑制脂肪氧化和微生物生长，使货架期延长。CO 可用来改善肉品的色泽，其原理是 CO 与肌红蛋白作用，形成碳氧肌红蛋白，从而使肉品保持鲜红的色泽。但 CO 因为有潜在的毒性，其使用在一些国家有争议而不允许在肉类包装中使用。CO_2 通常具有抑菌性，能够抑制假单胞菌、肠杆菌等一些革兰阴性菌的生长速度。N_2 则是一种惰性气体，本身不参与化学反应，主要作为 O_2 的替代物抑制氧化反应，以及填充气体使包装不塌陷。

（2）熟肉制品的包装

熟肉制品具有丰富的蛋白质，微生物极易繁殖，而且肉制品中的脂肪在储存中易氧化变质，因此熟肉制品软包装技术的关键是能使产品延长保质期，保证食品安全和质量。我国的熟肉制品可分为中式熟肉制品和西式熟肉制品两大类。中式熟肉制品过去工业化生产和包装技术较落后，产品主要分为传统的酱卤类、烧烤类、糟醉类、干制品等品种；西式肉制品工业化程度较高，主要产品有方腿、圆腿为主的西式火腿类产品以及红肠、小红肠为主的灌肠类产品和培根、色拉米等其他西式产品。由于各类产品的加工条件和保质要求不同，这些熟肉制品的软包装形式和技术各不相同，主要包括：

1）蒸煮袋和软罐头包装。我国在 20 世纪 70 年代开始对熟肉制品等进行包装技术的研究，软罐头材料主要由 PET（聚对苯二甲酸乙二醇酯）/AL（铝箔）/CPP（氯化聚丙烯）三层复合，而透明蒸煮袋则以 PET/CPP 或者 PA（聚酰胺）/CPP 为主。由于铝箔构成的软罐头阻隔性和避光性能良好，软罐头真空包装的肉制品经高温杀菌后能在常温下保存 6~12 个月，加上包装携带方便、开启容易，所以有一定的消费市场。产品有蹄膀、烧鸡、酱鸭等中式传统肉禽制品。由于经高温杀菌处理，所以产品风味劣化、质构酥烂、罐头味重是蒸煮袋和软罐头包装的通病，这在一定程度上限制了该类包装产品的市场发展。

2）无菌包装和半无菌包装。无菌包装和半无菌包装技术最先开发应用在西式肉制品上，采用无菌的软包装材料，在无菌的环境下对经灭菌处理后的肉制品进行包装，可以最大限度地保持食品的原有风味。产品在低温的条件下流通，西式的圆腿、方腿以及切片西式肉制品由于固体食品的无菌处理较困难，所以大多采用半无菌包装技术，包装材料有 EVOH（乙烯-乙烯醇共聚物）、PVDC（聚偏二氯乙烯）、PE（聚乙烯）、PA（聚酰胺）等材料复合形成的高阻隔性多层无菌薄膜或片材等，复合热收缩薄膜也多用在无菌包装方面。

3）巴氏灭菌包装。巴氏灭菌包装是低温肉制品保质关键技术之一，即产品在包装以后再经过加热巴氏灭菌后迅速冷却，以消除在包装过程中的微生物污染。这类肉制品包装可适用于大部分的中西式肉制品，软包装材料以透明性的高阻隔性复合薄膜和片材为主。同时，经巴氏加热灭菌处理的复合热收缩材料也会有很广泛的应用。

4）肠衣类包装。20 世纪 80 年代，采用聚偏二氯乙烯（PVDC）为主的薄膜肠衣充填灌肠，经高温杀菌处理的火腿肠开始在我国出现，90年代出乎意料地发展成占据国内肉制品产量半壁江山的"拳头产品"。近几年，作为高温肉制品的火腿肠不再是今后发展的方向，而肠衣软包装类的低温灌肠肉制品、发酵肉制品、高水分低盐膨胀制品将是发展的方向，各种人造纤维肠衣、高阻隔性复合肠衣、热收缩肠衣等软包装材料以及相应的充填包装设备的技术将有很大的发展潜力。

（3）运输

冷藏运输在运输肉类食品中可以防止由于酶的分解、氧化和微生物生长繁殖而使牲畜肉类失去食用价值，保证牲畜肉类的新鲜。冷藏运输可以减缓肉类中酶的分解，减缓氧化，抑制微生物生长繁殖，使肉类食品能够最大限度、最长时间保证新鲜，在产品生产较长一段时间后仍保持原样。

通常，在冷藏运输中，牲畜肉类在-18℃以下就能防止氧化，-23℃以下的低温可成倍延长货架期，其中猪肉最明显。许多国家明确规定，冷冻食品、制成品和水产品必须在-18℃或更低的温度下运输。

运输冻肉的运输方式包括有制冷装置的冷藏汽车、冷藏船、冷藏列车或冷藏集装箱等。其中，一些大型的肉类生产基地（肉联厂）一般都采用冷藏铁路运输。经铁路运输的冻肉主要有冻牛肉、冻羊肉、冻猪肉以及冻副产品。其运输特点如下：全年各季度都有运输，其装车作业一般在专用线内进行；运输全程要求较低的温度（-8℃以下）；除出口冻肉采用包装外，国内运输一般不加包装。

运输的冻肉应肉体坚硬，用硬物敲击时能发出清脆的响声，肌肉有光泽，红色均匀，脂肪洁白或淡黄。外表用手指或温热物体接触时能由玫瑰色转为红色，血管呈石灰光泽，气味正常，有发软、色暗褐或有霉斑、气味杂腥等现象的冻肉不能承运，承运温度应低于-8℃，应使用冷藏车装运。装载方法采用头尾交错、腹背相连、长短搭配，紧密装载不留空隙。机械冷藏车装运，车内应保持在-9~12℃。加冰冷藏车装运时，冰中加盐，热季为20%~25%，温季为15%~20%，寒季为10%~15%。

三、实验案例：温度变化对牦牛肉品质及货架期的影响

牦牛主要生存在青藏高原及其毗邻的高山、亚高山地区，处于逐水草而居的半野生放牧状态，且在放牧中牦牛可摄入大量的名贵中草药，因此牦牛肉具有蛋白质含量高、脂肪少、活性物含量丰富的特点，是消费者青睐的纯天然绿色食品之一。热鲜肉和冷冻肉是牦牛肉的主要产品形式，但目前冷鲜肉已成为肉品的主要发展方向，因此有必要对冷鲜牦牛肉的温度控制进行研究，以明确运输温度变化对牦牛肉品质和货架期的影响，并探讨运输温度、储藏时间与各指标间的相关性，为牦牛肉储运过程中的温度控制提供理论依据和技术支持。

本实验将牦牛肉样品表面的筋膜和脂肪除去后分割成约160g肉样并进行托盘包装，模拟牦牛肉分别在4℃、6℃、8℃、10℃、12℃条件下静态运输4h，随后将处理后的牦牛肉放入4℃冷藏箱中模拟销售，依次在储藏的第0天、第2天、第4天、第6天、第8天取样并测定各样品品质指标。

1. 运输温度对牦牛肉汁液损失率的影响

汁液损失率是畜产品品质的重要评价指标之一，可反映肉品的持水性能。由表9-1可知，随着运输温度的升高，牦牛肉的汁液损失率显著增加，说明运输温度的升高对托盘包装冷鲜牦牛肉的汁液损失率影响较大。同时，随着储藏时间的延长，牦牛肉的汁液损失率也显

著增加。

表 9-1 运输温度对牦牛肉汁液损失率的影响

储藏时间	牦牛肉汁液损失率（%）				
	4℃	6℃	8℃	10℃	12℃
第 0 天	2.45±0.17^{aA}	3.34±0.35^{bA}	3.65±0.52^{bA}	4.97±0.46^{cA}	5.41±0.58^{cA}
第 2 天	3.29±0.19^{aAB}	4.40±1.11^{abAB}	4.98±1.57^{abAB}	5.31±0.86^{abAB}	5.74±1.00^{bA}
第 4 天	4.56±0.67^{aB}	5.19±1.27^{abBC}	6.69±0.47^{bBC}	6.97±1.31^{bBC}	6.34±0.52^{bB}
第 6 天	6.59±1.32^{aC}	6.70±0.85^{aBC}	7.23±1.11^{aBC}	7.86±1.61^{aC}	8.02±2.29^{aAB}
第 8 天	7.83±0.66^{aC}	8.20±0.56^{aC}	8.61±1.85^{aC}	8.68±0.44^{aC}	9.36±2.77^{aB}

注：a, b, c, …不同小写字母表示相同储藏时间不同运输温度下指标差异显著（$P<0.05$）；A, B, C, …不同大写字母表示相同运输温度下不同储藏时间指标差异显著（$P<0.05$）。表9-2、表9-3、表9-4、表9-5同。

2. 运输温度对牦牛肉蒸煮损失率的影响

蒸煮损失是肉样在加热过程中由于水分流失而引起的重量损失。由表9-2可知，在运输温度波动范围内，随着运输温度的增加，蒸煮损失率显著增加；随着储藏时间的延长，牦牛肉的蒸煮损失也显著增加，说明储藏时间和温度对牦牛肉的蒸煮损失影响都较大。随着运输温度的升高和贮藏时间的延长，肉样中微生物增殖，内源酶进一步发挥作用导致肌肉蛋白降解和组织结构破坏，进而使得其持水能力降低，蒸煮损失率增大。

表 9-2 运输温度对牦牛肉蒸煮损失率的影响

储藏时间	牦牛肉蒸煮损失率（%）				
	4℃	6℃	8℃	10℃	12℃
第 0 天	26.72±1.63^{aA}	26.97±1.10^{aA}	28.40±0.60^{abA}	31.09±2.02^{bA}	31.91±3.72^{bA}
第 2 天	27.35±1.02^{aA}	28.85±3.08^{aAB}	31.12±2.08^{abAB}	33.46±1.40^{bA}	33.92±1.89^{bAB}
第 4 天	29.65±2.05^{aAB}	30.87±3.18^{aABC}	33.21±1.21^{abABC}	35.95±3.35^{bAB}	36.33±2.69^{bAB}
第 6 天	30.84±2.13^{aAB}	33.98±3.22^{abBC}	35.73±3.71^{abBC}	37.88±3.37^{bB}	38.00±3.16^{bB}
第 8 天	34.17±4.18^{aB}	35.16±3.48^{aC}	37.44±3.88^{aC}	38.82±3.31^{aB}	38.97±3.42^{aB}

3. 运输温度对牦牛肉剪切力的影响

剪切力直接反映肉品的嫩度，是影响肉品加工品质和食用品质的主要因素之一。由表9-3可知，随着运输温度的升高和储藏时间的延长，牦牛肉的剪切力值呈显著下降趋势，说明运输温度和储藏时间对牦牛肉的嫩度有较大影响。剪切力值降低说明肉品的品质得到了改善，但实际应用中要选择合理的运输温度和储藏时间，以免影响肉品的质量和货架期。

表 9-3 运输温度对牦牛肉剪切力的影响

储藏时间	牦牛肉剪切力/N				
	4℃	6℃	8℃	10℃	12℃
第 0 天	45.34±1.39^{aD}	45.18±2.54^{abC}	42.64±2.41^{bcC}	39.75±1.58^{cC}	38.87±1.37^{cC}
第 2 天	41.13±1.54^{aD}	41.97±1.58^{aC}	38.97±1.55^{abC}	36.95±2.86^{bC}	37.26±1.88^{bC}
第 4 天	36.72±2.13^{aC}	37.47±2.18^{aB}	36.22±2.80^{abBC}	34.13±3.04^{abBC}	34.02±3.34^{abBC}
第 6 天	32.64±2.56^{aB}	33.31±2.61^{aA}	33.46±2.98^{aAB}	32.24±2.68^{aAB}	32.02±1.14^{aAB}
第 8 天	31.00±1.97^{aA}	31.64±2.01^{aA}	31.61±2.63^{aA}	30.91±1.31^{aA}	30.21±1.58^{aA}

4. 运输温度对牦牛肉挥发性盐基氮（TVB-N）含量的影响

TVB-N 是肉品鲜度评价的重要指标，也是评价肉品货架期的主要指标。由表 9-4 可知，随着运输温度的升高，牦牛肉的 TVB-N 含量呈显著增加趋势（$P<0.05$），说明运输温度对牦牛肉的 TVB-N 含量有较大影响；随着储藏时间的延长，牦牛肉的 TVB-N 含量也显著增加（$P<0.05$），说明运输温度对牦牛肉 TVB-N 含量的影响也较大。运输温度的升高和储藏时间的延长会加速肉品中的微生物分解肌肉中的蛋白质产生氨及胺类等碱性物质，导致牦牛肉的 TVB-N 含量增加。在 4℃、6℃、8℃、10℃、12℃条件下运输 4h 后，牦牛肉的 TVB-N 含量分别在储藏（4℃）的第 8 天、第 8 天、第 6 天、第 6 天、第 4 天达到 15mg/100g 的水平，仍然符合一级鲜肉的标准（GB 2707—2016），说明运输温度越低，越有利于延长牦牛肉的货架期。

表 9-4　运输温度对牦牛肉挥发性盐基氮含量的影响

储藏时间	牦牛肉挥发性盐基氮含量/(mg/100g)				
	4℃	6℃	8℃	10℃	12℃
第 0 天	7.36±0.16^{aA}	7.51±0.16^{abA}	8.35±0.43^{bA}	9.37±0.54^{cA}	10.32±0.83^{dA}
第 2 天	8.29±0.31^{aA}	8.50±0.37^{aA}	9.18±0.53^{aA}	11.21±1.25^{bA}	12.02±1.14^{bAB}
第 4 天	10.61±0.85^{aB}	10.92±0.81^{aB}	10.99±1.23^{aB}	13.76±0.88^{bB}	14.06±1.24^{bBC}
第 6 天	12.45±0.55^{aC}	12.85±0.56^{aC}	13.49±0.87^{abC}	14.78±1.25^{bcBC}	15.74±1.27^{cCD}
第 8 天	14.36±1.20^{aD}	14.75±1.16^{aD}	15.79±0.98^{abD}	16.11±1.00^{abC}	17.39±1.12^{bD}

5. 运输温度对牦牛肉菌落总数的影响

菌落总数是反映肉品鲜度和货架期的重要指标。由表 9-5 可知，随着运输温度的升高和储藏时间的延长，牦牛肉的菌落总数显著增加（$P<0.05$）。温度和繁殖时间是影响微生物数量的主要因素，运输温度的升高和储藏时间的延长提供了微生物迅速增殖的条件，导致微生物数量增加。在 4℃、6℃、8℃、10℃、12℃运输 4h 后，牛肉的菌落总数分别在储藏（4℃）的第 8 天、第 8 天、第 6 天、第 4 天、第 2 天达到 6 [lg(CFU/g)] 的水平，符合无公害畜产品的标准（GB 18406.3—2001），说明运输温度越低，越有利于延长牦牛肉的货架期。

表 9-5　运输温度对牦牛肉菌落总数的影响

储藏时间	牦牛肉菌落总数/lg(CFU/g)				
	4℃	6℃	8℃	10℃	12℃
第 0 天	3.97±0.02^{aA}	3.97±0.03^{aA}	4.04±0.05^{aA}	4.73±0.15^{bA}	5.04±0.29^{cA}
第 2 天	4.14±0.20^{aA}	4.17±0.17^{aA}	4.65±0.28^{bB}	5.68±0.32^{cB}	5.91±0.23^{cB}
第 4 天	4.89±0.08^{aB}	4.88±0.08^{aB}	5.70±0.31^{bC}	6.30±0.52^{bcBC}	6.63±0.36^{cC}
第 6 天	5.13±0.19^{aC}	5.15±0.21^{aC}	5.95±0.06^{bC}	6.96±0.19^{cCD}	7.70±0.28^{dD}
第 8 天	5.99±0.06^{aD}	6.01±0.09^{aD}	6.43±0.34^{aD}	7.25±0.50^{bD}	8.10±0.09^{cD}

综上所述，运输温度的升高和储藏时间的延长均会造成牦牛肉品质的下降，且储藏时间对牦牛肉品质指标的影响大于运输温度，这为牦牛肉运输过程中的温度控制提供了理论依据。

四、企业案例：河北双鸽食品股份有限公司

（一）企业概况

河北双鸽食品股份有限公司（以下简称"双鸽食品"）是集生猪良种繁育、饲料加工、屠宰和预冷分割、肉制品深加工、冷链物流、连锁销售为一体的全产业链企业。截至2024年2月4日，企业年出栏生猪12万头，年屠宰加工能力150万头，肉制品5万t，冷冻冷藏容量8万t，连锁销售网络300余家，是国家级农业产业化"龙头企业"。

多年来，双鸽食品股份有限公司切实发挥自身龙头带动作用，依靠生猪全产业链优势，持续优化源头养殖建设，提高肉品精深加工能力，完善质量安全体系追溯，建立起从源头到餐桌的肉品安全屏障，为品牌肉品的打造夯实了基础、汇聚了能量。

（二）优选种源，加强基地建设

安全放心的肉品品质得益于绿色生态的猪源基地建设。对此，双鸽食品不断加大对优质猪源基地的建设，扩大生产规模和市场覆盖面，强化屠宰、肉食品加工，建立生猪养殖产业紧密型合作模式，为肉品的安全生产和品牌经营提供了优质充足的源头保障。据了解，双鸽食品从英国引进高繁殖力优良种猪进行纯种繁育、二元扩繁、示范推广，良种猪繁育基地年出栏生猪达12万头，为肉品深加工提供了安全放心的猪源保证。养殖基地采取现代化管理模式，应用自动定量饲喂、自动环控和机械清粪、闭路监控及性能测定等先进管理系统，保证了其良好的生产环境。

（三）引进先进技术装备，提高加工效率

对于冷鲜肉来说，排酸和肉质软化是影响品质的重要因素。双鸽冷鲜肉的生产引进世界先进屠宰生产线和国内一流冷分割生产线，采用三点式安乐击晕、自动喷淋、桑拿式蒸汽浸烫隧道、自动烘干、燃气瞬时超高温燎烘等工艺，全程自动把控，同步检验检疫，从预冷排酸到冷分割二次冷却排酸高效衔接。双鸽食品年产5万t熟肉制品的加工则采用全封闭中央制冷系统，引进意大利、丹麦等国家原料肉缓化系统、盐水注射机、滚揉机、灌装机等自动化先进设备以及二次杀菌、真空包装、清洗干燥冷却系统、金属异物探测等国内先进设备。对高端技术的引进和应用进一步保证了双鸽肉品的安全质量。

（四）全程冷链加工运输，保障品质安全

伴随着我国肉类消费结构的变化，生产条件更为严苛的冷鲜肉消费呈快速增长趋势。冷鲜肉生产、运输、储藏都要实行全冷链运作，以抑制微生物生长，并要求24h内将肉的深层温度降为0~4℃，通过冷却排酸，增加嫩度，产生风味物质，使之更容易消化吸收。为提高冷鲜肉卫生质量，双鸽食品对生猪从进厂到分割猪肉出厂前后的各道工序都是全封闭冷链加工和运输，为冷鲜肉品质安全提供了保障。尤其在冷链体系建设上，其8万t大型综合冷库和4万m^2肉食水产品交易大厅，辐射京、津、冀等100多个地市，为京津冀地区肉类食品提供了安全放心的流通渠道。

（资料来源：http://www.HeBsg.net/am.php.）

第二节　水产品易腐食品的冷链运输实例

一、一般水产品冷链运输

我国是海洋大国和水产养殖产业大国，从1990年起，我国水产品产量就一直位居世界

首位。2000 年以来，我国已成为全球最大的水产品生产、加工及贸易大国，并随着近年来经济的快速增长成为主要消费国，占全球水产养殖产量的 58%、产值的 59%。在《中国居民膳食指南》中，水产品每日推荐最低摄入量为 40g，所谓"一条鱼聪明一个国家，一杯奶强壮一个民族"，如今海洋已被视为"第二粮仓"。

经过 30 多年的快速发展，我国的水产品行业已经形成了从养殖、捕捞到营销的一整套完整的产业链体系。其运作流程如下：根据市场的反馈信息，水产品养殖户或企业以及水产品捕捞企业生产出生鲜水产品，直接进入水产品专业市场或经过初级加工后进入市场，然后再进入国际市场、零售、深加工等领域，其中进入餐饮业的水产品占很大比重，再通过这些渠道最终到达消费者手中。整个产业链还涉及其他相关行业，如设备制造、商业服务、贸易、流通、仓储、饲料产业等。

水产品从生产供应到终端消费，一般会经历养殖（捕捞）、加工、储藏、物流、批发零售等环节（如图 9-2 所示），每个环节都会产生相应的损耗，导致水产品生产成本增加，一定程度上影响水产品供给安全。学术界对食物损耗已经展开了大量的研究。一方面，食物损耗有别于食物浪费。虽然两者均指食物在产业链上数量或质量的下降，损耗发生在收获、屠宰、捕捞但不包括零售的整个食品供应链环节，而浪费则只发生在零售和消费环节。

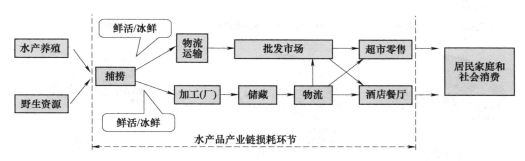

图 9-2　水产品产业链示意图

以 2008—2019 年主要动物性水产品年均产量数据为基础，加权计算获得各产业环节损耗率分别为加工 3.22%、流通 2.23%、零售 1.86%、储藏 0.77%（如图 9-3 所示）。这说明水产品加工和流通环节仍是我国水产品产业链损耗的薄弱环节，尤其是海水养殖贝类（加工损失率为 8.37%）和海洋捕捞头足类水产品（加工损失率为 4.14%）。因此，我国仍需要发展冷链物流建设以此降低流通损耗。

近年来，我国冷链物流需求量不断上升，2015 年突破 1 亿 t，2019 年需求量达到 2.3 亿 t，年增长率为 23.5%（如图 9-4 所示）。随着国内产业布局的优化，环境保护和疫病防护工作的加强，水产养殖行业逐渐向适宜生产的地区转移，并且日益集中化、规模化、标准化，生产与消费距离的扩大势必导致现有鲜活流通体系难以适应，全冷链流通将是必然的趋势。

水产品的流通方式主要有两种：一种是鲜活运输，另一种是冷冻或冷藏运输。鲜活运输的水产品一般针对相对耐受性强、运输路途较短的淡水养殖类水产品，如大闸蟹、甲鱼、黑鱼、鲫鱼、草鱼等，而一些需要出口，或者海水养殖或捕捞类水产品通常捞出水面后很快死亡，需要经过多道工序，包括原料处理、冷冻、包装、入库冻藏等，然后再进行冷藏或冷冻运输。

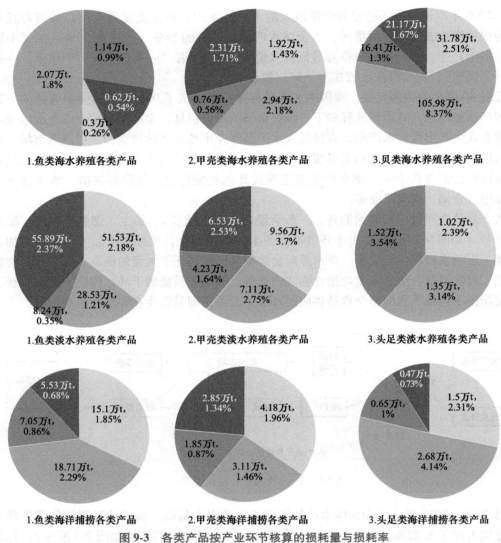

图 9-3 各类产品按产业环节核算的损耗量与损耗率

■ 流通　■ 加工　■ 储藏　■ 零售

图 9-4 近年来全国冷链物流规模情况

■ 总需求量　— 增长率

数据来源：《中国冷链物流发展报告（2020）》

（一）水产品的储藏
1. 冰储藏

冰储藏是一种以冰为介质，将水产品的温度降低至接近冰的熔点，并在该温度下进行保藏的方法。冰储藏常用的冰有淡水冰和海水冰两种，前者熔点在0℃附近，后者则与海水中盐浓度有关，一般在-2℃左右。冰的冷却能力大，制备费用便宜，便于携带，并且在冷却过程中有助于保持鱼体表面湿润，因而被广泛应用于捕捞渔船上新鲜捕捞水产品的快速降温。

冰储藏保鲜的水产品应是死后僵硬前或僵硬中的新鲜品，必须符合"3C原则"，即在低温、清洁的环境中，迅速、细心地操作。具体做法是：先在容器的底部撒上碎冰，称为垫冰；在容器壁上垒起的碎冰，称为堆冰；需要保鲜的水产品整齐地码入容器中，在每一层鱼上撒上一层冰填充水产品周围的空隙，称为添冰；在最上部撒一层较厚的碎冰，称为盖冰（如图9-5a所示）。另外，容器的底部需要开孔，让冰的融水流出，避免融水过度浸泡水产品导致其品质劣变。金枪鱼等大型鱼类须除去鳃和内脏，并在鳃和内脏处装碎冰，称为抱冰（如图9-5b所示）。

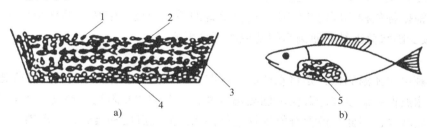

图9-5 冰储藏保鲜图例
1—盖冰 2—添冰 3—堆冰 4—垫冰 5—抱冰

2. 冷海水储藏

冷海水储藏是将渔获物浸渍在温度为-1~0℃的冷却海水中进行保鲜的一种方法，主要应用于渔船或罐头工厂内。冷海水的制冷源一般有冰制冷海水（CSW）和机制冷海水（RSW）两种，前者是用碎冰和海水混合制得，后者是用机制冷却海水制得。

冷海水储藏的最大优点是冷却速度快，可以在短时间内冷却大量鱼货，特别适合于品种单一、渔获量高度集中的围网作业渔船。因为围网捕获的中、上层鱼类活动能力强，入舱后剧烈挣扎，很难做到层冰层鱼，用冰藏来不及处理的渔获物在甲板上停留时间过长鲜度容易下降。但冷海水储藏的鱼体也可能会因吸收海水而膨胀，鱼肉略带咸味，表面发生变色，鱼肉蛋白也容易损失，在以后的流通环节中会提早腐烂。

3. 微冻储藏

微冻（Partial Freezing）又叫超冷却（Super Chilling）或轻度冷冻（Light Freezing），是将水产品温度降低至略低于其细胞质液冻结点的温度，并在该温度下保藏的一种保鲜方法。不同鱼种的冻结点温度各不相同，一般来说，淡水鱼的冻结点略高于海水鱼，洄游性海水鱼的冻结点略高于底栖海水鱼。从各国对不同鱼种采用的不同微冻方法来看，鱼类保藏的微冻温度一般是-3~-2℃。

微冻储藏时水产品内部的部分水分发生冻结，水的性质发生了变化，改变了微生物细胞的生理生化过程，部分不能适应的细菌发生死亡，大部分嗜冷菌虽然没有死亡，但其活动受到明显抑制，几乎不能繁殖。因此，微冻能使水产品的保鲜期显著延长，根据鱼种不同，保鲜期大致为 20~27 天，比冰藏的保鲜期长 1.5~2 倍，解决了储藏期在 10~30 天之间鱼类的保藏问题，具有实用意义。

按照以往的食品冷冻理论，都是将食品的冻结点作为界限来划分：高于冻结点的冷却食品只能做短期储藏，以鱼为例，其储藏期一般在 10 天以内；低于冻结点的冷冻食品温度一般要降低至 -18℃ 以下，大部分水冻结成冰，储藏期达到 30 天以上。根据以往的快速冻结理论，冷冻食品应快速通过 -5~-1℃ 最大冰晶生成带，否则食品容易发生冻害。微冻储藏恰好将鱼放在这个温度区间，所以引发了人们对其质量的担心。但实际上微冻水产品蛋白质冷冻变性问题并不严重。这是因为鱼肉中主要的盐类是氯化钾（KCl），氯化钾和水的共晶点在 -11℃ 左右（如图 9-6 所示）。鱼体降温时，结冰量沿着 AE 线增加，当温度降至 -11℃ 时，鱼类肌肉中的非冻结水的盐浓度达到 3mol/L 以上，导致鱼肉中的肌球蛋白被抽提出来，相互之间缔合而发生变性。微冻储藏温度在 -3~-2℃ 之间，离共晶点较远，所以鱼肉的蛋白质变性程度轻微，也不容易产生汁液流失的问题。

因此，根据各鱼种不同的冻结点，选择适宜的微冻温度，使鱼体的冻结率保持在 1/3~1/2，就可减少因水分冻结对肌肉组织造成的不良影响。

4. 超冷储藏

超冷储藏也叫冰温储藏，是将水产品放置在 0℃ 以下至冻结点之间的温度带进行保藏的方法。虽然冰温保鲜温度与冷藏保鲜储藏温度相近，但在 0℃ 附近，温度每下降 1℃，细菌数量就会明显减少，因此冰温保鲜能更好地保持水产品的鲜度和营养，一般能比冷藏保鲜的货架期延长 1.4~2.0 倍，且可以避免因水产品水分冻结而导致的蛋白质变性等质构劣化现象。沙丁鱼可在 -3℃ 下保持冰温，对比冷藏（5℃）、冰温（-3℃）和冻结（-20℃）条件下的腐败指标 TVB-N 的变化情况，如图 9-7 所示，可知沙丁鱼冰温储藏（-3℃）的保鲜期比冷藏（5℃）显著延长，50 天后仍能保持良好的鲜度品质。

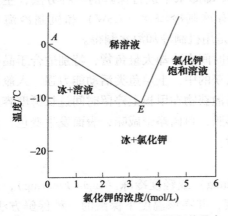

图 9-6　氯化钾-水体系的状态图和共晶点

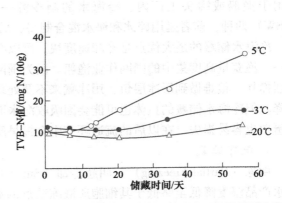

图 9-7　不同储藏温度条件下远东拟沙丁鱼的品质变化

冰温保鲜与微冻保鲜不同的是冰温保鲜要求水产品中的水分是不冻结状态，也就是说水产品的温度既要低于 0℃ 又要高于冻结点，因此要求的温度区间很窄，对设备的精准控温要求极其严格,这边使冰温保鲜的应用受到一定限制。针对这一问题,国内外科学家研究了多种方法来降低水产品冻结点,使冰温区的温度范围扩大,其主要原理是脱水或添加可与水结合的盐、糖、蛋白等物质来降低可冻结的自由水的含量。如腌制过的大马哈鱼鱼籽的冻结点可下降至-26℃,这与加盐脱水和鱼籽中含有大量脂肪而使冻结点下降有关。表9-6为几种主要的用于使冻结点下降的化合物及其共晶点和质量分数。

表9-6 主要冻结点下降剂的共晶点和质量分数

品名	共晶点/℃	质量分数
氯化钠	-21.2	23.1%
氯化镁	-33.6	20.6%
氯化钙	-55	29.9%
蔗糖	-13.9	62.4%
甘油	-44	67%
丙二醇	-60	60%
乙醇	-117.3	100%

5. 冷冻储藏

冷冻储藏也叫冻结保鲜,是利用低温将水产品的中心温度降至-15℃以下,使组织内的水分绝大部分处于冻结状态,并在-18℃以下进行储藏和流通的低温保鲜方法。其中使水产品温度下降的过程,称为冻结处理,这实际上是冷冻保藏前的准备措施。一般研究认为快速冻结的效果较好,因为冻结速度快可使细胞内外形成数量多、分布均匀、颗粒较小的冰晶,对组织结构无明显损伤,质量较好。但经过速冻生成品质较好的冻品也要注意在储运过程中保持温度恒定,防止冰晶在温度波动的情况下逐渐长大并刺破组织细胞。一般通过妥善保藏的冷冻水产品,其货架期可达数月乃至1年的时间,因此冷冻储藏适用于水产品的长期保鲜。各类水产品在不同冻藏温度下的保藏期见表9-7。

表9-7 水产品在不同冻藏温度下的保藏期

种类	保藏期/月		
	-18℃	-25℃	-30℃
多脂鱼	4	8	12
中脂鱼	8	18	24
低脂鱼	10	24	>24
蟹	6	12	15
虾	6	12	12
蛤、牡蛎	4	10	12

冷冻储藏虽然能够较好地抑制微生物和酶引起的腐败变质,使水产品在长时间内仍能较好地保持原有的品质,但也存在一些问题,如解冻后的蛋白质持水率降低、汁液流失等都会影响解冻后水产品的营养、滋味和口感。长期储藏的冷冻水产品还会因水分升华出现水分丢失、重量下降的现象,甚至水分升华留下的空隙会加速脂肪的氧化进而影响产品色泽、风味,形成"冻结烧"。为保证冷冻水产品的质量,一般采取单体冻结和镀冰衣的方法来延缓

水分流失和脂肪氧化的速度。

（二）实验案例：冰鲜带鱼冷链物流案例

带鱼是我国重要的海洋捕捞经济鱼种之一，其中东海带鱼因其肉质细腻、营养丰富而受到消费者青睐。尽管冰鲜带鱼储藏保质期较短，但因冰鲜带鱼鱼肉品质和口感明显优于冷冻过的鱼，因而仍占有较大市场份额。本案例以冰鲜带鱼为研究对象，主要探讨温度和时间对冰鲜带鱼品质的影响，解析冷链物流过程中水产品品质与温度—时间的关联性，为水产品冷链物流技术改进提供参考依据。

选取冰鲜带鱼模拟冷链流通过程各环节试验设计如图9-8所示。两组实验组条件如下：Ⅰ组（冷链流通）：从试验开始至模拟冷链流通冷藏配送环节结束，冰鲜带鱼泡沫箱均处在2℃环境中；Ⅱ组（断链流通）：装有冰鲜带鱼的泡沫箱在搬运（2h）、模拟冷藏运输（24h）和冷藏配送（8h）3个环节处在20℃环境中进行，其他环节温度均为2℃。

图9-8 冰鲜带鱼模拟冷链流通过程各环节试验设计

Ⅰ冷链流通与Ⅱ断链流通的冰鲜带鱼终端销售均在4℃冷藏陈列柜中铺冰进行。

1. 泡沫箱内温度和冰融化率变化

冰鲜带鱼在模拟冷链物流过程中温度实时监测数据如图9-9所示。图9-9a为冷链流通在2℃环境中进行，泡沫箱内、外温度差异不大，鱼肉中心温度在物流过程中缓慢上升；图9-9b为断链流通的搬运（2h）、运输（24h）及配送环节（8h）处在20℃环境中进行，泡沫箱内、外温差较大，泡沫箱内温度较鱼肉中心温度高4℃左右，箱内温度和鱼肉中心温度与冷链流通相比上升较快。

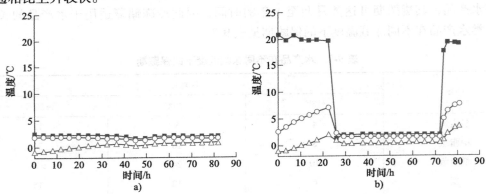

图9-9 冰鲜带鱼在模拟冷链物流过程中温度实时监测数据

── 箱外 ─○─ 箱内 ─△─ 鱼肉

a）冷链流通温度实时监测 b）断链流通温度实时监测

带鱼捕获后在冷链物流过程中一般采用泡沫箱加碎冰的方式进行贮运流通，冰鲜带鱼在模拟冷链物流过程中泡沫箱内冰的变化情况如图9-10所示。从图9-10中可知，Ⅱ断链流通中的冰融化速度显著高于Ⅰ冷链流通。图9-10b显示，在经搬运环节（2h）和运输环节（24h）后，即第26h，由于Ⅱ断链流通环境温度为20℃，泡沫箱内的冰融化成水的体积占总体积的25.79%，即箱内冰约融化了1/4；在模拟冷链物流开始销售时，即第82h，Ⅱ断链流通泡沫箱内的冰约融化了70.5%，而Ⅰ冷链流通泡沫箱内的冰融化比例仅为7.7%，Ⅱ冰融化比例是Ⅰ冷链流通的9倍。

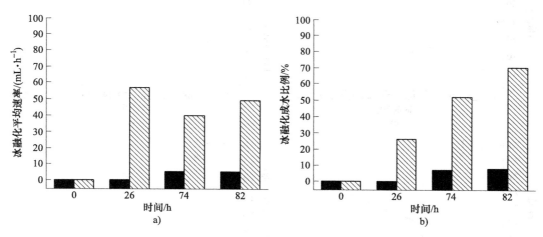

图9-10　冷链物流过程中泡沫箱内冰的变化情况
a) 冰融化平均速率　b) 冰融化成水比例

2. 带鱼中微生物生长及理化品质变化

冰鲜带鱼在模拟冷链物流过程中细菌总数和肠杆菌数变化如图9-11a和图9-11b所示。从图中可知，Ⅱ组断链流通中的冰鲜带鱼经搬运（2h）及运输（24h）后微生物数量急剧上升，从图9-11b知其微生物主要为肠杆菌科细菌。根据模拟冷链物流过程中温度的实时监测结果知Ⅱ组与Ⅰ组泡沫箱内鱼肉中心温度均较低，且差异不大，可见此阶段温度对Ⅱ组带鱼微生物上升直接影响不大。从物流过程中Ⅱ组与Ⅰ组泡沫箱内冰融化情况知，Ⅱ组冰融化较快，一些原料品质稍差的带鱼因冰水浸泡引起腹部破裂，肠道等内脏暴露在冰水中，带鱼肠道内细菌流出，从而导致带鱼微生物细菌数量急剧上升。

K值能够较准确地反映鱼体死后的新鲜程度，是评价鱼类鲜度的良好化学指标，一般认

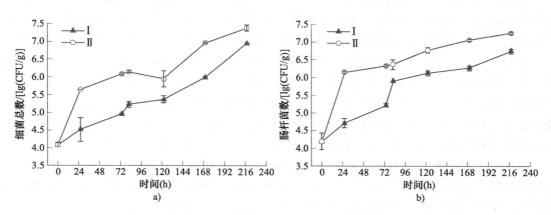

图9-11　冰鲜带鱼细菌总数、肠杆菌数、K值、TVB-N值、pH值和TBA值的变化

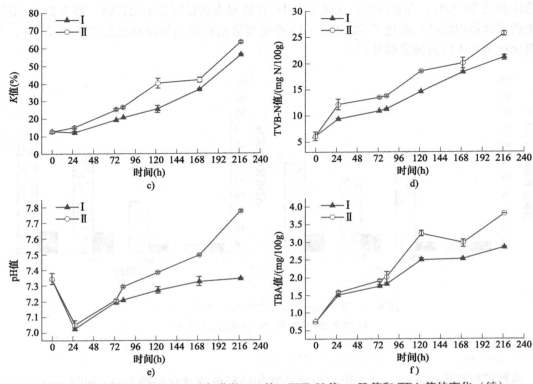

图 9-11 冰鲜带鱼细菌总数、肠杆菌数、K 值、TVB-N 值、pH 值和 TBA 值的变化（续）

为鱼肉 K 值在 20% 以下为一级鲜度，在 20%~40% 为二级鲜度，在 60%~80% 为初期腐败鱼。K 值越大表明水产品越不新鲜。冰鲜带鱼在模拟冷链物流及销售过程中 K 值变化如图 9-11c 所示。冰鲜带鱼在整个流通过程中，K 值呈上升趋势，即鱼肉鲜度值逐渐下降。在搬运（2h）与运输（24h）后，Ⅱ组带鱼 K 值比Ⅰ组稍高。经冷藏库储存 48h 后，即第 74h 开始，Ⅱ组带鱼 K 值显著高于同期Ⅰ组（$P<0.05$），表明Ⅱ组带鱼鲜度下降较快。

由图 9-11d 可见，带鱼挥发性盐基氮（TVB-N）值均呈上升趋势。在 20℃ 环境中经 2h 搬运和 24h 运输后，Ⅱ断链流通组的冰鲜带鱼 TVB-N 值显著高于Ⅰ冷链流通组（$P<0.05$），这与细菌总数具有一定的相关性，说明微生物作用能够分解鱼肉蛋白质，产生挥发性碱性含氮物质。

鱼肉氨基酸的脱羧作用以及微生物活动分解鱼肉蛋白质产生碱性含氮物质会使鱼肉 pH 值上升。冰鲜带鱼在流通过程中 pH 值变化如图 9-11e 所示。Ⅱ组与Ⅰ组带鱼在冷藏库储藏环节结束前，pH 值变化差异并不大。Ⅱ组带鱼在 20℃ 经 8h 配送后 pH 值快速上升，并显著高于Ⅰ组（$P<0.05$）。带鱼 pH 值在流通过程中呈先下降再上升的趋势，这是因为鱼体死后要经历僵硬和自溶腐败两阶段，pH 值在僵硬期内下降，在腐败过程中上升。

硫代巴比妥酸值（TBA 值）是根据食品中不饱和脂肪酸氧化降解产生的丙二醛与硫代巴比妥酸反应生成稳定的红色化合物来反映脂肪被氧化情况的。带鱼脂肪含量较高，且多为易氧化的不饱和脂肪酸。冰鲜带鱼在模拟冷链物流过程中 TBA 值变化如图 9-11f 所示。Ⅱ组带鱼在铺冰上销售前 TBA 值比Ⅰ组略高，但差异并不显著，可能是由于冰水浸泡阻隔了带鱼与空气中氧气的接触，从而延缓了带鱼脂肪被氧化。当冰鲜带鱼进入销售环节后，Ⅱ组带鱼 TBA 值迅速上升，且显著高于Ⅰ组（$P<0.05$），说明空气中的氧加速了带鱼脂肪的氧化，且经冰水浸泡的带鱼脂肪更易被氧化。

综上，冰鲜带鱼断链流通过程中，泡沫箱中鱼肉温度变化并不明显，但箱外的高温环境致使箱内碎冰迅速融化，经冰水浸泡的带鱼微生物数量急剧上升，鲜度指标及外观品质明显下降。因此，在冰鲜水产品冷链物流过程中，应尽量避免货物暴露于常温环境，确保水产品整个冷链物流操作过程在适宜的低温条件下进行，并及时排除箱内融化的冰水，避免冰鲜水产品长时间在冰水中浸泡，同时应注重水产品用冰安全。

（三）企业案例：赤山集团

1. 企业概况

赤山集团有限公司（以下简称赤山集团）创建于 1988 年，注册资本 8000 万元人民币。现有员工 8000 人，下属企业 20 多个，涵盖海洋捕捞、水产品加工、机械制造、旅游餐饮、建筑房地产、金融服务业六大产业，属国家级大型企业集团。2019 年水产冷链销售收入 129884 万元，净利润 6000 万元。该集团先后获得"农业产业化国家重点龙头企业"等荣誉称号。2016 年，在由中国农产品流通经纪人协会主办的"2016 年中国农产品好品牌 500 强评选活动"中，"赤山集团"品牌入选"2016 年中国百强农产品好品牌"。

水产品加工业及冷链物流是赤山集团的传统产业。在公司刚成立时，仅有 1 座 200t 仓储型水产品冷库和四五条 45hp（$1hp = 745.7W$）的木质渔船。领导班子审时度势，积极做好水产品冷链物流的运作，实行"快收快出"。同时，对渔船的渔获物按照客户要求和市场需要有针对性地进行加工储存销售，海洋捕捞与水产加工、冷链物流一体化运作。1989 年，以发展壮大为宗旨，以市场需求为导向，赤山集团开始建造一座储货 500t、储冰 500t 的大型冷库（如图 9-12 所示）。机器制冰的生产及储存有效地解决了渔船出海时间长渔货变质的问题，更好地保证了市场需求，同时增加了几条 135hp 钢壳渔轮（如图 9-13 所示），为冷链物流资源提供了有效保证。截至 1997 年年底，赤山集团共有仓储型冷库 9 座（其中租赁一座 200t），总储存达 5700t。海洋捕捞方面小功率渔船逐渐被淘汰，增加 600hp 渔船十多对，冷链物流业发展成为当地的知名企业。

图 9-12　赤山集团仓库外景

依托冷链物流方面的管理经验和市场经验，赤山集团在海洋捕捞及冷链物流方面以"大、名、强"为战略。1999 年，建造一座 2400t 仓储型冷库。2000 年，建造库容量达 1 万 t 的金源水

冷链物流

图 9-13　赤山集团渔船实景图

产食品公司（以下简称金源公司）。2004 年，又建造库容量达 2 万 t 的万祥水产公司。2006 年，建造库容量达 5 万 t 的水物流中心。2010 年，库容量达 6 万 t 的嘉美海洋食品有限公司（以下简称嘉美公司）投入生产，该项目被列入威海市重点工程项目。嘉美公司的投产使用，使赤山集团物流仓储单位达十多个，容量达到 20 万 t，水产品年流通总量达 40 万 t，成为胶东半岛最大的仓储群体之一。针对水产品近年来资源匮乏的实际情况，赤山集团及时改变思路在大量收购加工水产品的基础上，对水产品进行精深加工，将外贸作为主要市场。

金源公司、嘉美公司将鱿鱼作为主要加工出口原料，产品远销国外 40 多个国家和地区，外贸收入达 8000 多万美元。赤山集团停止租用冷库，对一些规模小的冷链物流单位进行合并、关停，将其合并为四个大的冷链物流单位，要求各单位树立"一盘棋"思想，"抱团"闯市场。合并后的冷链物流单位在严峻的市场形势中同心协力，探索冷链物流新方法、新经验，取到了较好的市场效果。为更进一步扩大冷链物流市场品牌，2016 年，赤山集团又投资兴建了集水产品精深加工与水产物流于一体的总库容量为 20 万 t 的山东海都海洋食品公司，是当年荣成市唯一的"山东省重点工程项目"，同年底投入试运行。以鱿鱼精深加工为主（如图 9-14 所示），赤山集团冷链物流库容总量达到 40 万 t，水产品冷链年流通量达到 100 多万 t，成为冷链物流客户必选的企业之一。

图 9-14　赤山集团鱿鱼加工车间

海洋捕捞方面，赤山集团也不断更新捕捞船，截至2000年，拥有600hp以上渔船30多对，成为荣成市规模最大、设备最先进的海上作业船队，其效益一直在全省同行名列前茅。同时，开辟了国际海上生鲜项目，在海上收购各地捕捞船的新鲜鱼货，直接驶到日本等地市场进行销售，每年的销售收入达到1000多万元（近几年，由于近海资源匮乏，此项目已停止）。自2000年以后，针对形势需要，赤山集团对捕捞渔船进行更新换代，全部更换成冷藏渔船，在海上捕捞的鱼货，直接加工分级冷冻，到岸卸货全部以冻板形势卸货，有效地保证了鱼货质量。捕挂船队现有近海捕捞、远洋捕捞渔船近40条，自2004年以来赤山集团先后投资建造了14条专业远洋鱿鱼钓鱼船、15条远洋单拖网渔船、1条2300t的远洋运输船。2013年，赤山集团再次投资建造了4条大型远洋单拖网渔船和2条大型远洋鱿鱼钓鱼船。赤山集团捕捞船队海洋捕捞产量年平均达5万t以上，产品全部进入内部物流企业流通。同时，捕捞船队大力发展海链运输业务，现拥有远洋运输货轮2条，共7000t，主要从事远洋及近海运输业务。远洋海上运输主要将在大西洋、太平洋等大洋中从事捕捞作业的内部及外部捕捞船的渔获物运输回国，根据客户所处位置停靠最近码头进行卸货，同时利用卫星定位，能够及时掌握运输船何时何地在什么位置、何时靠港卸货等。由于渔获物为冷藏冻板，再加上运输船自身的冷冻系统保持在规定温度以下，在运输质量方面，受到客户好评，有很多客户成为常年固定客户。根据路途远近及所处方位，每吨收取1000~2000元的运输费用，此项目年收入近千万元。赤山集团的近海海上运输业务主要面向内部及外部上下游合作客户，每吨价格一般在200~500元，年可创利一千多万元。接到运输船将靠岸卸货的通知后，各相关冷链物流单位立即联系冷藏物流车队在码头等候，运输船港后，马上对接卸货。同时，注重做好车辆所载鱼货的保温措施，落实专人押车，到厂后核实数量、质量入库待售。

2. 企业冷链业务标准化、信息化情况

在冷链物流发展过程中，坚持标准化建设、信息化指导的原则，仓储冷库建设聘请专家指导、设计，严格按相关标准进行建设。每个库房内设置不低于两个温控仪，库内温度在库门口自动显示。设备人员每日对各库房巡检，发现问题及时解决。机房设备人员熟练掌握温控软件的应用，每班次做好温度及设备运行记录，记录保存期一年以上，班次交接时，对下一班次人员交代清楚。同时，加大巡查，与库房人员做好沟通，保证库房及时冲霜。车间加工采用统一标准鱼盘，出入库采用标准货架，装卸鱼货采用标准月台，鱼货按名称、标准、规格等实行挂牌、分类储存，每个月与财务人员做好对接，进行库房盘点。各装卸月台、库房门口均装监控设施，随时对作业场景进行监控，监控的保存期为6个月，进一步促进规范。

赤山集团装卸货工作平台如图9-15所示。

2017年，赤山集团被确定为冷链物流标准化良好企业行为试点单位。在市场开发上，坚持以信息指导生产，每个冷链物流单位都有自己的专门网站，在网站上发布产品信息、供销信息，同时在中国渔业网、搜渔利、中国水产交易网、食品伙伴网等大网站上发布信息，开通与国外相关渔业网站的联系。近几年，赤山集团通过外域网站联系客户占客户总数的50%以上，取得了良好效果。销售部门指定专人在网络上联系客户，同时加强与各大网站的联系，推出自己的产品，网络销售在销售工作中占有很大的比例。外贸部门同时加强海外销售产品的追踪，随时在网上实行销售货物查询。

规范化、标准化是赤山集团一贯奉行的。在成立之初，赤山集团出台了《赤山集团经

图 9-15　赤山集团装卸货工作平台

营管理规章制度》，对各企业、部门、各岗位规定了职责。多年来，经过不断的修改完善，其成为赤山集团干部员工所奉行的圭臬。根据行业性质的不同，各冷链物流单位成立之初便设立了质检部、销售部、生产部、收购部、外贸部等部门，实行本单位与赤山集团双重管理。部门人员设置合理，每个人都有自己的岗位职责，确立了问责机制。根据业务需要，各部门牢固树立"一盘棋"思想，既相互独立，又相互配合，对操作流程中出现的违规现象，任何部门都有权制止，避免了推诿扯皮现象，有效地保证了工作的开展。

针对市场不断拓展、业务范围不断扩大、新员工不断增多的实际情况，各岗位加强了业务培训力度。每年制订出详细的培训计划，新员工上岗之初，分岗集中进行培训，由人力资源部组织实施，培训实行点名制，确保全员培训。经 2~3 天的初步培训后进行考核，考核合格者方可上岗，不合格者辞退。在工作中实行"传帮带"，老员工与新员工"结对子"，在工作中进行指导、帮助，使其尽快熟悉岗位及职责；同时单位每个月对所有员工进行培训、考核，考核结果直接与个人当月工资挂钩，极大地促进了员工的积极性。同时，各单位还积极委派人员参加上级部门举办的相关培训，邀请专业人士到厂举办培训，员工的素质进一步得到了提高。各企业还广泛与国际接轨，积极申办各种质量认证，有三家单位通过了 ISO 9001、ISO 14001、OHSAS 18001 认证，有两家企业通过了 BRC（英国零售商协会）认证、HACCP（危害分析与关键控制点）认证等。

由于是仓储式冷库，客户自带车辆前来拉货居多，所以赤山集团专门为客户进入库房看货准备了棉衣,库房人员耐心陪客户到库房中看货,并出示样板(如图9-16所示)。在装运过程中,库房人员认真陪同客户做好抽查,对客户不满意的货随时无条件进行更换,为客户提供出库、装车等服务,对客户车辆配备不定情况,赤山集团还主动为客户联系运输车辆。装运完毕后,为客户办理各种手续并留下客户联系方式,直至客户满意而去。针对客户的来电咨询,认真答复。没有现货,应承诺在限定日期内配齐,同时以销定收,针对市场需要进行收购加工。对一些市场畅销的时令经济鱼类,销售人员主动打电话与客户沟通,讲明规格、价格、库存情况,针对客户的要求与车间密切沟通,按客户要求进行加工,进一步拓展了市场,稳固了老客户,发展了新客户。

图9-16 赤山集团冷库内部场景

3. 点评

赤山集团作为涵盖海洋捕捞、水产品加工、机械制造、旅游餐饮、建筑房地产、金融服务业六大产业的国家级大型企业集团,以市场为导向,在成立之后的30年内快速发展,先后荣获"农业产业化国家重点龙头企业"等荣誉称号。

水产品加工业及冷链物流是赤山集团的传统产业,深耕市场,推行加工储存销售、海洋捕捞与水产品加工、冷链物流一体化运作方式,制定海洋捕捞及冷链物流方面的"大、名、强"战略发展模式。针对水产品近年来资源匮乏的实际情况,赤山集团及时改变思路,在大量收购加工水产品的基础上,以鱿鱼精深加工为主,将外贸作为主要市场。同时,赤山集团重组了四大冷链物流单位,树立"一盘棋"思想"抱团"闯市场。

二、水产品保活运输技术

在我国,活鱼、活虾、活蟹、活贝等鲜活水产品的消费同样占据较大市场份额。与冰鲜和冷冻水产品相比,鲜活水产品的新鲜度更高,消费者更容易甄选活力强、品质好的新鲜水产品。由于水产品在运输过程中因应激反应容易出现死亡的问题,所以须采取有效的保活措施,主要是采用一些物理化学方法来降低水产动物的新陈代谢和应激反应,进而保障水产品经济效益和营养品质。常用的保活方法按照是否含水大致可分为两类,即有水保活和无水保活。

(一) 有水保活运输

(1) 净水运输

净水运输是相对传统、运用广泛的水产动物保活运输技术。由于鱼类的呼吸代谢及排泄物的释放会使水质逐渐恶化，容易滋生鱼类致病菌或病毒导致运输过程中鱼类大量死亡，因此保持良好的水质是鱼类有水保活运输中的关键。因此，该方法被称为"净水运输"。净水运输时一般在箱体底部覆盖适量的膨胀珍珠岩或活性炭以吸附鱼类的排泄物，起到净化水质的作用。

(2) 充氧运输

充氧运输法多用于淡水养殖鱼类的运输。一般通过曝气或包装充氧这两种方式维持水中的溶氧量、降低 CO_2 浓度以提高运输过程中的水产动物存活率。曝气是有水运输中常用的增氧措施，常用的曝气方法有：压缩气态氧、液态氧、搅拌器和供氧机曝气。实际运输过程中可根据运输距离、时间选择合适的曝气方法，如中短途一般选用压缩气态氧、液态氧，而高密度、长距离运输一般将供氧机和搅拌器结合使用。

包装充氧一般与塑料袋装水运输相结合。该法适合个体较小的水产品种运输，如鱼受精卵、鱼苗、虾苗、鱼种、亲鱼等，也可用于观赏鱼的运输。其主要操作过程如下：在塑料袋中装 1/4 的水，再将需要运输的鱼、虾装入，挤出袋中的空气，并灌入氧气，使袋中水与氧气的比例为 1:3，用橡胶圈扎紧袋口。批量运输时，为防止塑料袋碰到尖锐物品而被扎破，可以将塑料袋装入泡沫箱中进行保护。夏天气温高时，还可在箱内放入冰块降温。

(3) 低温运输

低温运输是通过降低水产品活体运输温度来降低鱼体活动能力、新陈代谢和氧气消耗率，从而提高运输成活率的一种运输方式。该方法最适宜于广温性的水产品种，需要具有很好的耐受低温能力或低温死亡的临界温度低。例如，草鱼在水温下降到 4℃ 时，会进入半休眠或完全休眠状态，这时它的呼吸和代谢水平非常低，因而可以延长其存活时间。但采用该方法时要注意降温速度应平稳，不宜过快，否则鱼体因温度大幅度变化产生应激反应反而会使存活率降低。一般采用的降温速度为 0.5~3℃/h。

(4) 麻醉运输

鱼类的麻醉保活运输主要运用物理或化学法抑制鱼的中枢神经，从而降低鱼体的呼吸和代谢速率，缓解操作刺激引起的应激反应，减少鱼体损伤，提高存活率。目前已被开发用于水产品保活运输的化学麻醉剂有 30 多种，最常见的有乙醇、乙醚、二氧化碳、巴比妥钠、苯氧乙醇、苯佐卡因、奎纳丁、间氨基苯甲酸乙酯甲磺酸盐（MS-222）等。化学麻醉法具有成活率高、运输密度大、运输时间长、操作方便、途中管理容易、不需要特殊装置和运输成本低等优点。其中 MS-222 具有易溶于水、见效快、复苏时间短等特点，但要求经麻醉的水产品必须经过 21 天的药物消退期才能在市场上销售。近年来有学者研究发现，作为食品添加剂和牙医学止痛剂使用的丁香酚（$C_{10}H_{12}O_2$）同样具有麻醉作用，其具有廉价易得、溶解性好及对环境无危害等特性。但丁香酚具有挥发性，麻醉过程中药效会逐渐降低，且麻醉后水产品的复苏时间比采用 MS-222 的水产品长。

物理麻醉法是通过一些物理刺激来达到与化学麻醉类似效果的方法。目前有报道的物理麻醉法有脉冲电压法和针灸麻醉法等。刘伟东等采用脉冲电压对大菱鲆电击后再进行无水保活，24h 存活率达 100%，36h 存活率达 70%。

采用麻醉法保活水产品的效果与水产品的种类、麻醉药物的剂量、水体温度和操作方法有关。一般来说，采用麻醉法时水温不宜低于15℃。在用量方面，有报道显示MS-222处理鲤鱼和草鱼的水体按20mg/L计，白鲢为10mg/L，而鲷鱼和鲇鱼为35mg/L。

（二）无水保活运输

无水保活运输不直接加水于水产品运输容器中，而是以冰块、木屑等填充空隙包装运输的方式，如日本对虾、梭子蟹等的无水保活运输。对于一些短期抗缺水能力较强的水产品品种，在运输时一般不需要用湿布或木屑保湿，如鳖、乌龟、青蟹等的运输，但在运输途中要定时观察所运活体，适当喷淋淡水或海水以保持其身体湿润。因为不需要连同水一起运输，所以这种方法可以节省大约75%的运输费用。该方法在实际运用时需要将水产品的代谢速率降低，运输过程中也需要保持鱼体表面湿润，满足这些水产品对水分的最低需求，到达目的地后再将水产品放入水中使其苏醒。例如只需保持鱼体表一定的湿度，一些生命力强的鱼可以在这种脱水状态下维持24h以上。

（1）生态冰温法

包括鱼类在内的冷血动物一般都有一个可耐受最低温度的区间，称为临界温度。水产品开始冻结的温度称为冻结点。由临界温度到冻结点的温度范围称为生态冰温。不同水产品的临界温度和冻结点见表9-8。该方法不同于有水运输中的低温法，二者最大的区别在于有氧运输低温法最终达到的温度要高于生态冰温。

表9-8 部分鱼、贝类的临界温度和冻结点

项目	临界温度/℃	冻结点/℃
河豚	3~7	-1.5
鲭鱼	7~9	-1.5
沙丁	7~9	-2
鲷鱼	3~4	-1.2
牙鲆	-0.5~0	-1.2
鲽鱼	-1~0	-1.8
松叶蟹	-1~0	-2.2
半边蚶	5~7	-2
扇贝	-0.5~1	-2.2

生态冰温法无水保活技术有两个关键步骤：降温休眠过程和升温唤醒过程。在这两个过程中切忌快速降温或升温，一般需采取梯度降温或升温的方式（见表9-9）。将活鱼暂养48~72h后，通过梯度降温的方式将水温降至生态冰温区间，使鱼处于休眠状态。梯度降温相当于"冷驯化"过程，可以使鱼在生态冰温环境下保持休眠状态而不会死亡。其在运输过程中温度越接近冻结点，保活的时间越长。待鱼运输到目的地后，将处于休眠状态的鱼转入水温在生态冰温范围内的暂养池，通过梯度升温方式使水温逐步上升至室温，鱼也在此过程中逐渐苏醒恢复到正常状态，这个过程称为"唤醒"。需要注意的是，降温休眠和升温唤醒的过程中都要按梯度降温和升温，越接近生态冰温范围，其降温或升温的速率越小。

表 9-9　升降温梯度与升降温速率之间的对应关系

降　温		升　温	
梯度/℃	速率/℃	梯度/℃	速率/℃
20→10	3~5	-2→1	0.8~1.5
10→1	0.5~2	1→10	1.5~3
1→-2	0.3~0.6	10→20	3~5

（2）二氧化碳麻醉法

二氧化碳麻醉法是一种利用 CO_2 作为麻醉剂对活鱼进行无水保活运输的方法。不同于一般的化学麻醉剂，CO_2 安全可靠，对人体无害，因此没有药物消退期，可直接向市场销售，因而具有广泛的应用前景。在盛放鱼的容器里充入 5% 二氧化碳和 50% 氧气，可使鱼处于休眠状态。研究发现二氧化碳对三线矶鲈、红点鲑、鲤鱼和罗非鱼的麻醉效果较好。但二氧化碳麻醉仅对部分鱼种的麻醉有效，且麻醉时间和复苏时间都相对较长，合适的麻醉剂量较难把控，增加了其在实际应用过程的推广难度。

（三）实验案例：温度对有水保活石斑鱼代谢与鱼肉品质的影响

珍珠龙胆石斑鱼，俗称龙虎斑，是棕点石斑鱼与鞍带石斑鱼杂交培育的一种名贵海水鱼类。海水鱼类的产销地域跨度大、保活技术不成熟以及运输设备配置不完善等原因，导致活鱼运输成本高、远距离运输耗损率大（超过10%）以及目前市场中活鱼运输过程所带来的食用安全问题等。本案例通过对珍珠龙胆石斑鱼低温休眠温度的研究，比较不同温度条件下保活前后生理生化特性与肌肉理化性质的变化，探讨其合适的保活运输温度，为珍珠龙胆石斑鱼的保活运输提供依据。

1. 温度对石斑鱼呼吸速率和保活率的影响

珍珠龙胆石斑鱼在不同温度下的呼吸频率和保活率如图 9-17 所示。当温度降至 18℃ 时，鱼体运动减缓；15℃ 时鱼体开始静立水中，对外界刺激反应较弱。当温度降到 14℃ 时，鱼体部分失去平衡，身体稍微倾斜，且对外界刺激无反应，呼吸频率达到 14~16 次/min。继续降到 13℃ 时，呼吸频率无显著变化，但鱼体会出现强烈的应激反应，出现撞击、跃出水面、翻倒等应激行为，因此将 14℃ 作为鱼体的休眠温度。水温达到 12℃ 时，鱼体呼吸不规律，出现裂鳃现象，且平躺水底。如果此时继续降温，会导致鱼体的呼吸中断，出现死亡；如果此时将鱼体转移到常温海水下，鱼体在 5min 内可以恢复至正常状态，因此将 12℃ 作为珍珠龙胆石斑鱼生态冰温的极限温度。

在 25℃ 时，石斑鱼保活 72h 后的存活率为 100%，之后开始出现死亡，96h 时的存活率为 17%；在 20℃ 时，保活 96h 时的存活率为 75%，保活 120h 时存活率为 67%；在 15℃，保活 96h 时存活率为 100%，保活 192h 以后开始出现死亡；在 13℃，保活 24h 以后出现死亡，且存活率仅为 17%，温度过低，鱼体僵硬，不利于鱼的存活。因此，15~20℃ 是珍珠龙胆石斑鱼保活运输的适宜温度。过高或过低的水温均不利于鱼体保活储运，其原因是水温较高时鱼体新陈代谢旺盛且易产生较多有害代谢产物，但水温过低也会导致鱼体的损伤和死亡，从而导致其存活率下降。

2. 温度对保活过程中珍珠龙胆石斑鱼应激的影响

当鱼类受到应激后，下丘脑—垂体—肾间组织轴会迅速促进释放促肾上腺皮质激素，因

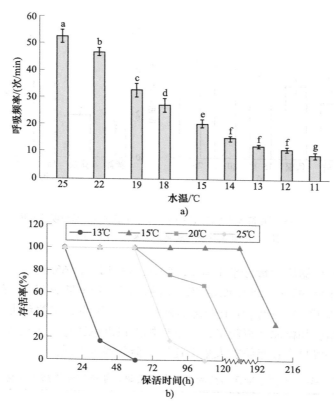

图9-17 珍珠龙胆石斑鱼不同温度下的呼吸频率及不同保活时间下的存活率

注：图中不同小写字母表示组间差异显著（$P<0.05$）。

此皮质醇、血糖常被作为应激反应的敏感指标，可以反映鱼类应激反应的强弱。

珍珠龙胆石斑鱼经低温休眠处理及不同温度保活72h后的血糖与血清皮质醇浓度变化如图9-18所示。与新鲜鱼（对照组）相比，休眠处理后血清皮质醇与血糖均显著上升（$P<0.05$）。不同温度保活72h后鱼体皮质醇含量均显著增加（$P<0.05$），且高温组（20℃、25℃）显著高于低温组（15℃）（$P<0.05$），15℃保活72h后血清皮质醇含量恢复到保活前休眠时水平。随着保活时间的延长，血糖水平在保活72h后均表现为显著上升（$P<0.05$），15℃、20℃、25℃保活72h后血糖水平分别达到新鲜组的3.24、2.21、1.54倍。结果表明保活过程中由于水质恶化、饥饿及拥挤应激导致鱼体能量代谢增强，且高温保活过程中由于鱼体的运动与呼吸较低温下强，糖原的分解与消耗使血糖水平在72h后开始下降，而低温下，鱼体代谢降低、能量消耗较少，所以血糖仍维持高水平。这可能也是低温能延长保活时间的原因之一。

3. 温度对保活过程中珍珠龙胆石斑鱼背肌营养成分的影响

不同温度保活前后珍珠龙胆石斑鱼肌肉理化性质的变化见表9-10。由结果可以看出，15℃保活72h后肌肉的水分、粗蛋白含量均无显著变化，脂肪含量显著下降（$P<0.05$）；20℃与25℃保活72h后肌肉的水分含量无显著变化，粗蛋白与粗脂肪含量均显著下降（$P<0.05$）；肌肉中糖原含量在保活72h后均显著下降（$P<0.05$），与新鲜对照组相比，15℃、

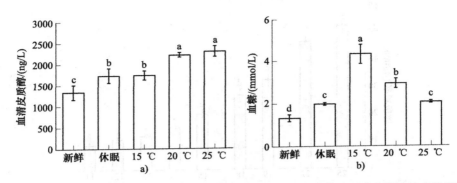

图 9-18 休眠处理及不同温度下保活 72h 对珍珠龙胆石斑鱼血糖与血清皮质醇浓度的影响
a) 保活前后血清皮质醇浓度的变化 b) 保活前后血糖浓度的变化
注:图中不同字母代表显著性差异 ($P<0.05$)。

20℃、25℃保活 72h 后糖原含量分别下降 32.50%、43.30%和 65.80%;脂肪含量分别下降 36.32%、46.84%和 48.42%。25℃保活 72h 后肌肉乳酸含量显著下降,持水力显著下降($P<0.05$);保活 72h 后肌肉 pH 值变化不显著。这是因为大多数鱼类在饥饿时,主要通过消耗体内储存的脂肪和糖原获得能量,以维持机体在饥饿胁迫下的正常生理代谢,而对蛋白质的利用较少,一般只有在脂肪被大量消耗后才会分解蛋白质。

表 9-10 不同温度保活前后珍珠龙胆石斑鱼肌肉理化性质的变化

指标	新鲜样	保活 72h 后		
		15℃	20℃	25℃
水分	76.09±0.05^a	76.68±0.42^a	77.84±0.23^a	77.70±0.01^a
粗蛋白	21.67±1.63^a	20.49±0.03^{ab}	19.68±0.08^b	19.83±0.06^b
粗脂肪	1.90±0.10^a	1.21±0.05	1.01±0.12^b	0.98±0.02^b
肌糖原	1.20±0.02^a	0.81±0.01	0.68±0.01^b	0.41±0.03^c
肌肉乳酸	0.96±0.03^a	1.02±0.00^a	1.00±0.01^a	0.89±0.00^b
持水力	87.54±0.65^a	84.53±0.14^{ab}	90.05±0.73^a	80.24±0.06^b
pH 值	7.15±0.02^a	7.10±0.04^a	7.08±0.01^a	7.12±0.03^a

注:同表 9-1。

上述实验表明珍珠龙胆石斑鱼经过休眠后的鱼体在 15℃能维持较低的代谢水平,生存能力提高,肌肉品质无显著变化,因此 15℃最适合珍珠龙胆石斑鱼的长途保活运输。

(四)企业案例:顺丰快运助力闸蟹产业

1. 企业概况

顺丰控股股份有限公司(以下简称顺丰)诞生于广东顺德。顺丰是国内领先的综合物流服务商。致力于成为独立第三方行业解决方案的数据科技服务公司,以领先的技术赋能客户,为客户提供涵盖多行业、多场景、智能化、一体化的智慧供应链解决方案。公司围绕物流生态圈,横向拓展多元业务领域,纵深完善产品分层,满足不同细分市场需求,覆盖客户完整供应链条。经过多年发展,顺丰依托于公司拥有的覆盖全国和全球主要国家及地区的高渗透率的快递网络，通过"内生孵化+并购整合"方式，快速延伸至快运、冷运、同城、供应链等领域，搭建了完整的一体化综合物流服务体系，不仅能够提供配送端的高质量物流服务，还能围绕客户产业链上下游延伸，为客户提供贯穿采购、生产、流通、销售、售后的一体化供应链解决方案。同时，顺丰还是一家具有"天网+地网+信息网"网络规模优势的智能物流运营商，拥有对全网络强有力管控的经营模式。近年来，顺丰利用自主物流平台和仓储网点优势布局生鲜农产品的冷链运输。

2. 解决闸蟹的配送难题

九月秋风送爽，正值螃蟹黄多油满之时。江苏阳澄湖，以及江西军山湖、鄱阳湖等湖区水质极佳，产出的大闸蟹具有"大、肥、腥、鲜、甜"五大特征，受到许多消费者的喜爱。由于消费者对闸蟹要求必须是活蟹，死蟹的价值大大降低，大闸蟹寄递不仅要保鲜，更要保活，因此，一直以来闸蟹主要依靠区域市场销售，很难走出养殖基地将销售半径扩大到全国各地，这极大地限制了闸蟹的销量。

大闸蟹是冷血动物，离开水之后，存活期很短，通常需要采用低温保活技术来延长其存活期，然而一般的空运规定是不能放冰块，这也使得空运大闸蟹一度成为难以解决的难题。顺丰不畏艰难，与蟹商反复沟通协调，解决了冷源问题，让大闸蟹第一次通过空运的方式寄送。

3. 不断提升自身标准成为行业专家

作为国内领先的快递物流综合服务商，顺丰基于11年大闸蟹服务经验发现，制约闸蟹运输的主要问题在于运输物资不够、缺少服务网点、后续服务链条断裂等。为此，顺丰推出"三四五"策略，提高在物资、揽收点和服务保障上的投入，覆盖全国大多数大中小城市，在运送时效方面，实现了产地及临近省份24h内送达。

为助闸蟹打响品牌，提高品牌溢价能力，顺丰丰农科技联动多方力量对闸蟹采取"推广+销售"捆绑措施。一方面，联动顺丰会员、顺丰大当家、顺丰优选、丰巢商城、丰e足食等内部渠道，打通各资源平台，多渠道资源宣传赣蟹；另一方面，顺丰丰农科技打通"线上+线下"销售平台，线上将顺丰大当家等优质平台整合，下单直接销售，线下对有合作的大中型企业、特定人群进行宣传，以销代运带动闸蟹产业销售增长。顺丰也将利用25年沉淀的物流数据优势，面向企业客户推出数据服务，通过消费行为分析、经营分析、销量预测，帮助商户更细致地了解客户、正确决策。

这对冷链运输提出了更高的要求。今年，顺丰将在保险设备、包装等内外两方面对保鲜技术全面升级，让全国消费者吃到鲜活肥美的闸蟹。未来，顺丰在大闸蟹保鲜设备上投入新式塑封机包装，单票平均耗时从135s减少至72s，包装效率大幅提升；顺丰冷藏车采用"GPS监控+全程温控"双重保障，便于及时干预及时处理。除外部的设备预冷外，顺丰还重点在包装上做文章。包装箱内部均放有泡沫箱、冷媒、保温袋等温控材料；外部则针对不同的客户需求，提供专用纸箱、塑封膜、编织袋三种不同的包装方案，保障大闸蟹快递优先配载、优先派送。

（资料来源："顺丰'陆+空'排兵布阵 助赣蟹打响品牌战"，2018年9月12日，https：//baijiahao.baidu.com/s?id=1611394839352176111&wfr=spider&for=pc。）

第三节 果蔬易腐食品的冷链运输实例

一、我国果蔬冷链物流发展现状

我国是果蔬生产大国，据农业部门统计，2016年全国蔬菜总产量达70780万t，水果28351万t，在世界范围内名列前茅。然而果蔬类产品同样也属于易腐食品，在储运过程中容易出现失水萎蔫、营养流失、色泽和质构劣变、腐败微生物繁殖等现象，在物流过程中营养品质和商品价值极易受损。

果蔬运输主要采用常温运输和冷链运输两种方式，须根据运输距离、果蔬品种采用不同的运输条件。然而，我国所生产的果蔬大部分以散户种植方式为主，果蔬种植容易受到经济条件和专业知识的限制，之后在运输的过程中就会造成大量损失。据统计，我国生鲜果蔬采后损失平均水平超过20%，而以热带果蔬为主的广东省每年则有30%的蔬菜以及20%~25%的水果在流通过程中腐烂变质，严重影响了广东省果蔬的经济效益。

生鲜果蔬类农产品的物流保鲜技术是实现其保质减损和农业可持续发展的重要路径和必然趋势，也是实现供应链安全的基本保障。随着经济的迅速发展和人们生活水平的提高，人们对生鲜食品的消费已由传统的数量化、贫乏型向现代的质量化、多元化转变，对食品的新鲜度和安全性等要求越来越高。通过科技创新驱动生鲜果蔬物流技术的提升，是实现其产后减损增效、提升产品物流商品性、满足食品高质量消费、延伸农业产业链、提高国内外市场竞争力的重要举措。

二、果蔬包装、储藏与运输

（一）果蔬的包装

包装可以保护果蔬在物流、储藏过程中不受外部生物、化学和物理因素的影响，目前与果蔬直接接触的包装主要由聚乙烯（PE）、聚氯乙烯（PVC）、聚丙烯（PP）等石油基高分子材料制成。近年来，为了减少环境污染，提高包装对果蔬的保护作用，具有抗菌功能和生物来源的新型包装材料越来越受到人们的重视。

（1）生物源包装材料

生物源包装材料根据其来源又可以分为三大类。

1）利用可再生的单体化合物经聚合反应而成，如聚乳酸。

2）采用特定微生物发酵生物合成，如聚赖氨酸、聚苹果酸、聚羟基脂肪酸。

3）从动植物材料中分离制备，如纤维素、壳聚糖、海藻多糖、淀粉、果胶、明胶、大豆蛋白。

这些生物聚合物来源广、可生物降解、绿色环保，很多种类还具有可食性，但是在可塑性、力学性和阻隔性能等方面较差，这也限制了其在食品包装中的应用，但可通过热处理、射线辐照、化学改性、添加增塑剂等物理化学方法有效提升其包装性能。

（2）抗菌包装材料

抗菌包装材料根据其特点可以分为两类。

1）一类是本身具有抗菌活性的高分子化合物，如从甲壳类动物中提取到的壳聚糖和微生物发酵生成的聚赖氨酸，本身既可以作为包装材料，同时兼具抗菌活性。壳聚糖是目前已知的唯一一种阳性多糖，它可以作用于微生物细胞膜，使细胞膜通透性发生改变，导致细胞内外渗透压改变而死亡，同时还可以和一些带阴性离子的生物大分子结合使其失活，如蛋白质、DNA、RNA 等。经改性的壳聚糖用于果蔬包装不仅抗细菌，还可显著抑制一些真菌，有效延长果蔬货架期。ε-赖氨酸由 25~30 个赖氨酸残基聚合而成，具有广谱抑菌性，对沙门氏菌、单增李斯特菌、大肠杆菌、铜绿假单胞菌、金黄色葡萄球菌等病原菌均有良好的抑制效果，其被人体消化后分解为赖氨酸，因此安全性也很高。

2）将抗菌物质通过包埋或化学键连接等方式与传统包装材料相结合，其通过接触果蔬或缓慢挥发释放等方式抑制微生物的生长。常用的抗菌物质有纳米金属离子、化学抑菌剂、溶菌酶、抗菌肽、植物精油等。

以商用低密度聚乙烯（LDPE）膜为基材，可交联纳米银（Ag）离子或纳米 TiO_2 粒子制备抗菌膜，对革兰氏阳性菌和阴性菌均有很强的抑制作用，可延长果蔬保藏期。

近年来，人们对食品安全越来越关注，来自天然的生物抑菌剂和植物精油逐渐成为研究热点。在包装材料中添加肉桂醛、牛至精油、核黄素等抑菌物质包埋或连接到包装材料上，同样也能起到良好的抑菌效果。

（二）果蔬的储藏

果蔬的储藏保鲜是一项系统工程，温度、湿度、气体和防腐是果蔬保鲜的 4 个重要因素，其中温度因素占 60%~70%，湿度、气体和防腐各占 10%~15%。因此，除了解决冷源的问题，其他几个因素也需要综合考虑。

（1）简易储藏

简易储藏包括堆藏、沟藏和井窖藏三种基本形式。这些都是利用自然低温尽量维持所要求的储藏温度，结构设备简单，并且都有一定的自发保藏作用。

1）堆藏。堆藏是将果蔬直接堆放在田间和果园地面或空地上的临时性储藏或预储的方法。堆藏时一般将果蔬直接堆放在地面上或浅沟（坑）中，根据气温变化分次加厚覆盖，以进行遮阴或防寒保温。所用覆盖物多就地取材，如苇席、草帘、作物秸秆、土等。堆藏时储藏初期堆温难以下降。因此，堆藏不宜在气温高的地区应用，一般只在秋冬之际作短期储藏时采用，储藏堆的宽度和高度应根据当地气候特点、果蔬种类来决定。

2）沟藏。沟藏是果蔬贮藏方法中较为简便的一种，多用于根菜、板栗、核桃、山楂、苹果等果蔬品种。沟藏应在地面挖沟或坑，埋藏地点应选择地势高燥、土质较黏重、排水良好、地下水位较低之处。在比较寒冷的地区，沟的方向以南北长为宜；在较为温暖的地区，多采用东西长方向。沟的深度一般根据当地冻土层的厚度而定，在冻土层以下储藏。埋藏的效果除受土温影响外，还与其宽度有关。

果蔬的沟藏还可以细分为以下 4 种：①将果蔬散放在沟内，用土或沙覆盖；②每放一层果蔬，撒一层沙，堆积到一定高度后再覆盖沙土；③将果蔬与沙土混合后放入沟内，再覆盖沙土；④将果蔬装入筐内再埋入沟中。

3）井窖藏。井窖在我国辽宁、四川等地常可见到。该法常用于马铃薯、胡萝卜、柑橘、甘薯、大白菜、萝卜等耐储藏性果蔬的保鲜。其优点是温度、湿度稳定，日常管理简单，不占用土地资源；缺点是出入不方便，前期降温速度慢，较冷库损耗大，不利于长期储藏。

(2) 通风库储藏

通风库的形式和性能和棚窖相似，是棚窖的升级版。棚窖是临时储藏场所，而通风库是永久性建筑。当果蔬产量突然增加，而冷库容量又有限的情况下，通风库就成了相对方便、低廉的储藏方式，具有较强的实用性。通风库是在保温性能良好的库房内，设置较完善灵活的通风系统，利用昼夜温差通过导气设备将冷空气引入库内，再将热空气和乙烯气体排出去，从而使果蔬处于相对低温事宜的环境中。

(3) 气调冷藏库和塑料薄膜小包装气调包装

1) 气调冷藏库。气调冷藏库除具备普通冷库的特征外，还应具备较高的气密性能，以维持气调库所需的气体浓度。气调冷藏库在隔热、制冷和维护等方面的结构和设备与常规冷藏库类似。气调冷藏库的气调设备主要包括氮气发生器和二氧化碳脱除器，前者主要用于降低氧气含量，后者用于脱除二氧化碳。对果蔬气调库而言，因果蔬产生的乙烯气体具有催熟作用，因此脱除乙烯气体也非常重要，通常使用的乙烯脱除剂有活性炭、高锰酸钾溶液或高锰酸钾制成的黏土颗粒，还可用高温催化方式脱除乙烯。

2) 塑料薄膜小包装气调包装。将气密性较好的塑料薄膜压制成袋，将果蔬放入其中，充入一定比例的气体后扎紧袋口即形成密闭空间。气调包装袋或盒可以直接堆放在冷藏库或通风库货架上。

(4) 其他方法

1) 离子空气和臭氧处理。通过高压设备产生离子空气作用于果蔬表面，负离子空气能够抑制果蔬的生理活性，而正离子空气起到促进作用。臭氧则是一种强氧化剂，可杀死微生物，达到延长果蔬货架期的目的。

2) 辐照处理。主要利用 60 钴 (60Co) 或 137 铯 (137Cs) 产生的高能量 γ 射线，使果蔬机体中的有机物质电离生成游离基，破坏生物大分子，如 DNA、RNA 及酶的结构，从而达到杀菌、抑酶、延长货架期的目的。

3) 减压储藏。减压储藏是果蔬现代储藏手段之一。减压储藏的要点是将果蔬放置于密闭室内，从密闭室内抽去一部分空气，形成负压，并在储藏期间保持恒定的低压。减压储藏也可以算是一种特殊的气调储藏。在减压储藏过程中，对氧气含量和相对湿度的控制比普通气调储藏更为准确。

(三) 果蔬的运输

果蔬的物流运输过程主要需要考虑震动对果蔬的影响。通常来说运输过程不可避免地会产生震动，不仅会造成新鲜果蔬机械损伤，还会影响其生理代谢。研究表明，震动会加速蓝莓果实储藏期内好果率、硬度及维生素 C 含量的下降，使花色苷、总酚含量达到峰值时间缩短，加剧细胞膜结构的破坏，促进超氧化酶歧化酶 (SOD) 活性增大，明显加速了果实商品性的丧失；震动还会显著影响草莓色泽、硬度、可溶性固形物和总酸的含量，也会加速苹果品质的劣变，导致失重率、可滴定酸含量、CO_2 和乙烯产生量的上升，降低硬度。因此，如何对果蔬进行减震处理、减少振动损伤显得尤为重要。

三、实验案例：采用壳聚糖复合保鲜剂涂膜与 MAP 联合处理对妃子笑荔枝进行保鲜实例

荔枝，无患子科荔枝属植物，原产于我国南部，在我国已有 2200 多年的栽培历史，是

一种高价值的亚热带水果,素有"中华之珍果"的美称。荔枝成熟于夏季高温季节,由于其特殊的结构与生理特性,荔枝采收后果皮易失水褐变,储藏过程中易受霉菌、真菌侵染发生病害,导致荔枝的保鲜期较短,不利于荔枝储运和销售。为此,本案例采用"质量分数为1.5%壳聚糖+1.0%没食子酸+4.0%柠檬酸+0.1%$CaCl_2$"的保鲜剂涂膜,气体体积比例为"5%CO_2+5%O_2+90%N_2"的气调包装(MAP)以及保鲜剂涂膜结合MAP,研究其对荔枝储藏品质的影响,以期为延长荔枝保鲜期、提高荔枝商品价值提供一定的理论依据和技术方法。

1. 荔枝好果率的变化

在(4±1)℃冷藏条件下,经不同处理的妃子笑荔枝好果率变化如图9-19所示。荔枝储藏的42天,发现气调包装组荔枝好果率仍达90%,而空白组荔枝储藏18天后,好果率为17%,果实大部分已腐烂,主要是由于荔枝发生霉变。保鲜剂涂膜组荔枝在储藏的第24天,好果率为50%,半数已霉变腐败;保鲜剂涂膜结合气调包装组荔枝在贮藏30天后,品质下降速度加快,在第42天,荔枝果实并无霉斑产生,主要是发生褐变,好果率为50%。因此,气调包装能够将妃子笑荔枝的好果率维持在较高水平,有效延长了妃子笑荔枝的商品保鲜期。

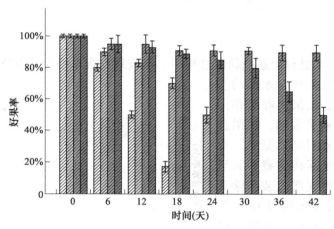

图 9-19　荔枝好果率变化
▨—空白　▨—保鲜剂涂膜　▨—MAP　▨—保鲜剂涂膜+MAP

2. 荔枝褐变指数的变化

荔枝果皮褐变指数变化如图9-20所示。随着储藏时间的增加,荔枝果皮褐变指数逐渐上升。在储藏的前24天,各处理组荔枝褐变较为缓慢;空白组荔枝在储藏过程中,褐变并不明显,但其在储藏的第18天霉变较严重,已失去商品价值;涂膜组荔枝褐变也不明显,与空白组相比,保鲜剂涂膜在一定程度上抑制了霉菌的生长繁殖;在储藏的第30天,保鲜剂涂膜结合气调包装组荔枝褐变较为明显,褐变指数达到1.73,近半数荔枝发生褐变;在储藏的第42天,涂膜结合气调组则严重褐变。气调包装组荔枝在整个冷藏过程中褐变较为缓慢,且无霉斑产生。由此可见,"5%CO_2+5%O_2+90%N_2"的气调包装能够有效抑制妃子笑荔枝果皮的褐变。

3. 荔枝果皮含水率的变化

荔枝果皮含水率对于保持荔枝果皮原有的外观品质十分重要,荔枝果皮失水是荔枝发生

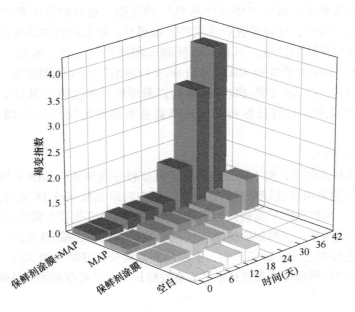

图 9-20　荔枝果皮褐变指数变化

褐变的原因之一。不同处理组荔枝储藏过程中,荔枝果皮含水率变化如图 9-21 所示。各组荔枝样品在储藏初期果皮含水率均呈上升趋势,可能是荔枝果实呼吸作用释放的水分凝附在果实表面,被果皮吸收所致。随着储藏时间的延长,空白组与保鲜剂涂膜组荔枝储藏 6 天后果皮含水率下降,而气调包装和涂膜结合气调包装组荔枝在储藏第 12 天后开始下降,因此,气调包装能够延缓荔枝果皮含水率的下降。

4. 荔枝果肉 VC 含量的变化

荔枝果肉 VC 含量变化如图 9-22 所示。各处理组荔枝果肉 VC 含量在储藏过程中逐渐下降,这是还原性较强的 VC 被氧化的结果。空白组荔枝果肉

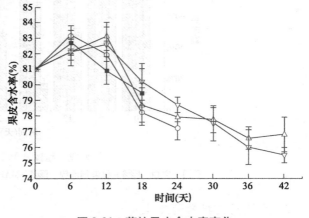

图 9-21　荔枝果皮含水率变化

同期与其他组相比 VC 含量最低。气调包装组与保鲜剂涂膜结合气调包装组荔枝果肉 VC 含量在储藏的前 30 天差异不大,在储藏后期,涂膜结合气调包装组 VC 含量下降较快。因此,与其他三组荔枝样相比,气调包装对于防止荔枝 VC 氧化效果最佳。

5. 荔枝果肉可溶性固形物、可滴定酸含量及糖酸比的变化

研究认为,果肉可溶性固形物含量变化可反映糖含量变化,如图 9-23a 所示,空白组与保鲜剂涂膜组"妃子笑"荔枝在储藏过程中可溶性固形物含量呈先下降后上升趋势,气调包装组和保鲜剂涂膜结合气调组荔枝果肉可溶性固形物含量在储藏过程中先缓慢下降,储藏

24 天后略有上升，30 天后再度开始下降。试验中，"妃子笑"荔枝果肉可溶性固形物出现先下降再上升现象，可能是荔枝果实自身生理代谢的作用。

可滴定酸含量及糖酸比反映荔枝在储藏过程中营养风味的变化。从图 9-23b 和图 9-23c 可以看出，保鲜剂涂膜有利于延缓荔枝糖度下降及酸度上升，能够较好维持荔枝果肉原有甜度；气调包装组荔枝在储藏前期，对荔枝可溶性固形物含量以及可滴定酸含量影响较大；在储藏后期趋于平稳，对荔枝果肉口感和风味产生一定的影响。

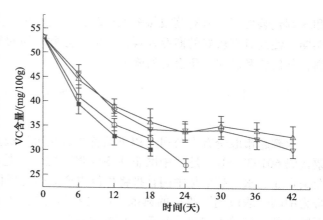

图 9-22 荔枝果肉 VC 含量变化
—■— 空白　—○— 保鲜剂涂膜
—△— MAP　—▽— 保鲜剂涂膜+MAP

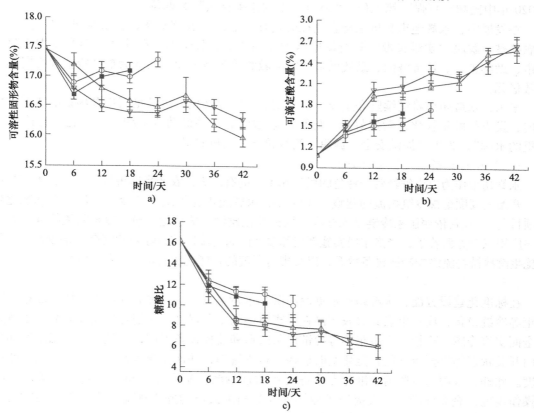

图 9-23 荔枝可溶性固形物、可滴定酸含量及糖酸比变化
—■— 空白　—○— 涂膜　—△— MAP　—▽— 涂膜+MAP

综上所述，壳聚糖保鲜剂涂膜与气调包装处理能够对荔枝这种无呼吸高峰型果实起到一定保鲜作用，并延长货架期，其中气调包装处理（5%CO_2+5%O_2+90%N_2）对荔枝的保鲜效果优于单独使用壳聚糖复合保鲜剂以及保鲜剂结合气调包装处理组，说明壳聚糖保鲜剂涂膜

和气调包装处理二者对荔枝保鲜没有起到协同作用。另外，尽管气调包装能够延长荔枝的货架期，使其具有较好的商业外观，但随着储藏时间的延长，荔枝糖度逐渐下降而酸度逐渐升高，其口感和滋味品质会有所降低。

四、企业案例：永辉超市股份有限公司

（一）企业概况

永辉超市股份有限公司（以下简称永辉超市）成立于2001年，2010年在A股上市，股票代码601933.SH，是"中国企业500强"之一，是国家级"流通"及"农业产业化"双龙头企业。永辉超市是中国首批将生鲜农产品引进现代超市的流通企业之一，被国家七部委誉为中国"农改超"推广的典范，通过农超对接，以生鲜特色经营及物美价廉的商品受到百姓认可，被誉为"民生超市、百姓永辉"。

自创办以来，永辉超市持续高质量发展。截至2023年6月15日，永辉超市已在全国发展超千家连锁超市，业务覆盖29个省份，585个城市，经营面积超过800万m^2，位居"2020年中国超市百强"第二位、"2020年中国连锁百强"第四位。

在发展中，永辉超市积极承担企业社会责任，始终在农超对接、稳价保供、应急救灾、助农扶贫、解决"卖难买贵"等行动中努力发挥带头、骨干的示范作用，热心致力于慈善超市、助学支教、扶贫济困、助残助孤、赈灾救难等公益事业，向社会捐赠资金及物资累计逾数亿元。

未来，永辉超市将继续坚守主业、坚守定位、坚守文化，以满足用户多场景消费需求为导向，发力品牌年轻化，营造好逛、好玩的新型门店，并推动线上线下一体化，打造"手机里的永辉"，为用户提供安全、健康、高性价比的生鲜食品。

（二）构建全链条冷链物流体系

永辉超市作为以生鲜经营为特色的民生超市，拥有巨大的农产品销售量。因此，永辉超市从一开始就高度重视冷链物流的建设。2017年，永辉超市还拟定了"冷链物流终端标准化建设项目"。该项目依照国家冷链设施标准，从标准化建设、信息化建设、冷链物流标准体系宣传与应用三个方面着手，严格布局实施新建和改建门店的冷链前台陈列及储存设备改造，全面实施生鲜冷链物流终端冷链设备提升，以实现对温度的智能化实时监控，科学管理。

（三）标准化建设生鲜农产品冷链物流体系

在标准化建设方面，永辉超市根据商品陈列展示需求，大力推广PC柜、加盖岛柜、冷风柜等冷链设备，项目重点针对农产品在零售终端的冷藏保鲜。在信息化建设方面，永辉超市全面实施冷库、冷柜、冷藏车辆等冷链设备改造和监控设备引进，实现对冷库温湿度和冷库门开关状态等重要指标的智能化实时监控，科学管理，并连接商务部监测平台，加大监控力度。此外，永辉超市邀请标准化专家进行针对性诊断，制定并发布了《超市生鲜冷链物流操作规范》企业标准，大大提升了冷链各环节相关人员的操作规范标准水平。同时对管理及具体操作岗位人员进行实操技能培训。

为更安全地保障"从田间到餐桌"的品质消费，多年来，永辉超市进一步加大了对门店终端用于农产品冷藏保鲜的冷链建设，以完善永辉超市从物流中转到商业终端网点的冷链物流体系。永辉超市抓住农产品冷链流通承上启下的关键环节，探索制定全程冷链标准体系，输出全程冷链企业标准规范，整合产地预冷、冷链运输、冷链储存等资源，打造品类多、标准齐、全链条的特色农产品全程冷链物流体系，充分发挥流通及农业产业化"双龙

头企业"的带动作用，为生鲜食品冷链物流标准化做出重要贡献。

（资料来源：www.yonghui.com.cn/index.html；http：//finance.sina.com.cn/stock/enterprise/cn/2021-04-25/doc-ikmyaawc1668706.shtml）

第四节　乳制品冷链物流实例

一、乳制品冷链物流现状

（一）乳品冷链物流基本情况

乳制品是指以牛乳、羊乳等动物乳汁为主要原料制作而成的各类产品。乳制品因其蛋白质氨基酸组成比例合理、蛋白质易消化吸收，被誉为"最接近完美的营养健康食品"。近年来，随着我国经济良好发展，人民经济收入水平不断提高，乳制品的销量也逐年上升，我国乳制品行业迅速发展，含"乳业"二字的企业就有近18000家，而乳制品行业的发展必然也会带动物流方面需求的快速增长。

现阶段我国的乳制品种类繁多，主要包括液体乳类、炼乳类、干酪类、乳粉类、乳脂肪类以及其他乳制品，而不同种类的乳制品对物流的要求有较大区别。如按照物流过程中对温度的不同要求来区分，乳制品大致可以分为三类：第一类是常温液态奶、奶粉、炼乳、常温酸奶等乳制品，在常温下即可进行保藏和运输；第二类是巴氏杀菌奶、低温酸奶、低温干酪、淡奶油等乳制品，需要进行低温冷藏保鲜；第三类是冰淇淋等，需要进行冷冻保藏和运输，物流过程的温度比第二类乳制品更低。

近年来，我国液态奶消费量分区域看，低温鲜奶受奶源分布、冷链物流、消费偏好等因素影响，主要集中在一二线城市，且产品市场渗透率高，消费基本已处于饱和状态。三四线城市人口多，消费潜力大，正处于饮奶习惯培养期，加上冷链物流不完善，低温鲜奶触达率低，市场尚处于基本空白局面，主要以消费常温奶、含乳饮料等为主。另一方面，虽然近几年我国加大了冷库建设和投入，但规模上与发达国家仍有较大差距，同时存在供需分布不均衡的问题。我国冷链建设较完善的地区以南方沿海一二线城市为主，而作为奶源主产区的北方地区冷链物流企业却相对稀缺，缺少冷链运输优势，从而影响了低温鲜奶市场的扩展。

2020年以来，线上平台和新零售产业快速发展，尤其是新冠疫情期间"宅经济"销售模式兴起，进一步促使生鲜电商蓬勃发展，尤其是改变了很多消费者的消费选择和习惯，也在很大程度上提高了新鲜产品的配送效率，降低了乳品企业的运营成本和流通成本。随着线上平台冷链技术的发展，线上低温鲜奶品牌数量和销量均明显增长，但线上低温鲜奶销售仍面临渠道下沉瓶颈。

（二）发展乳品冷链物流的必要性

第一，冷链物流是乳制品质量安全的重要保证。由于动物体温一般在37℃左右，鲜奶挤出后也基本接近这个温度，在这个温度条件下细菌非常容易生长繁殖，破坏鲜奶品质。因此，乳制品的原料奶在收集后应尽快冷却到0~4℃，从而抑制细菌繁殖，再低温运送至乳品企业进行加工。可以说，乳制品的冷链物流从收集鲜奶后就已经开始了。另外，像巴氏杀菌奶这类乳制品是采用72~85℃进行杀菌的，杀菌并不彻底，部分耐热菌和芽孢仍可以存活，一旦温度升高到一定程度，细菌又重新大量繁殖，影响产品质量安全。因此巴氏杀菌奶这类乳制品需要在 4℃ 左右的低温下保藏，而且货架期也只有短短 3~10 天。

第二，冷链物流有助于扩大乳制品的销售半径。我国地域辽阔，奶源养殖基地主要集中在北方地区，南方地区奶源较少，而乳制品又是一种易腐食品，尤其是低温鲜奶保质期较短，对冷链技术要求高，且偏向刚需高频的即饮消费，销售渠道主要集中在商超和"订奶入户"两种，销售半径相对较小。要把原料乳和需要低温运输的巴氏奶、酸奶、冰激凌从集中生产地运到全国各地消费市场，就必然要利用冷链物流进行配送，否则难以达到客户对产品的质量要求，造成企业利润损失。冷链物流使乳制品的销售范围得到扩展，因此发展乳品冷链物流是十分必要的。

二、乳品的包装、储藏和运输

（一）乳品的包装

乳品包装是保护乳制品的重要媒介，就是采用适当的包装材料、容器和包装技术，把乳制品灌充装载或包裹起来，以使乳制品在运输和储藏过程中保持其使用价值和原有状态。它是伴随乳制品行业的发展而发展起来的，并深刻影响乳品业的发展。乳品包装作为乳品生产的最后工序，是乳品流通销售的保障，直接影响乳品业的发展，包装的好坏直接影响被包装产品质量的优劣。在乳制品工业的发展进程中，乳制品包装一直处于至关重要的地位。

（1）灭菌技术

乳制品尤其是液态奶制品非常容易发生变质，所以对包装要求严格。首先包装必须密闭无破损，其次包装必须灭菌。就液态奶而言，目前市场上常采用的灭菌技术主要有两种，一种是超高温瞬时灭菌技术，另一种则是巴氏杀菌法。前者是牛奶在 135~150℃ 的高温下快速加热 2~8s，然后迅速降至常温并在密封无菌条件下，用六层纸铝塑复合无菌材料灌装、封合而成，这种方法可以使液态奶在常温下保质期长达数月。后者则是在杀菌温度为 72~76℃ 下加热不少于 15s 的条件下进行杀菌，然后迅速冷却灌装的一种技术，这种方法加工的液态奶的口感、风味相对超高温瞬时杀菌乳更好些，营养物质损失也小些但需要低温冷藏，在 2~6℃ 下可储藏 3~7 天。同时，我国国家标准 GB 19645—2010《食品安全国家标准 巴氏杀菌乳》对巴氏乳的品质指标制定了严格的标准。

（2）包装形式

乳制品包装种类较多，分类如下：

1）按照包装形式可分为盒包装、杯包装、袋包装、瓶包装等。

2）按照包装系统、形状及材料生产企业不同，可分为利乐砖、屋顶盒、康美包、百利包、埃卡杯、芬包、爱克林新鲜壶、好利包、万容包等。

3）按包装档次分为高档包装、中档包装和低档包装三种。其中，高档包装有无菌砖、屋顶包等；中档包装有无菌枕、芬包、百利包等；低档包装有普通黑白膜、单层塑料膜等。

4）按包装材料分为纸铝塑复合包装、纸塑复合包装、铝塑复合包装、金属包装、玻璃包装、塑料容器包装等。

目前，国内外流行的液态奶包装主要是利乐砖、利乐枕、康美包、屋顶盒、百利包、万容包和利乐冠等。国内乳制品企业普遍采用利乐砖和屋顶盒进行包装。利乐砖采用 6 层纸铝塑复合无菌包装，使用该包装的液态奶常温保质期可达 3~6 个月，但此类包装成本较高。利乐枕的成本相对利乐砖低，但同时保质期也会短一些，使用该包装的鲜奶常温下可保存

30 天。采用百利包的液态奶保质期在 30~180 天不等，该包装成本仅为利乐枕的 30%，但对环境的阻隔性相对较差，不太适合南方市场。屋顶盒包装采用特殊的材质与结构，对环境不利因素具有良好的阻隔性能，常用于包装高档乳制品，保质期为 14~21 天。

灭菌发酵酸奶多采用塑杯包装形式，保质期可达 6 个月以上，该类包装的成本也相对较低。除此之外，灭菌发酵酸奶也可采用塑料瓶、无菌砖、无菌枕、无菌杯进行包装。利乐冠是首款能够添加果粒的高端纸包装，该包装形式在欧美很流行，在国内应用时间相对较短，但已被蒙牛冠益乳、光明芦荟酸奶等产品相继采用，利乐冠在国内市场的潜力不可小觑。

（3）包装材料

乳制品包装材料多种多样，有玻璃瓶，也有复合纸盒、复合塑料袋、金属盒包装等。

玻璃瓶是传统液态奶的包装材料，可作为乳品生产企业在附近城市销售的宅配渠道常用包装。玻璃瓶材料的包装有较好的阻隔作用，可以避免外部空气对牛奶的污染，也可阻止牛奶风味物质的扩散。玻璃瓶具有容易清洗、透明度好、质硬、可重复使用等优点，既可以降低包装成本，也可用于自动灌装生产线生产。玻璃瓶一般采用铝箔或铝箔与纸的复合材料进行封口，搭配塑料吸管，方便消费者饮用。但玻璃瓶易碎且较重，运输不方便，目前逐渐退出主流市场。

目前市场上的巴氏杀菌奶、超高温瞬时灭菌奶也有使用塑料材质包装，如塑料桶装奶等。采用塑料材料进行鲜奶的包装，材料轻可利于运输，可方便进行装潢设计和印刷，可连续大规模生产，成本较低，适合一次性销售包装。另一种使用塑料材质的包装是无菌塑料袋，这种包装胜在经济实惠，但材料比较薄，与纸铝复合材料有很大不同，容易出现破包，且其隔绝外部光线的效果比不上铝箔，因此塑料袋包装的牛奶保质期一般为 1 个月。

复合材料包装是目前乳制品市场的主流包装材料，包括利乐包装常采用的纸塑铝复合结构和百利包装主要采用的多层共挤薄膜结构。由纸、铝、塑组成的六层复合结构组成的利乐包装，可有效隔绝空气和光线，避免细菌污染牛奶。其中对隔绝光线和空气起主要的作用是铝箔，能最大限度保留鲜奶的营养和风味，安全性高，适于常温储存且保质期较长，有利于长途运输。百利包是指法国百利公司无菌包装系统生产的包装，其结构为多层无菌复合膜，有三层黑白膜，也有高阻隔 5 层、7 层共挤膜及铝塑复合膜，材料不同，其保质期从 1 个月到 6 个月不等。

（二）乳制品的储藏和运输

乳制品的质量不仅取决于其所含有的蛋白质、脂肪等营养物质，还取决于其中的微生物含量以及口感品质，因此乳制品的储藏、运输全程应严格进行温度控制，做到全程冷链，避免出现"断链"，（"断链"即乳制品在储藏、加工、运输、销售等环节或各环节衔接过程，没有很好地控制温度，引起乳制品温度异常上升的现象）。

（1）原料乳收集

原料奶挤出后一般温度是比较高的，因此收集后不能在室温环境放置时间过长，应及时预冷，将温度降低至 2~6℃，避免长时间暴露在空气和高温环境下。

（2）装卸过程控制

这是冷链各环节关键的连接点，也是经常被忽视的地方。乳制品的装卸应在封闭式、有温控的装卸货码头进行，然而目前国内仍有 90% 左右的冷藏、冷冻库没有封闭式码头，这就导致货物装卸时，有 1~2h 暴露于常温环境中，回温后再进入冷藏或冷冻后的乳制品其保质期不仅会缩短,品质也无法得到保障,尤其像冰淇淋类乳制品,反复冻融会对其品质和口感产生较大影响。

(3) 冷藏、冷冻运输设施

目前,我国冷冻冰淇淋类乳制品和低温奶都能用冷冻车辆或冷藏车辆进行运输。但存在个别操作不规范的现象,如为节约能源车辆没有提前预冷。因此,为避免温度波动对产品品质产生影响,在原料奶或乳制品在装车前应该对运输车辆先预冷,当车厢温度下降到要求的温度时再快速装车。

(4) 冷藏、冷冻展示柜

冷藏、冷冻展示柜是零售环节售卖过程中的冷链保障,主要用于销售终端,具有陈列展示效果。冷藏柜的温度一般控制在 0~10℃。由于在销售过程中展示柜经常被消费者打开,冷藏设备应该持续不间断地运行,保证乳制品在合适的温度下储存。

(5) 全程冷链信息系统追踪体系建设

加强对乳制品全程物流过程的监控,对于保障乳制品的物流过程安全具有重要意义。乳品企业的产品在运输过程中,即使使用冷藏车进行运输,如果缺少对运输车辆的监控,也难以保证乳制品的质量安全,因为司机为了降低油耗,很可能会在运输过程中关闭制冷机,从而获得省油这部分利益。要杜绝这种现象,就必须加强对运输车辆的控制,运用 GPS 技术、RFID 技术、温控系统等多种技术,在物流活动过程中实现乳制品温度实时监控、车辆定位,对物流活动进行透明化、可视化管理。例如蒙牛集团,使用 GPS 卫星跟踪系统,监控运输车辆的路径和时间,司机停车超过 10min,便会重点监控,这体现了蒙牛对乳制品运输过程安全的重视。加强对乳制品冷链物流过程的监控,将会更加完善乳制品的冷链体系,保证乳制品的质量安全。

三、实验案例:不同储藏温度对牛奶货架期的影响

牛奶中包含多种人体所需的蛋白质、脂类和维生素等,这些丰富、天然的营养成分以及由此带来的口味口感使之广受消费者喜爱。随着社会发展,人们生活品质得到提升,低温奶快速走进消费者视野。有研究表明,在低温奶市场中,鲜牛奶占据 90% 的销售总额。然而鲜牛奶,尤其是全脂鲜牛奶,有着丰富的营养成分和脂肪,如储存不当或储存时间过长便会成为滋养微生物的温床,进而发生酸败,鲜牛奶品质也会随之下降,直至到达其货架期终点。本案例以内蒙古蒙牛乳业(集团)股份有限公司每日鲜语全脂鲜牛奶为研究对象,在 4℃、15℃ 的温度下储存 7 天、14 天、21 天、28 天、35 天;在 23℃ 和 30℃ 的温度下储存 3.5 天、7 天、10.5 天、14 天、17.5 天、21 天、24.5 天、28 天,分析了不同储藏温度对鲜牛奶感官及气味、滋味的影响,以期为鲜牛奶的品质监控提供参考。

1. 不同储藏温度下鲜牛奶的感官品质变化

全脂鲜牛奶感官指标在存储过程中的变化情况如图 9-24 所示,以初始状态的全脂鲜牛奶样品评分 100 分为起点,随着储藏时间的延长,样品感官品质呈下降趋势,且温度越高,感官评分下降越快。微生物腐败引起的变质,导致样品酸度逐渐增加;样品组织状态改变,脂肪发生上浮,可能是嗜冷菌产生的耐热酶引起的酶促反应、蛋白质胶凝体系的老化等原因导致的。以 70 分作为感官品质可接受的最低点,预估得到不同温度储存条件下的感官品质临界点分别为:4℃ 临界点 33.8 天、15℃ 临界点 12.2 天、23℃ 临界点 5.8 天和 30℃ 临界点

4.0 天。

2. 不同储藏温度条件下牛奶电子舌 Ed 值的变化

Ed 值的变化可以直观地展现不同储藏时间及温度的全脂鲜牛奶样品品质间的变化。由图 9-25 可知，在不同温度的储藏条件下，随着储存天数的增加，储藏的全脂鲜牛奶品质逐渐与初始样品的品质差异越来越大。随着储藏温度的增加，全脂鲜牛奶的 Ed 值增加速度也呈现变快的趋势，说明温度是影响全脂鲜牛奶品质变化的主要因素之一。在一定程度上，电子舌可以有效分辨由储藏温度及时间变化带来的全脂鲜牛奶的品质差异。

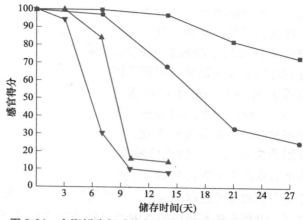

图 9-24　全脂鲜牛奶感官指标在存储过程中的变化情况
■ 4℃　● 15℃　▲ 23℃　▼ 30℃

3. 不同储藏温度条件下牛奶的电子鼻气味距离的变化

全脂鲜牛奶随着储存时间的增加，产品的气味也发生变化。当储存温度升高时，产品气味的变化程度也随之加大，由图 9-26 可以发现，随着时间的增加，4℃样品储存下的产品气味变化程度较缓；15℃和 23℃样品在储存 14 天以内，其气味变化程度较相似，但 14 天后，23℃样品与起始点样品的气味差异程度明显大于 15℃样品；30℃样品的气味变化程度最明显。此外，在不同的温度条件下，15℃、23℃和 30℃与 4℃储存的正常样品的气味品质差异在逐渐增加。这是由于高温环境下，随着储存时间的延长，牛奶中的微生物逐渐增多，开始产生不良风味，如发酵味、酸败味等，同时鲜牛奶中的脂质发生氧化和蛋白质

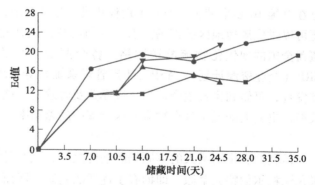

图 9-25　全脂鲜牛奶电子舌 Ed 值随储藏时间的变化
■ 4℃　▲ 15℃　▼ 23℃　● 30℃

水解产物的形成导致了全脂鲜牛奶中的牛奶香气慢慢消失，不良风味开始出现。

本案例结果表明，全脂鲜牛奶随着储存时间的增加以及储存温度的延长，其品质不断下降，主要由于温度越高牛奶中脂质氧化、蛋白质分解以及微生物作用速度加快，使其在气味、滋味、外观形态上发生改变。总的来说，低温对牛奶的储存是有益的，能够保持其良好品质，延长其货架期。

四、企业案例：内蒙古伊利实业集团股份有限公司

（一）企业概况

内蒙古伊利实业集团股份有限公司是一家乳制品生产及加工企业，集团的总部位于内蒙

古自治区呼和浩特市,它的乳制产品有伊利金典牛奶、伊利安慕希等产品。而伊利集团的产品分为液态奶、冷饮和奶粉三大类,其产品流通绝大部分都属于冷链物流范畴,而且在近年来发展迅速。伊利集团是我国著名的乳制品生产销售企业,是中国唯一一家同时服务于奥运会和世博会的大型民族企业。伊利集团非常重视冷链物流的发展,它推出的全体系恒温冷藏技术,在

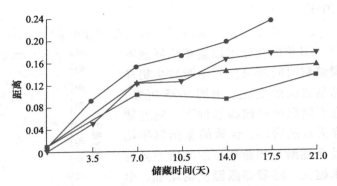

图 9-26　全脂鲜牛奶气味距离随储藏时间变化

企业生产、物流等过程中运作,以确保每一款从伊利工厂发出的乳制品都能以优质的品质进行销售。伊利能在不同温控下的产品物流运作模式下做到随机应变,这样更能确保食品安全。2010 年,伊利冷链进行全面升级,率先在国内建立了可视化的全程冷链物流系统,借鉴国内外多项先进技术,通过运用 GPS 等方式和手段,对仓储、配送等全部物流过程都进行实时监控,确保产品新鲜和安全质量,并且全过程都是透明化、可视化的。

（二）完善配送系统

伊利集团拥有国内乳品行业最完整、最丰富的产品线之一,销售的地域广泛。伊利集团已在全国 10 多个销售区设立了现代化乳业生产基地,这不仅可以供给本区域内的市场需求,还可以供应周边地区的市场需求,伊利还在全国共建成 12 家物流中心,160 个配送中心和覆盖全国的现代化物流配送网络。各个配送中心及其零售店在 WMS（仓储管理系统）、ERP（企业资源计划）、ASP（生产管理系统）等系统下采用"电子标签"进行无纸化配货和发货,可做到当日生产、当日进库并及时发货。这大大节省了运输成本,提高了冷链物流效率,也大大降低了其在物流配送过程中的差错率,进一步保证了产品的质量和新鲜度。

（三）优质奶源供给保证产品质量

伊利拥有全国最大的草原奶源基地之一,主要是指内蒙古呼和浩特、呼伦贝尔大草原和黑龙江杜尔伯特大草原,即拥有了优质的奶源。因而,伊利利用天然的优势形成了中国规模最大的优质奶源基地,而且现在伊利也采用了新的养殖模式,即"现代化奶站+个体牧场+养殖小区+牧场园区"。这样可将奶源建设得更加专业化、规模化、集约化与科技化,可保证不断有高品质的奶源通过冷链物流向全国各地进行稳定供应,也为其冷链物流方面奠定了基础。

（四）引进先进技术提高产品品质

伊利一般在牛奶被挤出来后立即就冷却,并装入冷藏奶槽车送往工厂加工生产。伊利的工业园区按照良好作业规范的工艺要求,保证人流和物流更加有序,以避免牛奶在生产过程中受到污染。伊利还引进了国际上先进的制奶技术,以保证一系列的乳制产品纯正的味道。另外,伊利的工业园区引进了世界一流的全自动立体仓储系统。这些先进的技术,大大提高了作业的效率,也大大节省了人力成本,保证了产品的安全质量,使冷链物流运作更加高效地运行,并可将优质的乳制品更安全和高效地送达消费者手中。

复习思考题

1. 冷却肉生产过程中的减菌工艺有哪些？
2. 在冷却肉气调包装中常用的气体有哪些？其各自的作用是什么？
3. 叙述几种常见的低温储运方法的保鲜原理。
4. 提高水产品鲜活运输过程中存活率的措施有哪些？
5. 果蔬运输过程中主要需要考虑什么因素的影响？

扩展阅读

GB 31605—2020 食品安全国家标准 食品冷链物流卫生规范

1 范围

本标准规定了在食品冷链物流过程中的基本要求、交接、运输配送、储存、人员和管理制度、追溯及召回、文件管理等方面的要求和管理准则。

本标准适用于各类食品出厂后到销售前需要温度控制的物流过程。

2 术语和定义

2.1 食品冷链物流

以温度控制为主要手段，使食品从出厂后到销售前始终处于所需温湿度范围内的物流工程。

2.2 交接

冷链物流过程中的环节，包括入库交接、出库交接和配送交接等。

3 基本要求

3.1 应配备与冷链食品生产经营相衔接的冷库、运输工具或其他符合冷链食品储存温湿度要求的设施设备，冷库、运输工具等设施设备应配置温湿度监测、记录、报警、调控装置，监控装置应定期校验并记录，设施设备应易于清洗、消毒、检查和维护。

3.2 冷库应具备配套的制冷系统或保温条件缓存区的封闭月台，同时与车辆对接处应有防撞密封设施。冷库门应配备限制冷热交换的装置，并设置防反锁装置和警示标识。

3.3 运输工具厢体应使用防水、防锈、耐腐蚀的材料，厢体内壁应保持清洁卫生，无毒、无害、无污染、无异味。应定期对运输工具的冷藏性能进行检查并记录。

3.4 应建立与储存、运输相配套的信息化系统，信息化系统应有储存、运输管理相应的模块。

3.5 需温湿度控制的食品在物流过程中应符合其标签标示或相关标准规定的温湿度要求。

3.6 当食品冷链物流关系到公共卫生事件时，应及时根据有关部门的要求，采取相应的预防和处置措施，对相关区域和物品按照有关要求进行清洗消毒，对频繁接触部位应适当增加消毒频次，防止与冷链物流相关的人员、环境和食品受到污染。

4 交接

4.1 交接环境应符合食品安全要求，并建立清洁卫生管理制度。

4.2 交接时应检查食品状态，并确认食品物流包装完整、清洁、无污染、无异味。

4.3 交接时应确认食品种类、数量、温度等信息，确认无误后尽快装卸，并做好交接记录。

4.4 交接时应测量食品外箱表面温度或内包装表面温度，并记录；如表面温度超出规定范围，还应测量食品中心温度。

4.5 交接时应严格控制作业环境温度并尽量缩短作业时间，以防止食品温度超出规定范围，如无封闭月台，装卸货间隙应随时关闭厢体门。

4.6 交接时应查验运输工具环境温度是否符合温控要求。入库和配送交接时，还应查验全程温度记录；出库交接时，还应查验在库温度记录。当温度或食品状态异常时，应不予接收。

4.7 当食品冷链物流关系到公共卫生事件时，应进行食品外包装及交接用相关用品用具的清洁和消毒。

5 运输配送

5.1 运输工具应保持清洁卫生，应建立清洁卫生消毒记录制度，定期对运输工具清洁、消毒。运输工具不得运输有毒有害物质，防止食品被污染。当食品冷链物流关系到公共卫生事件时，应增加对运输工具的厢体内外部、运输车辆驾驶室等的清洁消毒频次，并做好记录。

5.2 应根据食品的类型、特性、季节、运输距离等选择不同的运输工具和运输路线，同一运输工具运输不同食品及多点装卸时，应根据产品特性，做好分装、分离或分隔，并存放在符合食品储存温度要求的区域。

5.3 装货前应对运输工具进行检查，根据食品的运输温度对厢体进行预冷，并应在运输开始前达到食品运输需要的温度。

5.4 运输过程中的温度应实时连续监控，记录时间间隔不宜超过10min，且应真实准确。

5.5 当运输设备温度超出设定范围时，应立即采取纠正行动和应急措施，并如实记录超温的范围和时间。

5.6 运输过程中运输工具应采取安全性措施，如铅封或加锁等。运输过程宜保持平稳，装卸时应行动迅速、轻拿轻放，并尽量减少车厢开门次数和时间。

5.7 配送前应确认食品物流包装完整，温度符合要求。

5.8 需冷冻的食品在运输过程中温度不应高于-18℃；需冷藏的食品在运输过程中温度应为0~10℃。

6 储存

6.1 冷库的温度显示、区域划分标识应清晰规范，并做好温度记录，确保准确真实，记录间隔时间不超过30min。

6.2 冷库温度记录和显示设备宜放置在冷库外便于查看和控制的地方，温度传感器或温度记录仪应放置在最能反映食品温度或者平均温度的位置，建筑面积大于100m^{2}的冷库，温度传感器或温度记录仪数量不少于2个；应建立库房温度记录保存制度。

6.3 当冷库温湿度超出设定范围时，应立即采取纠正行动和应急措施，并如实记录超过的范围和时间。

6.4 不同品种、规格、批次的产品应分别堆垛，防止串味和交叉污染。储存的食品应与库房墙壁间距不少于10cm，与地面间距不少于10cm。

6.5　冷库机房应24h不间断运行并有应急措施。

6.6　冷库作业区应建立清洁卫生制度，并建立记录机制。当食品冷链物流关系到公共卫生事件时，应加强对货物转运存放区域、冷库机房的清洁消毒频次，并做好记录。

6.7　需冷冻的食品储存环境温度应不高于−18℃，需冷藏的食品储存环境温度应为0~10℃。对于有湿度要求的食品，还应满足相应的湿度储存要求。

7　人员和管理制度

7.1　应符合GB 31621的相关规定。

7.2　从事食品冷链物流各环节工作的人员，应接受运输、储存、配送、交接及突发状况应急处理等相关知识和技能培训，具备相应的能力，并有明确的职责和权限报告操作过程中出现的食品安全问题。

7.3　应建立食品运输、储存、配送、交接等环节温湿度及操作要求制度。

7.4　应建立有效的风险控制措施及应急预案。

7.5　当食品冷链物流关系到公共卫生事件时，应按照有关部门的要求，加强人员健康状况管理，根据岗位需要做好人员健康防护。

8　追溯及召回

8.1　应符合GB 31621的相关规定。

8.2　当食品冷链物流关系到公共卫生事件时，对受污染的食品应按照有关部门的要求进行处置。

9　文件管理

9.1　应符合GB 31621的相关规定。

9.2　文件保存期限应不少于食品保质期满后6个月；没有明确保质期的，保存期限应不少于2年。

9.3　当食品冷链物流关系到公共卫生事件时，应按照有关部门的要求执行。

参 考 文 献

[1] 谢如鹤,刘广海,刘志学. 冷链物流 [M]. 武汉：华中科技大学出版社,2017.
[2] 郑彤彤. 国外典型国家农产品冷链物流发展现状与启示 [J]. 中国商论,2017 (30)：11-12.
[3] 韩春阳,伍景琼,贺瑞. 国内外冷链物流发展历程综述 [J]. 中国物流与采购,2015 (15)：70-71.
[4] 周燕蓉. 我国冷链物流的发展研究 [J]. 农村经济与科技,2021,32 (4)：99-100.
[5] 国务院办公厅. 国务院办公厅关于印发"十四五"冷链物流发展规划的通知国办发〔2021〕46 号 [R/OL]. https：//www.gov.cn/zhengce/zhengceku/2021-12/12/content_5660244.htm.
[6] 童钧耕,王丽伟,叶强. 工程热力学 [M]. 6 版. 北京：高等教育出版社,2022.
[7] 陶文铨. 传热学 [M]. 北京：高等教育出版社,2019.
[8] 宋秋红. 工程流体力学 [M]. 2 版. 上海：上海交通大学出版社,2012.
[9] 王如竹,丁国良,吴静怡,等. 制冷原理与技术 [M]. 北京：科学出版社,2003.
[10] 吴业正,李红旗,张华. 制冷压缩机 [M]. 3 版. 北京：机械工业出版社,2018.
[11] 申江. 制冷装置设计 [M]. 北京：机械工业出版社,2011.
[12] 王永华. 食品分析 [M]. 北京：中国轻工业出版社,2010.
[13] 蒋爱民,赵丽芹. 食品原料学 [M]. 南京：东南大学出版社,2007.
[14] 章超桦,薛长湖. 水产食品学 [M]. 3 版. 北京：中国农业出版社,2018.
[15] 关志强. 食品冷冻冷藏原理与技术 [M]. 北京：化学工业出版社,2010.
[16] YANG S P, XIE J, QIAN Y F. Determination of spoilage microbiota of Pacific white shrimp during ambient and cold storage using next-generation sequencing and culture-dependent method [J]. Journal of Food Science,2017,82 (5)：1178-1183.
[17] 鲍琳. 食品冷冻冷藏技术 [M]. 北京：中国轻工业出版社,2016.
[18] 冯志哲. 食品冷藏学 [M]. 北京：中国轻工业出版社,2001.
[19] 日本食品流通系统协会. 食品流通技术指南 [M]. 中日食品流通开发委员会,译. 北京：中国商业出版社,1992.
[20] 周然,李云飞. 不同强度的运输振动对黄花梨的机械损伤及贮藏品质的影响 [J]. 农业工程学报,2007,23 (11)：255-259.
[21] 付丽,桂俊,高雪琴,等. 冷藏车消毒及运输条件对冷鲜肉保鲜效果的影响 [J]. 肉类研究,2019,33 (3)：59-66.
[22] 汪利虹,冷凯君. 冷链物流管理 [M]. 北京：机械工业出版社,2019.
[23] 樊超. 高速铁路花卉物流运输组织方式研究 [D]. 长沙：中南林业科技大学,2017.
[24] 徐威. 冷链物流运输组织模式优化的研究 [D]. 成都：西南交通大学,2014.
[25] 冷媛媛. 生鲜电商冷链物流内部控制研究 [D]. 贵阳：贵州财经大学,2020.
[26] 闻筱蕾. 京东冷链物流成本控制问题探讨 [D]. 南昌：江西财经大学,2016.
[27] 中华人民共和国质量监督检验检疫总局,等. 易腐食品控温运输技术要求 [M]. 北京：中国标准出版社,2009.
[28] 谢如鹤,邹毅峰,刘广海. 冷链运输原理与方法 [M]. 北京：化学工业出版社,2013.
[29] 屠康. 食品物流学 [M]. 北京：中国计量出版社,2006.

[30] 邬玎岚. 乳制品冷链物流风险管理研究 [D]. 广州: 华南理工大学, 2020.

[31] 刘为军, 魏益民, 韩俊, 等. 我国食品安全控制体系及其发展方向分析 [J]. 中国农业科技导报, 2005, 7 (5): 61-64.

[32] 邱祝强. 基于冷藏链的生鲜农产品物流网络优化及其安全风险评价研究 [D]. 长沙: 中南大学, 2007.

[33] 刘斐斐. 生鲜农产品冷链物流系统安全评价研究 [D]. 大连: 大连海事大学, 2010.

[34] 赵子琪. 低碳经济视角下果蔬类农产品物流信息系统设计研究 [D]. 镇江: 江苏大学, 2018.

[35] 高琰晨. 基于区块链技术的物流信息追溯机制研究 [D]. 杭州: 浙江工业大学, 2019.

[36] 沈航. 基于RFID的水产品冷链质量追溯系统研究 [D]. 大连: 大连交通大学, 2017.

[37] 左康达. 基于大数据的农产品冷链物流管理系统: 以LY物流公司为例 [D]. 南京: 南京邮电大学, 2021.

[38] 杨建. 我国冷却肉生产现状与技术研发进展探究 [J]. 现代食品, 2021 (1): 135-137.

[39] 姚倩儒, 陈历水, 李慧, 等. 冷鲜肉保鲜包装技术现状和发展趋势 [J]. 包装工程, 2021, 42 (9): 194-200.

[40] 吕建军, 侯云先. 冷链物流 [M]. 北京: 中国经济出版社, 2018.

[41] 李升升, 靳义超. 模拟运输温度变化对牦牛肉品质及货架期的影响 [J]. 核农学报, 2018, 32 (8): 1549-1555.

[42] 农业农村部渔业渔政管理局. 2021中国渔业统计年鉴 [M]. 北京: 中国农业出版, 2021.

[43] 赵勇, 刘静, 吴倩, 等. "水陆互补"理念下的水产品营养健康功效 [J]. 水产学报, 2021, 45 (7): 1235-1247.

[44] NAYLOR R, TROELL M, LITTLE D, et al. A 20-year retrospective review of global aquaculture [J]. Nature, 2021 (591): 551-563.

[45] 孙慧武, 程广燕, 王宇光, 等. 我国水产品全产业链损耗研究 [J]. 淡水渔业, 2021, 51 (1): 3-10.

[46] 谢晶, 谭明堂, 杨大章, 等. 我国渔业仓储保鲜和冷链物流发展现状 [J]. 包装工程, 2021, 42 (11): 1-10.

[47] 杨胜平, 谢晶, 高志立, 等. 冷链物流过程中温度和时间对冰鲜带鱼品质的影响 [J]. 农业工程学报, 2013, 29 (24): 302-310.

[48] 王国利, 张长峰, 于怀智, 等. 冷链物流知识体系与运营 [M]. 北京: 科学出版社, 2020.

[49] 范秀萍, 秦小明, 章超桦, 等. 温度对有水保活石斑鱼代谢与鱼肉品质的影响 [J]. 农业工程学报, 2018, 34 (14): 241-248.

[50] 邬海燕, 杨海龙, 陈杭君, 等. 生鲜果蔬物流及包装技术研究与展望 [J]. 食品与生物技术学报, 2020, 39 (8): 7-15.

[51] 李小玲, 闻铭, 梁美静. 广东省果蔬冷链物流发展现状及对策研究 [J]. 中国储运, 2021 (9): 74-75.

[52] 石太渊, 史书强. 绿色果蔬贮藏保鲜与加工技术 [M]. 沈阳: 辽宁科学技术出版社, 2015.

[53] 杨胜平, 谢晶, 钱韵芳, 等. 壳聚糖复合保鲜剂涂膜与MAP保鲜"妃子笑"荔枝 [J]. 食品科学, 2013, 34 (8): 279-283.

[54] 王国庆. 乳制品冷链物流存在的问题及对策分析 [J]. 纳税, 2018, 200 (20): 167-168.

[55] 霍晓娜. 我国低温鲜奶市场发展现状及趋势 [J]. 中国乳业, 2020, 226 (10): 27-30.

[56] 任美燕. 牛奶包装的现状及发展趋势 [J]. 现代食品, 2016 (9): 27-28.

[57] 毋思敏, 于淼, 孙二娜, 等. 基于电子鼻与电子舌建立牛奶货架期预测模型 [J]. 食品科学, 2022,

43（10）：302-307.

[58] 李肇芳，甘柳文．伊利冷链物流发展状况分析［J］．内蒙古科技与经济，2021，475（9）：61-62.

[59] 中华人民共和国商务部．易腐食品控温运输技术要求：GB/T 22918—2008［S］．北京：中国标准出版社，2008．

[60] 马世垚，李鹏飞，吕明帅，等．条码技术在苏宁超市果蔬产品冷链全程管理中的应用［J］．条码与信息系统，2021（4）：36-39.